medien.welten
Die Kulturgeschichte der modernen Mediengesellschaft

Text: Wolfgang Pensold
Bilder: Otmar Moritsch

Wolfgang Pensold / Otmar Moritsch

medien.welten

Die Kulturgeschichte der modernen Mediengesellschaft

ueberreuter

Danke!

An dieser Stelle bedanken wir uns herzlich für die wertvollen Vorarbeiten von Gerhard Donhauser, Mirko Herzog, Martin Reinhart und Herwig Walitsch (†).

Das säurefreie und alterungsbeständige Papier EOS liefert Salzer Papier, St. Pölten (hergestellt aus chlorfrei gebleichtem Zellstoff aus nachhaltiger Forstwirtschaft).

ISBN 978-3-8000-7570-6

Covergestaltung: www.boutiquebrutal.com

Coverfotos vorn: Landkarte © Science Foto Library/picturedesk.com; Tablet: © Cgvector
Coverfotos hinten: alle Bilder © Technisches Museum Wien.

Satz und Layout: Das Herstellungsbüro, Hamburg

Copyright © 2013 by Verlag Carl Ueberreuter, Wien

Druck und Bindung: Druckerei Theiss, St. Stefan im Lavanttal

5 4 3 2 1   17 16 15 14 13

Ueberreuter im Internet: www.ueberreuter.at

Inhalt

Vorwort.
Schöne neue Medienwelt

Medien prägen heute Beruf und Alltag und sind aus modernen Gesellschaften nicht mehr wegzudenken. Ob zu unserer Unterhaltung, zu unserer Information oder für unsere Kommunikation – sie sind faktisch unverzichtbar, jedenfalls in großen Teilen dieser Welt.

Darüber hinaus hat sich in den vergangenen Jahrzehnten ein folgenreicher Wandel vollzogen: von analogen zu digitalen Medien. Computer und Internet erfinden die alten Medien neu, lassen sie miteinander verschmelzen und eröffnen uns die Welt in neuer Form. Die Computertechnik ist längst nicht mehr nur das Fundament moderner Büromaschinen, sondern auch jeglicher Unterhaltungselektronik, von der Digitalkamera bis zum DVD-Player. In Verbindung mit dem Internet erschließt sie zudem scheinbar alles und jedes, was auf der Welt digital verfügbar ist: Wissensspeicher wie digitale Bild-, Ton- und Textarchive oder Online-Dienste von Rundfunkstationen und Zeitungen. Gleichzeitig eröffnet die Unterhaltungselektronik die Option, mit aller Welt per E-Mail zu kommunizieren, jedwedes Produkt in virtuellen Einkaufszentren zu bestellen und selbst finanzielle Transaktionen abzuwickeln. Sie bietet Plattformen an, über die sich Behördenwege und sonstige Erledigungen auf kürzestem Weg vom PC aus erledigen lassen, aber auch solche, um Menschen kennenzulernen oder Freundschaften zu pflegen oder aber, um Kommentare und Nachrichten tagebuchartig zu veröffentlichen.

Information und Kommunikation basieren heute auf den Massenmedien, die uns als Printmedien (Zeitungen, Magazine, Bücher) oder elektronische Medien (Radio, Fernsehen, Film, Internet) entgegentreten. Individuelle Meinungen und gesellschaftliche Werte bilden sich weitgehend über und durch die Nutzung der Massenmedien heraus. Es ist, scheinbar, eine schöne neue Medienwelt, die sich uns eröffnet, eine Welt, die alles verfügbar hält, und zwar jederzeit und sofort. Die Vision der schönen neuen Medienwelt erinnert an ein digitales Schlaraffenland, in dem alle denkbaren Inhalte durch den Äther fliegen und nur darauf warten, aufgefangen und konsumiert zu werden.

Freilich sind hier zwei kleine Fragezeichen einzufügen, ein zeitliches und ein räumliches. Die jüngeren Generationen kennen die Welt nicht anders, aber die Anfänge der Mediengesellschaft fallen mit dem Beginn der Neuzeit zusammen, und die Herausbildung der modernen, massenmedial geprägten Gesellschaft reicht gerade einmal ein Jahrhundert zurück. Medien sind ein Charakteristikum moderner Zeiten. Die mächtigen Medienapparate haben sich über Jahrhunderte hinweg aus spärlichen Anfängen entwickelt; eine Geschichte, die kaum ein Bürger der modernen Medienwelt kennt. Zudem hat die moderne Medienwelt noch längst nicht alle Teile der Erde in gleicher Weise durchdrungen. Im Globalen Norden ist sie zur ubiquitären Realität geworden und viele Mediennutzer besitzen nicht mehr nur ein, sondern zwei oder drei Handys. Im Globalen Süden sind die Medien noch längst nicht zur Selbstverständlichkeit geworden. Eine nach wie vor hohe Analphabetenrate setzt der Nutzung von Printmedien ebenso enge Grenzen, wie die weit verbreitete Armut den Zugang zu elektronischen Medien beschränkt. Auch in der globalisierten Mediengesellschaft gilt noch Ernst Blochs Formel von der Gleichzeitigkeit des Ungleichzeitigen.

Das vorliegende Buch widmet sich der rund 500-jährigen Geschichte der Mediengesellschaft. In zehn Epochen gegliedert, begleitet es den Entwicklungsprozess von den Anfängen des Buchdrucks oder der Post bis zu Google und E-Mail. Die beiden Herausgeber haben vor nunmehr gut zehn Jahren auch die Ausstellung *medien.welten* im *Technischen Museum Wien* konzipiert und realisiert, eine permanente Ausstellung, die sich ebenfalls diesen Entwicklungsprozess zum Thema gemacht hat. Das Besondere daran ist, dass die *medien.welten* die Geschichte der Medien nicht als nebeneinander verlaufende Einzelgeschichten zeigen, sondern als eine verknüpfte Geschichte der Mediengesellschaft. Die Ausstellung zeigt unter anderem, wie aus der Verschmelzung von Buchdruck und Fotografie die Fotoillustrierten entspringen, aus der behäbigen

Lochkartentechnik die Elektronische Datenverarbeitung entsteht und sich aus der hauptsächlich militärisch genutzten Funktechnik das Massenmedium des 20. Jahrhunderts, das Fernsehen, entwickelt. Die Ausstellung erzählt darüber hinaus die ineinanderfließenden Geschichten der Post, der Telegrafie, des Funks und des Rundfunks, von Schreib-, Rechen- und sonstigen Büromaschinen, aber auch von Fonografen und Grammofonen bis hin zu Großrechnern und Personal Computern samt deren vielfältigen Peripheriegeräten. Sie zeigt all dies mithilfe von Hunderten von Exponaten, aber auch mit zahlreichen Computerterminals, die historische Medieninhalte ebenso bieten wie Funktionsprinzipien ausgesuchter Objekte. Sie macht es sich zur Aufgabe, die Geschichte der modernen Mediengesellschaft in ihrer ganzen Vielfalt und möglichst multimedial zu erzählen. Indem sie aus der Vielfalt der historisch gewachsenen Sammlungen des *Technischen Museums Wien* schöpft, leistet die Ausstellung das, was eine historisch informierte Darstellung im besten Sinne bieten kann: Sie vermittelt Orientierung in einer sich dynamisch verändernden Welt, indem sie das Gewordensein dieser Welt herausarbeitet und mit fremden Welten konfrontiert. Denn für die Mehrzahl der Besucher gilt, dass sie lange Zeit kulturprägende Objekte wie Schreibmaschinen oder Wählscheibentelefone nicht mehr aus eigener Anschauung kennt.

Bleibt die Frage nach den wichtigsten Erkenntnissen sowohl der Ausstellung als auch des Buches jenseits technikverliebter Verherrlichung oder technikkritischer Ablehnung. Schließlich sind die Medien im Kern zwar technische Artefakte, vor allem aber sind sie Teil unseres sozialen und kulturellen Lebens, ein rasch wachsender Teil, dessen Rolle zunehmend polarisiert. Ist unser Leben in der schönen neuen Medienwelt ein Dasein im multimedialen Paradies oder ein Hightech-Big Brother-Szenario?

Alles in allem stehen Medien weder für das Paradies noch für die Hölle auf Erden. Wie jede Technik entwickelt sich auch die Medientechnik nicht aus sich selbst heraus, sondern sie wird von Menschen gemacht und von Menschen genutzt. Medien sind das, was Menschen aus ihnen machen. Deshalb existiert auch heute noch nicht *eine* globale Medienwelt, sondern wir finden an unterschiedlichen Orten und in unterschiedlichen Gesellschaften ganz verschiedene Medienwelten vor, wie es auch der Plural in *medien.welten* signalisiert.

Unverzichtbar erscheint hingegen die Auseinandersetzung mit der Nutzung von Medien. Wir machen unsere Kinder im Rahmen des Bildungssystems auf selbstverständliche Weise mit gesellschaftlichen Themenkomplexen wie Politik und Wirtschaft, Wissenschaft und Technik vertraut. Desgleichen bedarf es hinsichtlich der Medien. Die moderne Medienlandschaft hält neben großen Zukunftsaussichten auch gewisse Gefahren bereit und verlangt deshalb nach Unterrichtung wie nach Unterweisung, kurzum: nach Medienkompetenz. Wie wir die älteren Generationen im Umgang mit den neuen Medien schulen müssen, so die jüngeren in der Einschätzung der Probleme, die sowohl im kritiklosen wie auch im überbordenden Medienkonsum liegen können.

Die Ausstellung *medien.welten* und das gleichnamige Buch leisten einen wichtigen Beitrag dazu.

Helmuth Trischler,
Forschungsleiter Deutsches Museum
München, im April 2013

Neuzeit.
Entdeckung des Wissens

Neuberechnung der Welt

Die Neuzeit ist eine Zeit des Neubeginns, der Wiedergeburt – der *Renaissance* – überkommenen Wissens. Antike Schriften, die im Westen Europas aufgrund der Völkerwanderungen verloren gegangen sind, in Konstantinopel die Zeit jedoch unbeschadet überstanden haben, werden wiederentdeckt. Mit den Schriften griechischer Gelehrter wie Platon oder Aristoteles kehrt das antike Wissen nach Europa zurück. Auf diesem Wissenstransfer gründen Fortschritte in der Astronomie, Physik und Mathematik, die das herrschende Weltbild verändern. Zunehmend berechenbarer, verliert die Welt den Nimbus der geheimnisvollen göttlichen Schöpfung.

Gestützt auf Aufzeichnungen antiker Autoren, eigene Berechnungen und astronomische Messungen, widerspricht der Frauenburger Domherr und Astronom Nikolaus Kopernikus den geltenden Lehren.

Der griechische Astronom Claudius Ptolemäus hat im zweiten Jahrhundert die Erde im Mittelpunkt des Universums gesehen – eine Ansicht, an der die römische Kirche noch in der Neuzeit festhält: Die Erde stehe als Krönung der göttlichen Schöpfung natürlich im Zentrum.

Kopernikus hingegen kommt nach seinen Studien zu dem Schluss, dass die Sonne im Zentrum stehen und die Erde um die Sonne kreisen muss. In seinem Todesjahr 1543 erscheint in Nürnberg *De revolutionibus orbium coelestium*, sein Hauptwerk, worin er seine heliozentrische Theorie darlegt. Obwohl die Beobachtungen, die er noch mit bloßem Auge machen muss, unzureichend und die Berechnungen fehlerhaft sind, bringt er das vorherrschende Weltbild ins Wanken.

Mit Beginn der Neuzeit sieht man die Welt in Europa neu, auch weil die Europäer sie in manchen Teilen erst (oder wieder) entdecken. Der in Genua geborene Kapitän Christoph Kolumbus ist der berühmteste unter den *Entdeckern* dieser Epoche. Unter der korrekten und durchaus bereits verbreiteten Annahme, dass die Erde eine Kugel ist, segelt er 1492 im Auftrag der spanischen Krone nach Westen, um einen Seeweg in das im Osten liegende Indien zu finden. Seine Reise ist eine Fahrt ins Ungewisse, denn Seekarten gibt es von diesen unbekannten Weltregionen natürlich noch nicht.

Einen der ersten Globen stellt der Kaufmann Martin Behaim zu dieser Zeit für den Rat der Stadt Nürnberg her. Amerika ist darauf – wie auch Australien – noch nicht eingezeichnet und der angenommene Erdumfang ist zu gering. Kolumbus legt seiner Reiseplanung diesen geringen Erdumfang zugrunde, weshalb er auf seinen Schiffen viel zu wenig Proviant mitführt, um bis nach Indien zu gelangen. Zum Glück für seine Mannschaft landet er in Amerika. Doch überzeugt davon, China erreicht zu haben, ist er sich zeitlebens nicht bewusst, dass er einen neuen Kontinent entdeckt hat.

Einen Seeweg nach Indien suchen auch die Portugiesen. Sie haben bereits die Westküste Afrikas erkundet und auf Karten verzeichnet, als der portugiesische Kapitän Vasco da Gama 1498 die Südspitze Afrikas umsegelt und schließlich nach Indien ge-

langt. Mit der Landung in Indien eröffnet sich den Portugiesen der profitable Gewürzhandel.

Eine Voraussetzung für die Ausbeutung der entdeckten Gebiete bilden korrekt gezeichnete Seekarten, die es ermöglichen, den Schiffen der Handelsflotte den richtigen Weg zu weisen. Solche Seekarten entstehen durch die waghalsigen Fahrten der *Entdecker*, von denen sie neue Erkenntnisse über Küstenverläufe und Inseln mit nach Hause bringen, die mehr und mehr weiße Flecken auf den Karten verschwinden lassen. Wertvoll wie Schatzkarten, die den Weg zu verborgenen Reichtümern weisen, werden die Seekarten streng geheim gehalten.

Abb. 1 · Weltmacht durch Weltkarten

Zu den Seemächten Portugal und Spanien gesellen sich im 16. Jahrhundert die Engländer und die Niederländer. Amsterdam etabliert sich als ein Zentrum der Kartografie.

Der niederländische Mathematiker und Kartograf Gerhard Mercator entwickelt 1569 ein Projektionsverfahren, mit dem Längen- und Breitengrade auf Karten in entsprechender Verkrümmung eingezeichnet werden können. Diese Neuerung erlaubt den Schiffskapitänen ein deutlich exakteres Navigieren auf See. Kartografen sind für die Begründung einer Seemacht kaum weniger wichtig als Kapitäne.

Amsterdam arriviert auch zu einem bedeutenden Handelszentrum. 1602 wird die *Niederländische Ostindien-Kompanie* gegründet. Die Gesellschaft unterhält eine schwer bewaffnete Flotte, mit der sie sich das Monopol auf den lukrativen Gewürzhandel in Asien erkämpft. Der Erfolg gründet aber nicht nur auf Schiffen und Kanonen, sondern vor allem auch auf modernen Finanzmedien wie Wechsel und Aktien. 1609 wird die Amsterdamer Wechselbank eingerichtet, die angesichts der zahlreichen Währungen in Europa den Zahlungsverkehr organisiert. 1611 entsteht die Amsterdamer Börse als Warenbörse; bald darauf werden auch Wertpapiere gehandelt – hauptsächlich Aktien der *Ostindien-Kompanie*. Über die Aktienausgabe werden immer mehr und größere Schiffe finanziert. Die erzielten Erträge werden als Dividende an die Aktionäre ausgeschüttet. 1621 entsteht eine *Niederländische Westindien-Kompanie* für den Handel mit Westafrika und Amerika. Die kleine Niederländische Republik steigt auf zur dominierenden Seemacht.

Der Aufschwung des Handels wird von weiteren medialen Innovationen begleitet. Allmählich verbreiten sich die indischen Ziffern, die umgangssprachlich »arabische« Ziffern genannt werden, weil sie durch arabische Kaufleute nach Europa gelangt sind. Auf dem Zehner-Stellenwert basierend, erweisen sich die Ziffern von 0 bis 9 als überaus effizient bei komplizierten Rechenaufgaben und beginnen deshalb die umständlichen römischen Ziffern zu verdrängen. Der Buchdruck hilft, Errungenschaften wie diese rasch zu verbreiten.

Der in Erfurt tätige Rechenmeister und Lehrer Adam Ries lehrt in seinem 1522 erschienenen Buch *Rechnung auff der linihen und federn* die Verwendung der indischen Ziffern. Ries verfasst seine Rechenbücher in deutscher Sprache, was ungewöhnlich ist, war die Sprache der Gelehrten doch bislang Latein. Doch die Bücher von Ries richten sich nicht an einen kleinen Kreis Gelehrter, sondern an die große Menge von Lehrlingen kaufmännischer und handwerklicher Berufe.

Eine weitere wesentliche Innovation zeigt sich in einer neuartigen Form der Buchführung. Da die großen Handelshäuser über Niederlassungen in vielen Ländern verfügen und vielfältige Handels- und Geldgeschäfte abwickeln, bedürfen sie eines zweckmäßigen Verfahrens, das ihnen gestattet, den Überblick zu bewahren. Der italienische Franziskaner und Mathematiker Luca Pacioli beschreibt 1494 in seinem Buch *Summa de Arithmetica, Geometria, Proportioni et Proportionalità* das *Venezianische Verfahren* der doppelten Buchführung. Sämtliche geschäftlichen Vorgänge werden zunächst chronologisch in ein Buch, genannt *Memorial*, eingetragen, damit nichts vergessen wird. Abends werden die Einnahmen und Ausgaben in die Konten der Schuldner und Gläubiger in ein *Geheimbuch* oder *Journal* übertragen. Im *Handelsbuch* werden die Konten der Schuldner und Gläubiger alphabetisch aufgelistet, und zwar in zweifacher Weise, einmal im *Haben* und einmal im *Soll*. Addiert man alle Einträge im *Haben* und alle im *Soll,* muss die gleiche Summe herauskommen; andernfalls liegt ein Fehler in der Buchung vor. Das Verfahren der doppelten Buchführung hat den Vorteil, dass man jederzeit ablesen kann, wie es um die Geschäfte steht.

Dieses Verfahren ist in bedeutenden Handelsstädten wie Venedig schon seit geraumer Zeit bekannt, weshalb auch deutsche Kaufleute nach Italien gehen, um die *Kunst der Kaufleute* zu erlernen. Einer von ihnen ist Jakob Fugger, der Spross einer Augsburger Händlerdynastie. Nach seiner Rückkehr reformiert er die Buchführung im Fuggerschen Familienunternehmen. Das ermöglicht ihm den Überblick über ganze Geschäftszweige ohne großen Rechenaufwand. Er vervielfacht den Unternehmensgewinn und trägt bald den Beinamen »der Reiche«. Sein Buchhalter Matthäus Schwarz, der in der *Goldenen Schreibstube* der Fugger in Augsburg die Bücher führt, macht sich über die rückständigen Kaufleute lustig, die die Bedeutung der reich machenden Kunst der doppelten Buchführung nicht erkannt hätten.

Nicht weniger als durch den Handel ist die Neuzeit durch den Krieg gekennzeichnet, dem die aufstrebenden Wissenschaften natürlich ebenso dienstbar gemacht werden.

Seit Einführung des Schießpulvers ist es notwendig, die Flugbahn einer Kanonenkugel zu berechnen sowie im Gegenzug die Mauerstärken von Festungen, die der Beschießung standhalten müssen.

Hat man ursprünglich angenommen, dass sich Kugeln geradlinig vom Geschütz zum Ziel bewegen, so behauptet der italienische Mathematiker Nicolo Tartaglia in seinem 1537 gedruckten Buch *La Nova Scientia*, dass kein Abschnitt der Flugbahn eine gerade Linie sein könne und dass die Flugbahn bei höherer Geschwindigkeit der Kugel flacher werde. Tartaglia entdeckt die Wurfparabel und erkennt die Möglichkeit, Wurfbewegungen in Einzelteile zu zerlegen, um sie berechnen zu können. Er begründet damit die Ballistik. Außerdem erfindet er den ballistischen Quadranten, mit dem bestimmt wird, wie hoch die Überhöhung der Kanonenmündung sein muss, damit sich die abgefeuerte Kugel genau ins Ziel senkt.

Aus den Fächern Ballistik, Pyrotechnik, perspektivisches Zeichnen und Geländevermessung entwickelt sich die Kriegsbaukunst, die *Architectura Militaris*. Ihr Aufgabenfeld umfasst eine geometrische Festungsarchitektur mit mächtigen Wällen und breiten Gräben, die sich als Antwort auf die beständige Weiterentwicklung von Kanonen, Mörsern und Minen herausbildet. Teil des Walles ist die keilförmig in den Graben vorgeschobene Bastion, die Geschützplattform, die im Kriegsfall optimale Schusslinien auf den Gegner freigibt. Die zu befestigende Stadt soll durch einen sternförmigen Kranz aus solchen Bastionen umgeben werden, von dem aus man die Angreifer aus allen Richtungen beschießen kann.

Abb. 2 · Die reich machende Kunst der Kaufleute

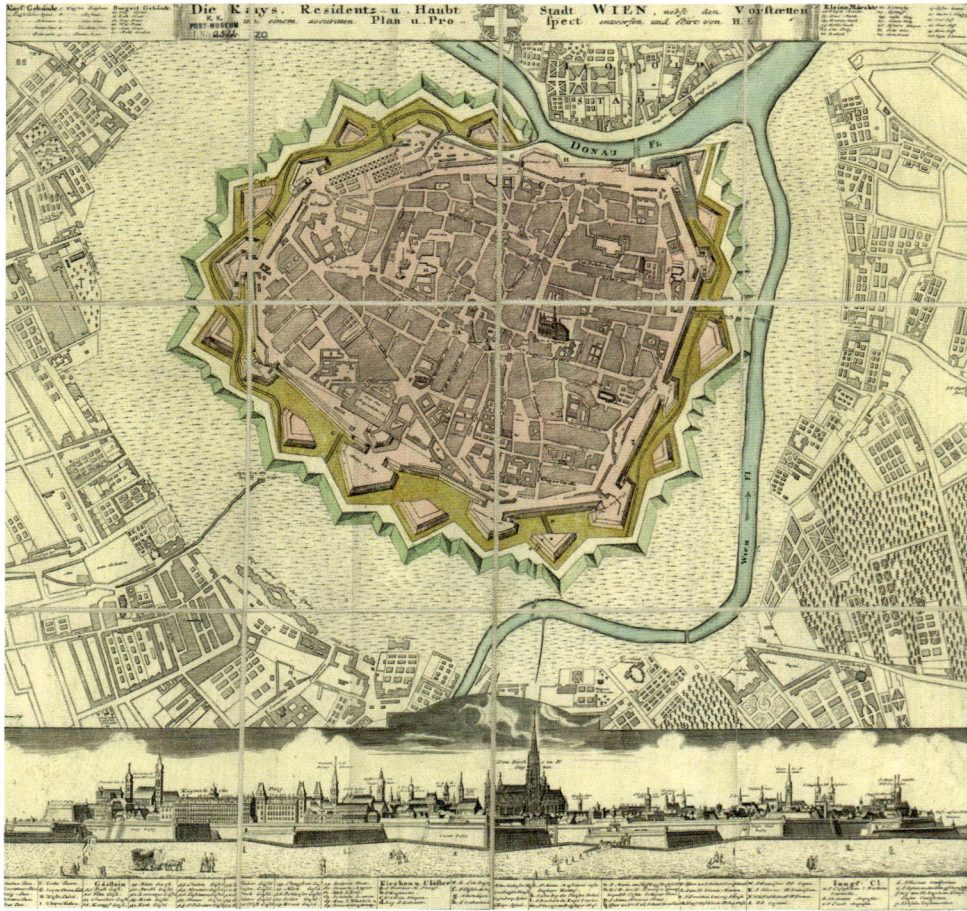

Abb. 3 · Festung Wien

Die vielen Kriege dieser Zeit fördern auch die Entwicklung in der Kartografie. Karten legen die Besitzgrenzen fest, sie sind aber auch unverzichtbar, um Truppen rasch und sicher an brisante Kriegsschauplätze bewegen zu können. Der Hofhistoriograf von Kaiser Ferdinand I., Wolfgang Lazius, zeichnet Mitte des 16. Jahrhunderts Landkarten von habsburgischen Ländern und fertigt den Atlas *Typi chorographici Austriae* an. Der aus Nürnberg stammende Kartograf Augustin Hirschvogel bekommt den Auftrag, einen Grundrissplan der Stadt Wien herzustellen. Dahinter steht das Ansinnen, die Befestigungsanlagen auszubauen, nachdem Wien 1529 durch die Osmanen belagert und Buda 1541 sogar erobert worden ist. Tatsächlich zeigt Hirschvogels fertiggestellter Stadtplan vor allem die Stadtmauer mit ihren Türmen und Toren und weist dabei manche noch zu errichtende Bastei aus.

Bücher für das Volk

Die Kultur des neuzeitlichen Europa ist eine von Medien geprägte, in gewisser Weise durch Medien erschaffene Kultur. Im Zentrum steht die Entwicklung des Buchdrucks mit beweglichen Lettern, der auf den Mainzer Johannes Gensfleisch, genannt Gutenberg, zurückgeht.

Gutenbergs epochale Innovation besteht darin, einzelne Lettern aus Metall zu gießen, die man zum Drucken zu Worten zusammensetzen und danach wieder auseinandernehmen und neuerlich verwenden kann. Mit diesem Verfahren lassen sich Hunderte Exemplare eines Buchs vergleichsweise billig herstellen. Waren die handgeschriebenen Bücher früherer Tage als Einzelstücke unerschwingliche Kostbarkeiten, so beginnt das Druckwerk einen breiten Käufermarkt zu erschließen. In verschiedenen europäischen Städten entstehen Druckereien, die immer mehr Bücher herausbringen. Diese Bücher helfen, die Ideen des Humanismus sowie die Renaissance von Kunst und Naturwissenschaft zu verbreiten.

Mit dem Buchhandel etabliert sich ein neues Gewerbe. Buchhändler bieten in Städten auf Ständen ihre Ware an, fahren als *Buchführer* von Dorf zu Dorf und von Jahrmarkt zu Jahrmarkt und machen das gedruckte Buch zu einer weithin gehandelten Ware. Die Reisen sind langwierig, kostspielig und auch gefährlich. Die Bücher werden zum Schutz vor Nässe in Holzfässern verpackt. Sie sind nicht gebunden; der Käufer erwirbt lose Blätter und muss selbst fürs Binden sorgen. Die Buchhändler müssen ihre Transportlasten schließlich möglichst gering halten. Im Übrigen führen die Händler auf ihren Reisen nicht immer ihr gesamtes Sortiment mit sich. Ein Teil verbleibt gelagert in diversen Gewölben, aus denen später Buchhandlungen entstehen.

Zentren des Buchhandels bilden Buchmessen in Messestädten wie Frankfurt am Main oder Leipzig. Händler und Drucker tauschen und verkaufen dort neu erschienene Bücher, Gelehrte bringen Manuskripte, um sie drucken zu lassen. Der Nürnberger Buchhändler Anton Koberger sucht regelmäßig die Frankfurter Buchmesse auf und unterhält um 1500 Filialen und Agenten in Lyon, Basel, Regensburg, Wien, Breslau, Krakau, Buda und Leipzig. Er handelt durch Barankauf, Tauschhandel und operiert in bedeutendem Umfang auch mit Krediten. Seine Niederlassungen führt er vom Nürnberger Hauptsitz des Unternehmens aus. Das Verfahren der doppelten Buchführung erlaubt ihm, seine vielfältigen Transaktionen unter Kontrolle zu halten.

Es sind auch die Bücher und Druckschriften, die die Ideen der *Reformation* über den Kontinent verbreiten, was zur Spaltung der Kirche führt. Der Augustinermönch und Reformator Martin Luther kritisiert Missstände wie den Ablasshandel in der römischen Kirche, und er tut dies in Druckschriften, die seine Kritik in die Öffentlichkeit tragen. Außerdem übersetzt er die lateinische Bibel ins Deutsche. Da es noch keine einheitliche deutsche Schriftsprache gibt, muss er dazu die verschiedenen Dialekte vereinheitlichen. Er schafft damit die Grundlage des modernen Hochdeutsch. Seine Bibelübersetzung wird im September 1522 erstmals gedruckt und ist trotz der hohen Auflage von 3000 Exemplaren binnen kurzer Zeit vergriffen. Das Wort Gottes verbreitet sich samt der neuen Hochsprache in weiten Teilen des deutschen Sprachraums. Luthers Ziel ist es, dass jeder Gläubige selbst die Bibelworte lesen können soll. Damit stellt er den Klerus der römischen Kirche infrage, macht seine Bibel doch die Auslegung durch lateinkundige Priester überflüssig. Der Papst und der katholische Kaiser reagieren mit Kirchenbann und Ächtung Luthers sowie mit dem Verbot seiner Schriften.

Auch in österreichischen Landen, wo Ferdinand I., der Bruder des Kaisers, regiert, wird die Herstellung und Verbreitung protestantischer Literatur mit Strafe bedroht. Zöllner, Mautner und andere Kontrollorgane sollen Reisende auf solch »sektische Bücher« hin durchsuchen und diese gegebenenfalls beschlagnahmen. In Wien wird außerdem ein Gerichtshof eingesetzt, der gegen protestantische Prediger vorgehen soll. Wer vom rechten Glauben abfällt, hat sein Leben verwirkt!

Balthasar Hubmaier ist ein Prediger der *Täuferbewegung*. Diese abgespaltene Glaubensgemeinschaft lehnt die Taufe unmündiger Kinder ab und fordert stattdessen, dass nur Erwachsene, die sich aus Überzeu-

Abb. 4 · Verbrennen bei lebendigem Leib! Täuferverfolgung in Salzburg

gung zum Glauben bekennen, getauft werden sollen. Hubmaier publiziert »ketzerische« Schriften wie *Von dem Christenlichen Tauff der gläubigen*. Ferdinand I., Erzherzog von Österreich, lässt ihn verhaften, auf Burg Kreuzenstein einsperren und verhören. Da Hubmaier trotz Folter seine Thesen nicht widerruft, verurteilt man ihn 1528 wegen Ketzerei und Aufruhrs zum Tod. Er wird in Wien verbrannt, seine Asche über der Donau verstreut. Tage später ertränkt man seine Ehefrau wegen der gleichen Delikte. Man bindet ihr einen Stein um den Hals und stößt sie von der Donaubrücke. Ähnliches geschieht in anderen Ländern. In Salzburg wird 18 Täufern, Männern und Frauen, ein kurzer Prozess gemacht, bevor man sie lebendig verbrennt, enthauptet oder ertränkt.

Bücher bilden eine der großen Herausforderungen für die Machthaber, weil sie Gefäße widerspenstigen Geistes darstellen. Um solcher Geister Herr zu werden, gibt die römisch-katholische Kirche 1559 erstmals den *Index Librorum Prohibitorum* heraus, ein Verzeichnis von verbotenen Büchern. Diese Werke zu lesen, ist für Katholiken eine schwere Sünde, die zur Exkommunikation führt. Der Landesfürst Ferdinand I. holt zur Bekämpfung protestantischen Gedankenguts überdies Mitglieder des spanischen Jesuitenordens in die österreichischen Länder. Die Jesuiten lehren fortan in Schulen und an der Universität im Sinne einer *Gegenreformation*. Protestantische Schulen werden geschlossen und die Lehrer vertrieben, verbotene Bücher vernichtet. In Wien vermutet man, dass protestantische Bücher vor allem über die Donau in die Stadt gelangen würden, da protestantische Mautbe-

dienstete keinen allzu großen Ehrgeiz bei der Suche danach an den Tag legten. Der Passauer Bischof lässt die donauabwärts fahrenden Schiffe überdies schon bei Passau einer *Visitation* unterziehen, damit protestantische Bücher auch nicht in Linz, Ybbs oder Krems an Land gebracht und verkauft werden können. *Büchervisitationen*, d. h. Kontrollbesuche in den Wiener Buchläden, führen dazu, dass einigen *Buchführern* beim Dom zu St. Stephan der Standplatz gekündigt wird. Die Buchhandlung von Elias Freitag im Niederösterreichischen Landhaus wird vom Wiener Bischof persönlich durchsucht. Der Bischof findet viele »sektische« Schriften vor, jedoch kein einziges katholisches Buch. Der Laden wird geschlossen, der Buchhändler ausgewiesen.

In den österreichischen Ländern wird das Protestantentum ebenfalls ausgetrieben. Unterstützt durch bewaffnete Trupps ziehen im Jahr 1600 bischöfliche Kommissionen durch Kärnten und Krain. Sie beschlagnahmen verbotene Bücher, um sie öffentlich auf großen Scheiterhaufen zu verbrennen. Die Bürger werden unter Strafandrohung aufgefordert, zum Katholizismus überzutreten oder unter Verlust von Hab und Gut das Land zu verlassen. Solche *Visitationen* erfolgen in gleicher Weise in ober- und niederösterreichischen Gebieten, im Salzkammergut und in Tirol. Überall geht es darum, den »ketzerischen« Geist auszutreiben.

Trotz aller Zensur und Unterdrückung verbreitet sich in Europa unaufhaltsam altes wie neues Wissen, das Gott und die Welt in ein anderes Licht setzt. Durch die Renaissance antiker Ideen rückt anstelle der Religion der Mensch in den Mittelpunkt des Interesses. Ein überaus bezeichnendes Tabu wird gebrochen: das kirchliche Sezierverbot am menschlichen Körper. Der flämische Arzt Andreas Vesalius veranstaltet öffentliche Obduktionen und begründet mit seinem 1543 erschienenen Buch *De humani corporis fabrica libri septem* die moderne Anatomie. Das Buch ist reichlich illustriert und zeigt den menschlichen Körper – früher ein unantastbares göttliches Geheimnis – als bloßen organischen Mechanismus. Die Anatomie ist eines der erblühenden Wissensgebiete, das sich durch den Buchdruck rasch verbreitet.

Um die anwachsenden Büchermengen Studierenden wie Lehrenden zugänglich zu machen, entstehen an den Universitäten prächtige Saalbibliotheken mit offenen Bücherregalen. Aber auch in Klöstern und an diversen Fürstenhöfen werden große Bibliotheken eingerichtet, die Macht und Reichtum ihrer Besitzer widerspiegeln. Die im Minoritenkloster angesiedelte Wiener Hofbibliothek, die *Bibliotheca Palatina Vindobonensis*, wächst durch Zusammenführung habsburgischer Buchbestände und privater Hinterlassenschaften. Zuwachs an aktuellen Büchern erhält sie dadurch, dass ihr von neuen Werken, die unter kaiserlichem Privileg gedruckt werden, Pflichtexemplare zukommen. Der Wiener Hofbibliothekar Peter Lambeck, ein Gelehrter aus Hamburg, ordnet in den 1660er-Jahren Tausende Hand- und Druckschriften nach den Themenbereichen *Theologie, Jurisprudenz, Medizin, Geschichte, Philosophie* und *Philologie*. Zur besseren Benutzbarkeit der unüberschaubaren Büchermenge geht er daran, einen Katalog in drei Varianten zu erstellen: nach den fortlaufenden Nummern auf den Buchrücken, nach den sechs Themenbereichen sowie nach Autorennamen in alphabetischer Reihenfolge. Genutzt wird die Wiener Hofbibliothek von Gelehrten und Adeligen, das einfache Volk hat keinen Zugang. Große Teile der Bevölkerung können gar nicht lesen.

Nachrichten und Neuigkeiten

Der Buchdruck verändert auch die Art, wie sich aktuelle Nachrichten im Volk verbreiten. Es gibt seit langer Zeit *Fahrende Zeitungssänger*, also wandernde Vorleser, die allerlei Neuigkeiten vor versammelter Menge verlesen. Aus dieser Tradition entstehen *Neue Zeitungen*, die, anfangs noch als handgeschriebene, bald aber als gedruckte, mit Holzschnitten illustrierte Blätter an staunende Interessenten verkauft werden. Sie betiteln sich selbst, je nach Art der Geschichte, die sie erzählen, als *Neue Zeitung, Erschreckliche Zeitung, Erbärmliche* oder *Glückliche Zeitung, Neues Lied* oder Ähnliches. Das *Zeitungslied* stellt eine besondere Form dar. Es ist in Strophen abgefasst und wird gemeinhin auf Jahrmärkten oder Messen den Zuhörern nach einer populären Melodie vorgesungen. Anschließend werden auch davon gedruckte Blätter verkauft. Für all diese Zeitungen gilt, dass sie nicht regelmäßig erscheinen, sondern jeweils anlässlich des Ereignisses, das sie beschreiben. Sie schildern meist Spektakuläres wie Kriege, Kometenerscheinungen oder die Entdeckung neuer Erdteile, aber auch Schauergeschichten von Judentaufen oder Hexenverbrennungen, vom Antichrist

Abb. 5 · Warhafftige Zeitung. Von den Gottlosen Hexen

oder von Engelserscheinungen. Im Konfessionsstreit zwischen Protestanten und Katholiken wandeln sie sich zu Propagandainstrumenten und erzählen mahnende Geschichten über glaubensschwache Menschen, von denen der Teufel Besitz ergriffen hätte. Bei der unweigerlich folgenden Austreibung wird der Teufel üblicherweise mit der anderen Religionsgemeinschaft gleichgesetzt. Wie für die katholische Seite selbstverständlich Luther der Teufel ist, so ist es für die protestantische der Papst. Im Zeitalter der Bedrohung durch die Osmanen und des verheerenden Krieges, den der katholische Kaiser in Wien gegen seine protestantischen Landesfürsten führt und den man später den *Dreißigjährigen Krieg* nennt, dienen gedruckte Flugschriften überdies der

Kriegspropaganda. Blätter zirkulieren, illustriert durch Karikaturen, die die Gegenseite verhöhnen und die eigene verherrlichen. Es ist ein Krieg mit Worten und Bildern, der den Krieg der Waffen begleitet.

In einem Blatt mit dem Titel *Reichs-Zeitungen* erscheint 1631 ein grausiger Bericht über die Einnahme Magdeburgs durch kaiserliche Truppen. Der Bericht schildert, dass die Stadt durch Feuer fast völlig zerstört wird und die meisten Einwohner ums Leben kommen. Es heißt, die Menschen hätten ihre Kinder in die Flammen geworfen, um sie nicht dem Feind auszuliefern, und sich letztlich auch selbst hineingestürzt. In den Gassen seien so viele Tote gelegen, dass kein Durchkommen möglich gewesen wäre. Insgesamt seien bei Freund und Feind 30 000 Menschenleben zu beklagen, ein Opfer, das selbst den kaiserlichen Feldherrn Tilly bitterlich habe weinen lassen. Das Massaker findet seinen Niederschlag in Hunderten Druckschriften, die die grausame Kunde allerorten verbreiten. Es ist kein Ruhmesblatt für die kaiserliche Sache.

Da große Teile der Bevölkerung nicht lesen können, bleibt aber die wichtigste Informationsquelle für das einfache Volk noch lange Zeit hindurch die mündliche Ansprache. Die Kirchenkanzel, zu der die Gemeinde aufblicken muss, ist der Ort, an dem die kirchliche wie die weltliche Obrigkeit seit jeher den Menschen Glaubensgesetze und weltliche Gesetze gleichermaßen verlautbaren. Im Zuge der Gegenreformation soll die Predigt zudem verstärkt vom Glauben Abgefallene wieder zurückgewinnen. In Wien wettert der Augustinermönch Johann Ulrich Megerle unter dem Pseudonym

Abraham a Sancta Clara gegen den Verfall der Sitten. Er tritt für eine Erneuerung von Volksfrömmigkeit und Heiligenverehrung ein und gewinnt dabei enorme Popularität. Während der seit 1679 in Wien grassierenden Pestepidemie, die viele Tausend Menschenleben fordert, hält er Pestpredigten, die massenhaft Zulauf haben. Dasselbe gilt für seine Hetzpredigten gegen die Osmanen, die 1683 vor den Toren Wiens stehen. Eine ähnliche Popularität als Prediger (und als Wunderheiler) genießt der Kapuzinerpater Marco d'Aviano. Obwohl auf Latein oder Italienisch gehalten, begeistern seine Predigten die Zuhörer. Seine Auftritte auf Missionsreisen versetzen die Menschen bisweilen in Hysterie und veranlassen sie, ihm Fetzen aus seinem Ordenskleid herauszureißen, um sie als kostbare Reliquien aufzubewahren. D'Aviano und Sancta Clara verkörpern als Geistliche eine hoch entwickelte Rhetorik, auf deren Wirkung die Kirche seit Jahrhunderten basiert. Dies hält sie aber nicht davon ab, ihre Predigten auch in gedruckter Form zu verbreiten. Denn der Buchdruck bietet ihnen neben Einkünften eine weitaus wirkungsmächtigere Kanzel.

Proportion und Perspektive

In der Neuzeit erfährt auch die Kunst Veränderungen dadurch, dass die Künstler den Menschen und die Natur entdecken. Nach dem Vorbild der klassischen Antike sollen beide Motive in exakten Perspektiven und korrekten Proportionen dargestellt werden.

Von dem Nürnberger Maler und Grafiker Albrecht Dürer, der auch als Mathematiker tätig ist, erscheint 1525 ein Lehrbuch mit dem Titel *Vnderweysung der messung mit dem zirckel vnd richtscheyt*. Darin beschreibt er Zeichenhilfsmittel wie das Raster: Der Künstler betrachtet dabei sein Motiv durch ein Gitternetz aus gespannten Fäden, um es maßstabsgetreu und perspektivisch korrekt auf das Papier oder die Leinwand zu übertragen. Dürer entwickelt überdies die Druckgrafik, also den Holzschnitt und den Kupferstich, zu einem eigenständigen Kunstgenre. Beim Holzschnitt wird ein Reliefbild in eine plane Holzplatte geschnitten, das dann mit Druckfarbe bestrichen und auf Papier abgedruckt werden kann. Dürer verfeinert die Linienführung und er-

Abb. 6 · Dürer: Exakte Perspektive und korrekte Proportion

zielt damit differenziertere Tonabstufungen im Druck. Er entwickelt auch den Kupferstich weiter, bei dem das Motiv mit spitzem Stichel in eine Kupferplatte geritzt wird. Mit dem Bild *Ritter, Tod und Teufel* schafft er ein frühes Meisterwerk des Kupferstichs. Von Kaiser Maximilian I., für den er arbeitet, erhält Dürer einen *Freibrief*, der seine Werke, die er über den Buchhandel vertreibt, vor Nachdruck durch andere – also vor dem »Abkupfern« – schützen soll.

Anders als der Holzschnitt, der häufig zur Illustration von Büchern und *Neuen Zeitungen* herangezogen wird, verläuft die Entwicklung des Kupferstichs weithin unabhängig von der Buchproduktion. Kupferstiche werden auch als eigenständige Bildkunst in losen Blättern hergestellt und vertrieben. Im Lauf der Zeit begründen Zeichner, Kupferstecher und Verleger mit dem Bilddruck einen regelrechten Geschäftszweig und verbreiten dadurch Bilder in größeren Bevölkerungskreisen.

Inspiriert von Ideen der Renaissance, der Wiederentdeckung antiker Formen, wandelt sich neben der Grafik auch die Malerei. Auch die Renaissancemalerei sucht die naturgetreue Darstellung: die Berücksichtigung der Zentralperspektive bei der Abbildung von Szenen, die Darstellung von menschlichen Figuren in korrekten Proportionen sowie natürlich die korrekte Wiedergabe von Licht- und Schattenwirkungen. Meister dieses Stils sind italienische Künstler wie Leonardo da Vinci oder Michelangelo Buonarotti. Sie schaffen im Auftrag von weltlichen wie geistlichen Fürsten Gemälde und Statuen, die das neue Menschenbild repräsentieren. Und wenn die Themen, entsprechend den Auftraggebern, oft noch religiöser Natur sind, so huldigen ihre Bildnisse doch dem Menschen in seiner physischen Erscheinung. Im Refektorium eines Mailänder Klosters entsteht da Vincis Wandgemälde *Das Abendmahl*, das den Moment zeigt, in dem Jesus seinen Jüngern verkündet, dass ihn einer von ihnen bald verraten wird. In der Sixtinischen Kapelle in Rom entstehen Michelangelos Deckenfresken, die die Schöpfungsgeschichte darstellen. Später malt Michelangelo das Altarbild der Sixtinischen Kapelle, das das *Jüngste Gericht* zeigt.

Abhängig von fürstlichen Mäzenen, ist die Kunst in ihrer Botschaft jedoch nicht frei. Als Reaktion auf die Reformationsbewegung, die Europa zu überrollen droht, erlegt die römische Kirche am *Konzil von Trient* Mitte des 16. Jahrhunderts Künstlern die Pflicht auf, mit den Mitteln von Architektur und Malerei die Einheit von Glauben und Katholizismus zu verfechten. Als Folge davon verbreitet sich in den katholischen Ländern Europas der Stil des Barock. Bei der Gestaltung von Kirchenräumen wird fortan möglichst viel Pracht entfaltet, um die Gemeinde der Gläubigen zu beeindrucken. Dabei verschwimmen die Grenzen zwischen Architektur, Plastik und Malerei. Vergoldete Figuren, eindringliche Altarbilder und illusionistische Deckenfresken, die die Grenzen zum Himmel aufzuheben scheinen, sind jetzt Teil eines umfassenden Programms der Gegenreformation. Da aber die Malerei in Österreich keine bedeutenden Vertreter hervorbringt, sind es zumeist italienische oder deutsche Maler, die hier die Aufträge zur Kirchenausschmückung erhalten.

Abb. 7 · Der Sonnenkönig Ludwig XIV.

Der gleichermaßen überladene wie kostspielige barocke Stil findet auch an den europäischen Herrscherhöfen Gefallen. Dabei geht es den Fürsten, die sich als gottbegnadet betrachten, weniger um Gotteshuldigung als um Huldigung ihrer selbst. Der französische König Ludwig XIV., der *Sonnenkönig*, macht es sich zum Programm, seine Zeitgenossen durch Zurschaustellung von Prunk und Pracht zu beeindrucken. Das Schloss Versailles, das er vor den Toren von Paris errichten lässt, ist in seiner Gesamtheit Ausdruck dieser Idee. Ludwig sucht die besten Künstler, Architekten, Maler, aber auch Poeten, Musiker und Literaten und macht konkrete Vorgaben für die Darstellung seiner Person, der Figur des Königs, die das Zentrum des Huldigungskults bildet.

Als einer der bedeutendsten Porträtmaler Frankreichs gilt Hyacinthe Rigaud. Ihm wird nachgesagt, die Porträtierten in seinen Gemälden nicht nur in ihrem Aussehen, sondern auch in ihrem Charakter zu erfassen. In seiner Werkstatt beschäftigt er Malergesellen, die auf bestimmte Bildinhalte wie etwa Blumen oder Gewänder spezialisiert sind. Bei so manchem Gemälde, das in seiner Werkstatt entsteht, stammen überhaupt nur wenige entscheidende Pinselstriche von ihm persönlich. Eines seiner berühmtesten Bilder ist ein überlebensgroßes, symbolbeladenes Porträt Ludwigs XIV. aus dem Jahr 1701. Das Gemälde zeigt den König in einen riesigen Hermelinmantel gehüllt. Er trägt das goldene, edelsteinbesetzte Schwert der französischen Könige sowie den Marschallstab des obersten Kriegsherrn. Auch die Krone ist im Hintergrund abgebildet. Das Gemälde repräsentiert buchstäblich den König, und zwar nicht nur bildlich. Ist der gottbegnadete König abwesend, steht es an seiner Stelle und alle Anwesenden haben sich dem Bild wie dem lebendigen Herrscher gegenüber zu verhalten. Das strenge Verbot, ihm den Rücken zuzuwenden, gilt auch für sein Bildnis.

Im Gegensatz zum Mäzenatentum kirchlicher und weltlicher Fürsten entwickelt sich mit dem kleinformatigeren transportablen Staffeleibild ein florierender Kunsthandel, der sich auf bürgerliche Kreise ausdehnt. Dieser Prozess wird vor allem in den Niederlanden erkennbar. Dort beginnt im *Goldenen Zeitalter*, in dem die niederländische Republik zur Welthandelsmacht aufsteigt, eine Blüte der Malerei. Neben Amsterdam entstehen in vielen niederländischen Städten Maler- und Grafikwerkstätten, die Tausende und Abertausende Bilder auf den Markt bringen. Getreu der kapitalistischen Verfasstheit der Republik, stellt die Malerei hier in erster Linie einen Markt dar, einen Kunstmarkt, auf dem Geld umgesetzt wird. Auch motivisch vollzieht sich eine Abkehr von den italienischen Wurzeln. In dem protestantischen Land werden die traditionellen katholischen Themen abgelehnt. Ebenso widmet man sich kaum der Huldigung fürstlicher Potentaten. Die Bürger der Republik wollen vielmehr sich selbst und ihre Lebensweise in positiv gezeichneter Weise abgebildet sehen. Es dominieren deshalb Porträts, Stillleben und Genreszenen aus dem Alltag eines wohlhabenden Bürgertums.

25

Abb. 8 · Das Goldene Zeitalter der Niederlande

Bühnen, Feste und Spektakel

In England führen die Ideen der Renaissance zu einer Blüte des Theaters. Immer mehr professionelle Schaustellertruppen treten auf Holzgerüsten in Innenhöfen der populären *Pubs* auf. In großen Städten wie London entstehen feste Theatergebäude – etwa das *Globe Theatre* am südlichen Themseufer. Einer der Teilhaber am *Globe Theatre* ist der Schauspieler und Dramatiker William Shakespeare. Das Rundtheater bietet in seinem Innenhof mehrere Galeriegeschosse für die Angehörigen der Oberschicht, doch findet im zentralen Zuschauerraum auch das einfache Publikum Platz. In dieser Blütezeit des englischen Theaters erscheint immer mehr volkssprachliche, also englische Literatur, die sich durch den Buchdruck in zunehmend größeren Bevölkerungskreisen verbreitet. Das Lateinische – bereits im Gottesdienst durch das Englische verdrängt – tritt nun auch als Sprache der Literatur in den Hintergrund. Dramatiker wie Shakespeare sorgen für populäre Stücke, die sich dem Schicksal des Individuums widmen. Sie konfrontieren das Publikum mit den zentralen Fragen menschlicher Existenz: Macht, Liebe, Tod. Eines der Dramen Shakespeares, das 1597 erstmals gedruckt wird, behandelt die unglückliche Liebe zwischen Romeo und Julia. Die beiden Liebenden entstammen verfeindeten Veroneser Familien, den Montagues und den Capulets, die eine lange, blutige Fehde miteinander verbindet. Romeo und Julia müssen deshalb ihre Liebesbeziehung und ihre Trauung verheimlichen. Als Romeo in einem Kampf einen Cousin von Julia tötet, muss er fliehen. Julia, die auf Wunsch ihrer Eltern einen Freier heiraten soll, nimmt einen Schlaftrunk; ihr scheinbarer Tod soll die Hochzeit verhindern. Doch dann nimmt das Verhängnis seinen Lauf. Romeo erfährt vom angeblichen Tod Julias, kehrt zu ihr zurück und nimmt an ihrer Seite Gift. Julia erwacht aus ihrem Schlaf, findet Romeo tot vor und tötet sich mit seinem Dolch. Das tragische Ende der Liebesbeziehung führt zu einer späten Aussöhnung der Familien, die teuer für ihren Stolz bezahlt haben. Das Stück ist sehr erfolgreich und gelangt durch wandernde englische Schauspielertruppen auch auf den europäischen Kontinent.

In streng katholischen österreichischen Gefilden spielt das Schicksal des Individuums keine Rolle, ganz im Gegenteil. Ein von Jesuiten ins Leben gerufenes Schultheater bringt religiös inspirierte Dramen über Heilige und Märtyrer auf die Bühne. Spielstätten sind zumeist die Schulen, die die Jesuiten in verschiedenen Städten unterhalten, Schüler agieren als Schauspieler. Fallweise entstehen auch repräsentative Bühnen. So lässt der ehemalige Jesuitenschüler und Habsburger Erzherzog Ferdinand IV. in der Wiener Universität einen Theatersaal mit einer technisch hochwertigen Bühne und einem großen Zuschauerraum errichten. Die Ziele des Jesuitentheaters sind schließlich auch die seinen: Es gilt, die Gegenreformation zu fördern und die katholische Lehre als einzig wahre zu präsentieren. Dies erfolgt weniger über den Text als über die Inszenierung. Die Bühnensprache ist Latein, das viele Zuschauer nicht verstehen. Zweisprachige Inhaltsangaben, die verteilt werden, helfen zumindest den Lesekundigen. Ansonsten wirken beeindruckende Kostüme und Kulissen auf das Publikum. Bei großen Aufführungen wird oft auch raffinierte Bühnentechnik aufgeboten, Unterbühnen etwa zur Versenkung und Anhebung von Szenen, oder Flugbäume, an denen Engel angegurtet sind, um über die Bühne zu schweben.

Einer der bedeutendsten Dramatiker des Jesuitentheaters ist der Jesuit Nicolaus von Avancini. Sein Stück *Pietas victrix* handelt vom Sieg des zum Christentum bekehrten Kaisers Konstantin des Großen über seinen Kontrahenten, den heidnischen römischen Kaiser Maxentius. Die besondere Verehrung Konstantins wurzelt darin, dass unter seiner Herrschaft zu Beginn des 4. Jahrhunderts das Christentum zur wichtigsten Religion im antiken *Imperium Romanum* aufgestiegen ist. Es ist insofern nicht ohne Symbolkraft, dass dieses Stück 1659 anlässlich der Wahl des katholischen Habsburgers Leopold I. zum Kaiser des modernen *Heiligen Römischen Reiches* vor Tausenden Zuschauern aufgeführt wird.

Denselben Huldigungszweck erfüllen bombastische Feierlichkeiten, wie sie Kaiser Leopold I. anlässlich seiner Vermählung mit der spanischen Infantin Margarita Teresa im Jahr 1666 ausrichten lässt. Den Auftakt bildet ein grandioses Feuerwerk, das unter dem Klang von Pauken, Trompeten und Posaunen sowie zahlreichen Kanonenschüssen stattfindet. Zum Abschluss zischen Raketen in den Himmel, einige davon schreiben die habsburgische Formel *A.E.I.O.U.* in das Firmament. Im Jahr darauf findet im Burghof das Rossballett *La Contesa dell'aria e dell'acqua* statt, an dem der Kaiser selbst als Reiter teilnimmt. Aufwendig errichtete Maschinen lassen Pferde

und Kutschen durch die Luft schweben. Das eindrückliche Pferdeballett soll selbst große Feste im französischen Versailles übertreffen. Den Höhepunkt der Feierlichkeiten anlässlich der Kaiserhochzeit bildet die erstmalige Aufführung einer Oper in Wien. Von Antonio Cesti eigens für diesen Anlass komponiert, feiert *Il pomo d'oro* Margarita Teresa als Verkörperung von Schönheit, Weisheit und Tugend. Der Kaiser, ein Musik- und Theaterliebhaber, der selbst daran mitkomponiert, lässt nahe der Hofburg eigens ein Hoftheater errichten, das Tausenden Zuschauern und Darstellern Platz bietet. Die Zuschauerränge sind natürlich nicht für das gemeine Volk gedacht, sondern bleiben dem Adel vorbehalten.

Solche rauschenden Feste zu feiern, ist ein Privileg der höfischen Gesellschaft, die ihren Reichtum und ihre Macht zur Schau stellt. Der dichte höfische Festkalender umfasst vielfältige Anlässe wie Krönungen, Huldigungszeremonien, Hochzeits- und Trauerzüge, Turniere, Pferde- und Wagenrennen, Maskeraden, Opern oder Ballette. An Galatagen haben sich die Angehörigen des Hofes einer bestimmten Kleiderordnung zu unterwerfen. Das schaulustige Volk soll durch Pracht beeindruckt, der geballten Macht von Herrscher und Hof ansichtig und so in Demut gehalten werden. Es gibt reguläre Galatage, die im Staatskalender vermerkt sind, aber auch außergewöhnliche – ob Freuden- oder Trauergalatage –, die aus entsprechendem Anlass ausgerufen werden.

Abgesehen von den traditionell auf Latein gehaltenen Messfeiern in der katholischen Kirche, die auf devoten Gehorsam abzielen,

Abb. 9 · Pferdeballett zur Kaiserhochzeit in Wien

sind auch die Jahresfeste für das einfache Volk zumeist kirchliche Veranstaltungen, zumal sie auf die kirchlichen Feiertage fallen. Der Kalender verzeichnet neben den Heiligen die großen christlichen Feste wie Ostern, Pfingsten und Weihnachten, die die Menschen in den Lauf des Kirchenjahrs einbinden und in jeder Hinsicht verpflichtend sind. Sie haben an den Festen teilzunehmen und sich dabei dem kirchlichen Ritus zu unterwerfen. Dies gilt in gleicher Weise für individuelle Anlässe wie Taufen, Hochzeiten oder Beerdigungen. Im Zeichen der Gegenreformation werden zudem Wallfahrten, Kirchweih-, Johannis- oder Maifeiern wieder aufwendiger inszeniert,

um die Menschen vom wahren, vom katholischen Glauben zu überzeugen.

Unter den volkstümlichen Vergnügungen erfreuen sich Jahrmärkte großer Beliebtheit. Die Jahrmärkte, die ebenfalls oft an kirchlichen Feiertagen stattfinden, locken auswärtige Händler und Kaufleute herbei, und mit ihnen kommen Taschenspieler, Seiltänzer, Gaukler und Schausteller, die Zauberkunststücke, kuriose Maschinen, exotische Tiere, aber auch missgebildete Menschen vorführen. Von *Quacksalbern* werden Heilmittel aller Art angeboten, von *Bänkelsängern* und *Buchführern* vielerlei spannende und reißerische Druckschriften. Oft finden Gerichtsverhandlungen und Hinrichtungen auf den gut besuchten Jahrmärkten statt. Verurteilte werden vor schaulustigen Zuschauern ausgepeitscht, an den Pranger gestellt, gequält, verstümmelt, anschließend vertrieben oder getötet. Juden werden vor versammeltem Volk aller möglichen Taten bezichtigt – von der Hostienschändung bis zum Ritualmord. Judenvertreibungen erfolgen ebenfalls als öffentliche Spektakel. Hexen und Glaubensabtrünnigen droht der Scheiterhaufen, entzündet vor den Augen der schaulustigen Menge. Vor allem in den deutschen Ländern lodern die Scheiterhaufen als Fanale des grassierenden Hexenwahns.

Eine Hexenverbrennung trägt sich Ende des Jahres 1583 auch in Wien zu. Ein sechzehnjähriges Mädchen, das an Krämpfen leidet, wird ins Wiener Bürgerspital eingeliefert. Wegen des Verdachts, vom Teufel besessen zu sein, wird es von Jesuiten der Exorzierung unterzogen. Nach Angaben eines Jesuitenpaters treiben die Geistlichen dem Mädchen 12 652 Teufel aus. Außerdem bringen sie es so weit, dass es eine *Anhexung* durch seine Großmutter einräumt. Daraufhin wird die Großmutter, eine geistig umnachtete Protestantin, ins Gefängnis geworfen und unter Anwendung von Folter verhört. Die alte Frau gesteht letztlich die *Anhexung* und gleich auch verschiedene andere *Malefizien* wie *Kindsmord* und *Teufelsbuhlschaft*, also Unzucht mit dem Teufel, sowie den Umstand, während der vergangenen 50 Jahre das Wetter gemacht zu haben. Der Wiener Stadtrichter meint, die verwirrte Alte gehöre eher ins Bürgerspital als auf den Scheiterhaufen, doch kann er sich gegen seine Richterkollegen und die Geistlichkeit nicht durchsetzen. Die alte Frau wird auf

der Hinrichtungsstätte auf der *Gaensweid* vor den Augen der Schaulustigen lebendig verbrannt.

Der Wiener Jesuit Georg Scherer, der bereits in einer Predigt vor dem Stephansdom gegen Hexen Stimmung gemacht hat, gibt 1584 in Ingolstadt eine umfangreiche Druckschrift heraus. Die gedruckte Predigt trägt den Titel *Christliche Erinnerung Bey der Historien von juengst beschehener Erledigung einer Junckfrawen die mit zwoelfftausend sechs hundert zwey und fuenffzig Teufel besessen gewesen*. Sie schildert, wie die Großmutter der besessenen Anna, »Elsa Plainacherin«, die alte Zauberin und Wettermacherin, ihre Enkelin mit dem Teufel verkuppelt und ihr, um sie gefügig zu machen, vergiftete Äpfel, Salben und Tränke gegeben habe. Scherer plädiert in seiner Schrift nachdrücklich dafür, Zauberer und Hexen zu töten, vor allem aber warnt er davor, sorglos zu sein, und er mahnt zu Achtsamkeit und Gebet.

Reguläre Postverbindungen

Ein charakteristisches Merkmal der Neuzeit ist ein überregionaler Nachrichtenverkehr, der über gelegentlich zugestellte Botschaften oder aufgeschnappte Neuigkeiten hinausgeht. Unterschiedliche Botensysteme ermöglichen seit geraumer Zeit Handelshäusern einen effizienten Fernhandel, europäischen Gelehrten eine Kultur des permanenten Wissensaustausches und Fürsten, große Territorien zu verwalten. Doch nun entsteht ein reguläres Postnetzwerk. Kaiser Maximilian I. reformiert um

1500 die Verwaltungsstrukturen in seinem Reich. Er richtet feste Residenzen samt Kanzleien ein, die er durch Postreiterkurse miteinander verbinden lässt. Er etabliert einerseits eine Kanzleiordnung zur Verwaltung von Untertanen und Gütern, die die Verwendung von vorgedruckten Formularen vorsieht, in welche handschriftliche Eintragungen vorzunehmen sind. Geschrieben wird in der Frakturschrift, die mit ihren abgesetzten Buchstaben gut lesbar und deshalb auch zum Vorbild für Gutenbergs Drucklettern geworden ist. Andererseits dient die Einrichtung der Postreiterkurse dem Kaiser dazu, den Korrespondenzverkehr zwischen den Residenzen zwecks effizienterer Verwaltung und Regentschaft zu beschleunigen. Auf den Routen der kaiserlichen *Reichspost* reihen sich in Abständen von jeweils einer Tagesreise Stationen, an denen die Postreiter ihre Pferde wechseln. Die Reiter kündigen ihre Ankunft an der Wechselstation schon von Weitem mit Hornsignalen an, um den Wechsel zu beschleunigen. Auf mitgeführten *Stundenpässen* werden die Übergabezeiten des Postguts penibel vermerkt. Die Beförderung von Briefen zwischen Maximilians Residenzen in Brüssel und Innsbruck dauert fünfeinhalb Tage im Sommer und sechseinhalb im Winter. Geführt wird die *Reichspost* von der lombardischen Unternehmerfamilie Taxis, die auch alle wichtigen Wechselstationen kontrolliert. Nur ihre Mitglieder haben das Recht, die Postsäcke zu öffnen, um etwas zu entnehmen oder hinzuzugeben.

1517 ist es noch dezidiert untersagt, die Postreiter für andere Zwecke als für solche des Herrschers zu benutzen. Im Laufe der Zeit wird die Post jedoch gegenüber priva-

ten Nutzern wie dem Augsburger Handelshaus der Fugger geöffnet. Für die Fugger ist die Briefkorrespondenz bedeutsam, um mit ihren vielen Niederlassungen in Verbindung zu bleiben. Für die kaiserliche *Reichspost* bringt die Öffnung zusätzliche Einnahmen. Um die Erträge aus dem Posttransport zu sichern, wird das Postwesen 1597 einem kaiserlichen *Postregal*, also einem Monopol, unterworfen, das Unbefugten die Briefbeförderung gänzlich untersagt. Darin eröffnet sich neben der Aussicht auf gesicherte Einkünfte die Gelegenheit, die Briefkorrespondenz bedeutender Persönlichkeiten überwachen zu lassen. Es überrascht nicht, dass die Reichsfürsten daraufhin versuchen, eigene Landespostanstalten zu betreiben. Vor allem die Protestanten unter ihnen fürchten eine geheime Briefüberwachung durch den katholischen Kaiserhof. Als der schwedische König Gustav Adolf 1630 dem Kaiser in Wien den Krieg erklärt, führt er die Öffnung eines seiner Schreiben als einen Kriegsgrund an. Nach dem *Dreißigjährigen Krieg* gründet so mancher Fürst seine eigene Landespost und nutzt dabei die Gelegenheit, nun selbst die Post anderer öffnen zu können.

Der stete Ausbau des Postsystems mit regelmäßigen Verbindungen zwischen den Städten macht auch ein regelmäßiges Erscheinen von Zeitungen möglich. Sie erscheinen zumeist »posttäglich«, also an den Tagen, an denen die Post in die Stadt kommt. Dies resultiert daraus, dass mit der Post Neuigkeiten von außerhalb einlangen, die der örtliche Zeitungsdrucker umgehend in einer Zeitung in einigen Hundert Exemplaren veröffentlichen kann. Von

31

freier Berichterstattung kann dabei jedoch keine Rede sein. Die Zeitungsdrucker sind abhängig von der Gunst des herrschenden Fürsten, der ihnen das Druckprivileg, also die Erlaubnis, eine Zeitung zu drucken, verleiht. Ein gewährtes Privileg bedeutet, dass niemand das Druckwerk ohne Zustimmung des Privileghalters und zu dessen Schaden nachdrucken und verkaufen darf. Es garantiert dem Drucker in Zeiten, in denen das Abschreiben und Nachdrucken der Normalfall ist, ein relativ sicheres Einkommen. Umgekehrt sichert es dem Fürsten die Loyalität des Druckers, dessen finanzielle Existenz am Privileg hängt. Diese Abhängigkeit zeigt sich in Frankfurt, wo Johann von den Birghden als Postmeister wirkt. Es gelingt Birghden, Frankfurt in den Postkurs von Wien in die Niederlande einzubinden, wodurch zweimal wöchentlich Neuigkeiten aus Österreich und den Niederlanden in Frankfurt einlangen. Angesichts einer derart guten Nachrichtenlage bringt Birghden ab 1615/16 eine gedruckte Wochenzeitung heraus. Unter dem Titel *Vnvergreiffliche continuirende Post Zeitungen* bringt sie politische Meldungen aus Orten, zu denen Postverbindungen bestehen. Mit Unterstützung des Wiener Kaiserhofs entledigt sich Birghden seiner Frankfurter Konkurrenten, im Gegenzug positioniert er sein Blatt als Sprachrohr des Wiener Hofes. Einige Jahre

später wird dem Protestanten Birghden aber zum Verhängnis, dass er neben der katholischen auch die protestantisch-schwedische Seite bedient. Der Kaiser lässt ihn der angeblich antikaiserlichen Haltung seiner Zeitung wegen fallen.

In Wien selbst verfügt der Buchdrucker Matthäus Formica über ein Privileg, wöchentlich die *Ordinari Zeittungen* herauszugeben. Die zweiblättrige Druckschrift enthält jeweils mehrere auswärtige Meldungen aus bedeutenden europäischen Städten, die wegen der Postlaufzeiten aber meist schon ein, zwei Wochen alt sind. Die meisten Meldungen gehen über den Postkurs Brüssel – Köln – Frankfurt – Nürnberg – Linz – Wien ein. Daneben existieren Kurse von Hamburg über Leipzig und Prag nach Wien, von Berlin über Breslau nach Wien und von Neapel über Rom und Venedig nach Wien. Mit Ausnahme von Ost- und Südosteuropa, wo keine ständige Postverbindung besteht, sind damit große Teile Europas abgedeckt. Einen wesentlichen Teil der Berichterstattung machen Truppenbewegungen, Belagerungen, Kapitulationen und Plünderungen aus dem *Dreißigjährigen Krieg* aus. Lokale Meldungen aus Wien und vom Kaiserhof gibt Formica in den *Ordentlichen Postzeittungen auß Wienn* heraus, einem beidseitig bedruckten Blatt, das sich vorwiegend Wiener Geschehnissen widmet.

Aufklärung.
Sieg der Vernunft

Alltäglicher Postverkehr

Kaiser Karl VI. markiert in Österreich das Ende des verschwenderischen Barockzeitalters. Die Staatsfinanzen sind desolat und man bemüht sich gezwungenermaßen um eine wirtschaftliche Belebung der Länder. Von Wien ausgehend werden Straßen gebaut, die in alle Teile des Reiches führen. Außerdem wird die Post verstaatlicht und reformiert. Karls Tochter und Nachfolgerin Maria Theresia will mit der Post nicht nur die Korrespondenz der staatlichen Verwaltung abwickeln, sondern vor allem den Kommerz, also die Wirtschaft, fördern. Sie senkt 1750 das Briefporto, um das Briefaufkommen zu heben und die allerorten wuchernde illegale Briefbeförderung durch Privatpersonen einzudämmen. Auf den wichtigen Postwegen von Wien in Städte wie Ofen, Prag, Pressburg, Brünn, Olmütz, Znaim, Graz, Linz oder Passau werden tägliche Postverbindungen eingerichtet, sogenannte *Journalieren*. Mehrspännige Postkutschen, *Diligenzen* genannt, befördern im Eiltempo Post und zahlende Passagiere. Den Passagieren mutet es geradezu fantastisch an, dass man jetzt in nur einem Tag von Wien nach Pressburg und wieder zurück fahren kann. Die Strecke Wien – Graz – Görz – Venedig, die über 35 Poststationen führt, wird in rund fünf Tagen absolviert. Zur leichteren Benützung des wachsenden Postnetzes dienen gedruckte Reisekarten, auf denen Straßen und Postkurse verzeichnet sind. Gedruckte Tabellen, genannt *Meilenzeiger*, weisen die Entfernung zwischen verschiedenen Orten aus.

Mit den *Journalieren*, die Tag für Tag fahren, gelangen außerdem regelmäßig Neuigkeiten in die Städte, die das tägliche Erscheinen der örtlichen Zeitung, mancherorts folgerichtig *Journal* genannt, ermöglichen.

Zumindest dem wohlhabenden Bürgertum eröffnet sich in der Post die Welt. Das Briefschreiben wird Teil standesgemäßer Bildung. Aufklärer verfassen Anleitungen, sogenannte *Briefsteller*. Vom deutschen Dichter Christian Fürchtegott Gellert erscheint 1751 das Buch *Briefe, nebst einer praktischen Abhandlung von dem guten Geschmacke in Briefen*. Gefordert sind klarer Textaufbau und ungekünstelte Sprache. Das Briefschreiben beschränkt sich freilich noch auf eine kleine Bevölkerungsgruppe. Wer nicht schreiben kann, aber unbedingt einen Brief schreiben muss, konsultiert die lebendigen *Briefsteller*, die in den Städten gegen Entgelt ihre Dienste anbieten.

Abb. 10 · Schnelles Reisen über Land

Anfang 1772 erteilt Maria Theresia dem Franzosen Joseph Hardy die Erlaubnis, in Wien nach Pariser Vorbild eine Stadtpost, genannt *Kleine Post*, einzurichten. Im Gegensatz zur großen staatlichen Post, die sich dem Fernverkehr widmet, dient die Stadtpost der Abwicklung des innerstädtischen Briefaufkommens. Im Gegenzug für die Abgabe eines Viertels des Reingewinns darf Hardy Briefe und Pakete in der Stadt und den umliegenden Ortschaften transportieren. In der Stadt wird ein Hauptamt, im Umland werden Unterämter eingerichtet. Mehrmals täglich werden Briefe durch Briefträger eingesammelt und über das Hauptamt an das entsprechende Unteramt gebracht, wo sie von den Empfängern abgeholt werden können. Das Porto in der Höhe von zwei bis drei Kreuzern wird

entweder vom Empfänger zur Gänze oder von Absender und Empfänger je zur Hälfte beglichen. Jeder der uniformierten Boten der *Kleinen Post* trägt einen Blechkasten mit sich, in dem er die Briefe sammelt, sowie eine Klapper. Dieses mit beweglichen Eisenbügeln versehene Brett erzeugt durch rasches Hin- und Herdrehen ein lautes, klapperndes Geräusch, mit dem der *Klapperbote* für alle Anwohner hörbar seine Ankunft kundtut.

Als Förderer der Kultur und der Wissenschaft ermöglicht die Post den Gelehrten, sich über Staatsgrenzen hinweg auszutauschen und dem »Genius der Humanität« zum Sieg zu verhelfen.

So heißt es zumindest in einem zeitgenössischen Handbuch. Tatsächlich wird die Kontrolle eingehender und abgehender Postsendungen seitens der Staatsmacht verschärft, um der Verbreitung unliebsamer Neuigkeiten und Ideen vorzubeugen. Misstrauisch gegenüber Korrespondenzen, in denen Gelehrte und Schriftsteller wissenschaftliche Fragen, mitunter auch politische, ja revolutionäre Fragen diskutieren, beschäftigt die Obrigkeit geheime Postlogisten. Deren Aufgabe ist es, brisante Briefe zu öffnen, rasch zu zensurieren und dann gekonnt wieder zu verschließen, sodass der Empfänger nichts von dem Eingriff bemerkt. Unter Maria Theresia gilt zwar ein gesetzlich geschütztes Briefgeheimnis, das das Aufbrechen fremder Briefsiegel unter Strafe stellt. Ihr Nachfolger Joseph II. lässt im Zuge seiner Strafrechtsreform das Briefgeheimnis jedoch nicht mehr ausdrücklich erwähnen. Dies hat wohl damit zu tun, dass die vielen Zensoren, die in seinem Staat mit dem heimlichen Öffnen der stetig zunehmenden Briefpost beschäftigt sind, ansonsten täglich Straftaten begehen würden.

Ähnlich ist die Situation im Passagiertransport in österreichischen Landen. Auch hier zeigt sich die Furcht der Obrigkeit vor der Revolution. Der Ablauf des Passagiertransports ist nach wie vor streng geregelt. Reisende müssen vorgedruckte Anmeldungsformulare ausfüllen. Reisen ins Ausland können nur über bestimmte Grenzstationen angetreten werden, an denen Reisepapiere und Gepäcksstücke überprüft werden. Das Gepäck wird nicht zuletzt auf verbotene Bücher hin untersucht. Aufrührertum soll weder in Form von Schriften noch in Gestalt von Personen die Grenzen passieren.

Vermögende Reisende lassen sich per *Extrapost* oder in eigenen Kutschen unabhängig von öffentlichen Fahrplänen durch die Lande kutschieren. Frische Pferde bekommen sie bei den Postmeistereien der regulären Post. Diese individuelle Art des Reisens ist vergleichsweise kostspielig und bedarf der Selbstplanung.

Auf der Deutschlandreise des Berliner Verlagsbuchhändlers und Schriftstellers Friedrich Nicolai sind Reiseroute, Etappenziele sowie die jeweils aufzubringende Zeit im Voraus festgelegt. In einer Liste verzeichnet er vorweg jene Personen und Sehenswürdigkeiten, die er aufsuchen will. Um Geld und Zeit zu sparen, nimmt er von Regensburg nach Wien ein Schiff, das ihm eine staub- und stoßfreie Reiseetappe beschert, die er in seinem Verschlag überdies lesend oder schreibend verbringen kann. Reisende wie er, die dem Bildungsbürgertum angehören, begreifen das Reisen nicht als Vergnügung, sondern als ein Mittel zur Erweiterung des geistigen Horizonts. Fremde Länder sollen buchstäblich erfahren und die gemachten Erfahrungen sodann in Buchform veröffentlicht und bildungsbeflissenen Lesern weitervermittelt werden.

Zwei Jahre nach Nicolais Reise erscheint 1783 sein Buch *Beschreibung einer Reise durch Deutschland und die Schweiz*, in dem auch Österreich geschildert wird. Nicolais Blick ist nicht unkritisch. Er prangert die hierzulande herrschende Bücherzensur an, meint, viele bedeutende Bücher seien ihretwegen gar nie ins Land gelangt. Der Rückstand der Menschen in literarischer Hinsicht sei beträchtlich und wohl nur langsam aufzuholen. Er kritisiert die bigotte katholische Religiosität, die im Land herrscht, anerkennt allerdings die aufkläre-rischen und antiklerikalen Reformbemü-hungen von Kaiser Joseph II. Des Weiteren mokiert er sich darüber, dass in kleinen Städten wie Linz den Sommer über ein fes-tes Theaterensemble und gleichzeitig auch eine wandernde Truppe für ihre bescheiden anspruchsvollen Aufführungen genug Pub-likum finden, und dass in Städten wie Graz zwar kaum Handwerksbetriebe und Fabri-ken, aber dafür über 220 Gasthäuser exis-tieren. Man gebe den Österreichern *panem et circenses (Brot und Spiele)*, meint er, und sie seien zufrieden.

Seelenzählung

Nach Vorbildern wie dem französi-schen Staat, französisch *État*, nimmt allmählich auch in Österreich der moder-ne Staat Gestalt an, der sein Budget, seinen Etat, in Form von Steuern systematisch ein-hebt. In den österreichischen Ländern wird ab 1748 mit der sogenannten *Steuerrektifi-kation* eine langwierige Erhebung bezüglich Landbesitz und landwirtschaftlicher Erträ-ge eingeleitet. Ziel ist die Einführung einer allgemeinen Steuerpflicht für Bauern wie für den Adel. Um das Steueraufkommen ab-schätzen zu können, aber auch aus Gründen der Rekrutierung von Soldaten, erfolgt 1754 auf Anordnung von Maria Theresia eine erste Volkszählung, eine *Seelenkonskription*. Alle Untertanen sollen nach Geschlecht, Alter und Zivilstand in Formularen erfasst werden, die anschließend nach Wien zur Auswertung gelangen. Die Zählung soll ge-nauere Daten liefern als dies die kirchlichen

Bücher, die *Matriken*, tun. In diesen *Matri-ken* werden lediglich Taufen, Trauungen und Begräbnisse verzeichnet, woraus sich keine ausreichend genauen Angaben ab-leiten lassen. Den Staat interessiert zudem weniger die Unterscheidung nach Kommu-nikanten und nicht Kommunizierten als die Gliederung nach Altersklassen. Es geht ihm bei den nun wiederholt abgehaltenen Volks-zählungen vorrangig darum, junge Männer fürs Militär rekrutieren zu können, wenn auch dieser unpopuläre Zweck geheim gehalten wird. Gezählt werden allerdings auch die Frauen und Kinder, denn aus der Gesamtbevölkerungszahl einer Ansiedlung ergibt sich die Zahl der zu stellenden Re-kruten. Die Zählung unterscheidet überdies zwischen Christen und Juden. Juden gelten nicht als gleichberechtigte Staatsangehöri-ge, weshalb über ihren Köpfen immer die Gefahr der Vertreibung schwebt. Neben den Untertanen werden auch die Häuser gezählt und mit Hausnummern versehen, wobei man sich nach außen hin zu erklären bemüht, dass dies lediglich zur leichteren Verfolgung gefährlicher Personen und zur Aufrechterhaltung von Ruhe und Ordnung geschehe.

Für die Steuereinhebung werden auch ka-tasterartige Karten der Ländereien erstellt. Es beginnt eine erste genaue Vermessung der österreichischen Länder, die jedoch frag-mentarisch bleibt. Vollendet wird hingegen die Vermessung Wiens durch den Hofmathematiker Joseph Anton Nagel. 1773 liegt der fertige Grundriss vor, der auch die kurz zuvor eingeführten Hausnummern aufweist. Ein bald danach erscheinendes gedrucktes Verzeichnis enthält die nummerierten Häu-ser und Grundstücke samt Hausbesitzern.

Fortlaufend nummeriert und topografisch beschrieben kann nunmehr jedes einzelne Grundstück in Wien praktisch am Papier gemäß den zu erwartenden Ernteerträgen steuerlich klassifiziert werden.

1785 ordnet Kaiser Joseph II. eine Steuerreform an, im Zuge derer er erstmals eine allgemeine und gleiche Grundbesteuerung durchsetzt. Dafür leitet er auch eine neuerliche Vermessung aller habsburgischen Länder, eine sogenannte *Landesaufnahme*, ein.

Das aufblühende Mechanikhandwerk sorgt dafür, dass der mit der Konstituierung des Verwaltungsapparats zunehmende Rechenaufwand durch Rechenmaschinen erledigt werden kann. Der Schwabe Antonius Braun, Instrumentenmacher am Wiener Kaiserhof, baut 1727 eine trommelförmige, aus Messing überaus prunkvoll gefertigte Sprossenrad-Rechenmaschine. Sie kann alle vier Grundrechenarten ausführen und soll, wie es heißt, den Landvermessern die Arbeit erleichtern. Durch die unzureichende Präzision bei der händischen Fertigung ihrer feinmechanischen Teile bleibt die behäbige Maschine allerdings fehleranfällig. Ein allzu großer Bedarf nach Rechenmaschinen besteht in den folgenden Jahrzehnten aber ohnehin noch nicht.

Eine unverzichtbare Voraussetzung für die Vermessung großer Länder bilden einheitliche Maße. In Europa existieren zahllose, von Region zu Region unterschiedliche Einheiten. In Frankreich führen die Revolutionäre deshalb nach 1789 neben neuen

Abb. 11 · Mechanisches Rechnen

37

einheitlichen Gewichten auch ein einheitliches Längenmaß ein. In ganz Frankreich – nunmehr eine vereinte Nation – soll fortan nach denselben Standards gewogen und gemessen werden. Damit wird nicht nur das überregionale Wirtschaftsleben von Hemmnissen befreit, sondern auch ein wichtiger Schritt auf dem Weg zum zentral verwalteten französischen Nationalstaat gesetzt. Im März 1791 beschließt die verfassunggebende Versammlung in Paris die aufwendige Errechnung des neuen Längenmaßes. Um auf der ganzen Welt gleichermaßen gültig zu sein, soll die neue Einheit exakt ein Zehnmillionstel der Strecke vom Pol bis zum Äquator bilden. Um dieses Maß zu finden, werden die beiden Astronomen Jean-Baptiste Joseph Delambre und Pierre François André Méchain beauftragt, den Meridianbogen von Dünkirchen über Paris bis Barcelona exakt zu vermessen. Von diesem gemessenen Wert aus will man mithilfe der bekannten Erdkrümmung die Länge des gesamten Meridians berechnen. Möglich wird eine solche Berechnung durch die zunehmend exakteren Messinstrumente, über die die Wissenschaft verfügt. Doch die Vermessungsarbeiten geraten wegen der Revolutions- und Kriegswirren ins Stocken, weshalb das neue Längenmaß *Meter* erst mit einiger Verzögerung eingeführt wird. Basierend auf dem Dezimalsystem, besteht ein Meter aus zehn Dezimetern, ein Dezimeter aus zehn Zentimetern und ein Zentimeter aus zehn Millimetern. Mit dem Gramm und dem Kilogramm folgt eine auf dem Dezimalsystem basierende Gewichtseinheit. Analog dazu wird auch ein neuer Kalender mit zehnstündigen Tagen und zehntägigen Wochen entworfen.

Als sein Beginn wird der Gründungstag der Französischen Republik, der 22. September 1792, und nicht mehr die Geburt Christi angesetzt. Doch während sich das Dezimalsystem als Längenmaß in Europa in den folgenden Jahrzehnten langsam durchsetzt, scheitert seine Übertragung auf die Zeitmessung. Zu tief ist der christliche Kalender in der Bevölkerung verankert.

Bücher, Bürger, Pressefreiheit

Beseelt von der Idee, die Wirtschaftsleistung zu steigern, will Kaiserin Maria Theresia in den österreichischen Ländern die Volksbildung anheben. Die Schule soll aus den Kindern leistungsfähige Untertanen machen, die zum wirtschaftlichen Aufschwung beitragen und so dem Staat höhere Steuereinnahmen verschaffen. Zunächst will die Kaiserin die einschlägigen Buchgewerbe fördern, und zwar in Wien und in den größeren Städten des Habsburgerreiches, um das Investitionskapital im Land zu halten. Sie will den Buchdruck, die Letternherstellung, den Kupferstich und den Kupferdruck sowie die Buchbinderei und den Buchhandel forcieren.

Der Buchdrucker Johann Thomas Trattner wird zum *Hofbuchdrucker* ernannt und erhält das Privileg (also das ihm allein vorbehaltene Recht), die dazu nötigen Schul- und Lehrbücher herzustellen. In dieser privilegierten Lage errichtet er im Laufe der Zeit ein konzernartiges Buchdruck- und Buchhandelsunternehmen mit Filialen in vielen Städten des Reiches. Geschützt durch Maria Theresia druckt Trattner mangels

Abb. 12 · Buchdruck: Bücher in großer Auflage

heimischer Autoren erfolgreiche Bücher auswärtiger Verleger nach. Er schreckt nicht davor zurück, deutsche Werke von Schiller, Goethe, Herder oder Lessing zu kopieren, wodurch er sich den berechtigten Zorn der deutschen Verleger zuzieht. Deren Zorn gilt allerdings auch den Wiener Zensoren, denn nicht genug damit, dass Trattner sich an ihren Büchern schadlos hält, scheuen sich die Zensoren nicht davor, ihnen missliebige Textstellen kurzerhand umzuschreiben. Auf deutschen Buchmessen ist Trattner mit seinen Werken jedenfalls nicht mehr gern gesehen. Das Kurfürstentum Sachsen

verankert angesichts solcher Entgleisungen ein Urheberrecht. Nachdrucke dürfen demnach auf der Leipziger Messe nicht mehr gehandelt werden.

Kaiserin Maria Theresia lässt sich davon nicht beirren. Sie erlässt 1774 eine *Allgemeine Schulordnung für die deutschen Normal-, Haupt und Trivialschulen in sämtlichen Kayserlichen Königlichen Erbländern.* Sie führt damit eine sechsjährige Volksschulpflicht für Kinder ab dem Alter von sechs Jahren ein, die sich aber nur zögerlich durchsetzt; im Übrigen bleiben Fach- oder Mittelschulen für Mädchen weiterhin verschlossen.

Die Schulaufsicht unterliegt zudem noch der katholischen Kirche, die sich dadurch einen gewissen Einfluss bewahrt.

Die zaghaften Ideen der Volksbildung erreichen allerdings nicht die Hofbibliothek. Schon der Vater Maria Theresias, Kaiser Karl VI., hat 1722 in Wien ein neues repräsentatives Gebäude für die *Hofbibliothek* errichten lassen, mit einem barocken *Prunksaal*, der seinem Namen Ehre macht und offenkundig mehr des Kaisers Ruhm als Zwecken der Aufklärung dient. Die reichhaltig ausgestattete Bibliothek bleibt Gelehrten und Hofbeamten vorbehalten. Das gilt im Wesentlichen ebenso unter Karls Tochter Maria Theresia, auch wenn sich unter ihren aufgeklärten Beratern Kritik daran regt, dass die Bibliothek der Öffentlichkeit nicht zugänglich gemacht wird. Die Bedeutung der Hofbibliothek für die Aufklärung bleibt deshalb gering, obwohl ihre Büchersammlung stetig anwächst. Tausende Bücher italienischen und französischen Ursprungs erhält sie mit Übernahme der Sammlung von Prinz Eugen von Savoyen. Maria Theresias Leibarzt Gerard van Swieten und sein Sohn Gottfried van Swieten ergänzen den Buchbestand um zahlreiche naturwissenschaftliche Werke. Infolge der Klosteraufhebungen durch Kaiser Joseph II. fallen ihr Unmengen an requirierten Büchern zu. Um die vielen Neuzugänge systematisch verzeichnen zu können, führt der Präfekt Gottfried van Swieten 1780 anstelle der bisher üblichen Buchkataloge einen jederzeit erweiterbaren Zettelkatalog ein. Doch eine Öffnung der Bibliothek für die Öffentlichkeit bleibt weiterhin aus. Ganz im Gegensatz dazu erlebt das Bibliotheks-

wesen in Frankreich nach der Revolution einen radikalen Umbruch. Die nunmehrigen Machthaber, die sich gegen die überkommenen Bildungsprivilegien des Adels richten, lassen Bibliotheken des Klerus, der Universitäten, Lesegesellschaften oder Akademien konfiszieren. Mit den beschlagnahmten Büchern sollen neu zu gründende öffentliche Bibliotheken bestückt werden. Letztlich werden die geraubten Bücher aber an bestehende Häuser wie die *Bibliothèque Nationale* in Paris verkauft.

Ein für die Epoche der Aufklärung überaus bezeichnender Buchtyp ist die Enzyklopädie, die das gesammelte Wissen der Zeit in alphabetischer Ordnung auflistet. Zwischen 1751 und 1780 erscheint in Paris in 35 Bänden die *Encyclopédie ou Dictionnaire raisonné des sciences, des arts et des métiers* von Denis Diderot und Jean-Baptiste d'Alembert. Diderot und d'Alembert sind Verfechter des naturwissenschaftlichen und vernunftgeprägten Denkens. Unterstützt von Dutzenden Fachautoren versammeln sie in ihren Beiträgen große Teile des verfügbaren Wissens der Zeit. Zum besseren Verständnis umfasst die *Encyclopédie* neben Textbänden auch Bildbände mit geometrisch exakten Kupferstich-Illustrationen. Erbitterter Widerstand gegen die *Encyclopédie* kommt vom Jesuitenorden, der die freie Verfügbarkeit des Wissens und, als Folge davon, das Infragestellen kirchlicher Dogmen fürchtet. Auch verwehrt man sich gegen Kritik an König und Kirche, wie sie die Enzyklopädisten oft zwischen den Zeilen üben. Von der Zensur wird die *Encyclopédie* wegen des Verstoßes gegen Sitten und Religion zeitweise verboten, 1759 wird sie auf den *Index*, die Liste verbotener Bücher, gesetzt. Doch gibt es selbst unter den höchsten Zensoren Beschützer, die ein Weitererscheinen des Werks ermöglichen.

Bücher verbreiten den Geist der Aufklärung, wie auch die Wurzeln der Französischen Revolution literarischer Natur sind. Autoren wie der französische Kulturphilosoph Jean-Jacques Rousseau legen in ihren Schriften ein ideelles Fundament für den Umsturz. In *Du contract social ou Principes du droit politique* behandelt Rousseau die öffentliche Meinung, die *opinion publique*, als maßgebliche Instanz, postuliert einen Gesellschaftsvertrag, den *contrat social*, und den Gemeinwillen, die *volonté générale*. Die Bürger, die *citoyens*, erklärt Rousseau zu Teilhabern an der Macht, während der Monarchie keinerlei Legitimität zukomme. Wenig überraschend wird das Buch kurz nach seinem Erscheinen 1762 verboten. Doch die Ideen der Freiheit lassen sich nicht unterdrücken. Nicht mehr der gottbegnadete Monarch gilt als das Maß aller Dinge im Staat, sondern das von Vernunft geleitete Volk – der Wille der Allgemeinheit, geformt durch eine öffentliche Meinung. Die Menschenrechte sprechen jedem Menschen von Geburt an dieselben Rechte zu, darunter das Recht, seine Meinung frei zu äußern. Darin wurzelt auch die Freiheit der Presse, die fortan nicht mehr von der Obrigkeit zensuriert werden soll.

In Wien regen sich ebenfalls zarte aufklärerische Triebe. Josef von Sonnenfels, Universitätsprofessor und Berater Maria Theresias, verfasst eine moralische Wochenschrift mit dem Titel *Der Mann ohne Vorurtheil*. Derartige Blätter richten sich an eine gebildete bürgerliche Leserschaft und behandeln Politik als öffentliche, jeden Bürger angehende Angelegenheit. Sonnenfels fordert unter anderem die Abschaffung der Folter, was 1776 geschieht. Er ist Mitglied der freimaurerischen Loge *Zur wahren Eintracht* und des *Illuminatenordens*, beide Verfechter des Gedankenguts der Aufklärung. Ihre Ideen erreichen aber nur sehr eingeschränkte Teile der Bevölkerung, eine von breiten bürgerlichen Kreisen getragene Aufklärungsbewegung existiert in Wien nicht.

Ein Grund dafür ist die Rückständigkeit der Presselandschaft, in der es kaum freie Meinungsäußerung oder gar öffentliche Debatten gibt. Im Einzugsgebiet des Wiener Kaiserhofes sorgen offiziöse Zeitungen und Zensurbehörden dafür, dass nur regierungsfreundliche Berichte veröffentlicht werden. Kaiserin Maria Theresia lässt 1769 ankündigen, dass die Wiener Zeitungsdrucker künftig einmal wöchentlich politische Neuigkeiten vom Hof erhalten sollen, die sie abdrucken dürfen. Berichte aus fremden Quellen abzudrucken ist ihnen untersagt. Immerhin leitet die Kaiserin eine Reform des Zensursystems ein, die von ihrem Sohn Joseph II. abgeschlossen wird. Die Zensur wird gänzlich aus den Händen der jesuitischen Geistlichkeit genommen und in staatliche Hände gelegt. Mehr noch als seine Mutter versteht sich Joseph II. als aufgeklärter Herrscher. Er erlässt 1781 ein Pressegesetz, das sogenannte *Zensur-Patent*, das den Publizisten größere Bewegungsfreiheit verspricht. Die Zensur durch staatliche Behörden soll nach genauen Anweisungen erfolgen. Solange es sich nicht um Schmähschriften handelt und der Verfasser seinen Namen nennt, soll Kritik sogar geduldet werden, auch wenn sie an hochgestellten Persönlichkeiten hinauf bis zum Landesfürsten geübt wird. Joseph II. will freilich das Zensurprozedere nur vereinfachen, um das Druckgewerbe zu beflügeln, nicht aber gänzlich abschaffen. In Wien ersetzt eine *Bücher-Zensur-Hauptkommission* alle bisherigen Zensurinstitutionen, in den übrigen Landesteilen wirken *Bücherrevisionsämter*. Zeitungen sollen bei der zuständigen Landesstelle nur kurz gegengelesen werden. Dies lässt die Drucker auf geringe Verzögerungen bei der Herausgabe ihrer Blätter hoffen. Joseph II. ordnet jedoch die Zensurierung der Lesekabinette an, in denen für Abonnenten allerlei Lektüre bereitliegt. Die Kataloge der dort aufgestellten Bücher und Druckschriften müssen an die Bücherrevisionsstellen gesendet werden. Werden darin verbotene Werke gefunden, muss für jedes einzelne Bußgeld bezahlt werden.

In seiner aufgeklärten Haltung scheint der Kaiser dem Buch grundsätzlich jedoch gewogen. Der habsburgischen Familienlegende nach hat er in jungen Jahren beim Hofbuchdrucker Trattner sogar eine Buchdruckerlehre absolviert. 1787 lässt er die Vorzensur aufheben. Drucker müssen die Manuskripte nun nicht mehr vor Drucklegung bei der Zensurbehörde vorlegen. Als Folge der neuen Freiheit werden in Buchhandlungen oder auf den Straßen zahlreiche Druckschriften verkauft, die bald auch in Kaffeehäusern, Bier- und Weinstuben aufliegen. Die Verfasser sind Gelehrte, Beamte oder Schriftsteller, die politische wie unpolitische Themen diskutieren. Bisweilen steht hinter solchen Broschüren Joseph selbst,

etwa um inkognito die übergeordnete Stellung des Kaisers gegenüber dem Papst herauszustreichen. Als in Wien aber auch Texte zirkulieren, die seine Regentschaft kritisieren, geht die Liberalität zu Ende. 1789 wird die Zensur wieder verschärft, nachdem in Paris mittlerweile die Revolution tobt.

Bilder nach der Natur

Seit jeher sind Bilder für viele Menschen Raritäten, vor allem am Land. Ausnahmen bilden die Jahrmärkte, wo bisweilen wandernde Vorführer anzutreffen sind, die Schaulustigen gegen Bezahlung einen Blick in ihre geheimnisvollen Guckkästen gewähren. Zu sehen sind darin gemalte Bilderserien mit Ansichten fremder Städte und Landschaften, aber auch Darstellungen von Ereignissen wie Kriegen, Bränden oder Naturkatastrophen.

Andere Schausteller führen Bilder mit einer *Laterna magica* vor. Dabei handelt es sich um gemalte Glasbilder, die mithilfe einer Kerze, die sich in der Laterne befindet, an die Wand projiziert werden. In dunklen Räumen aufgestellt, erschafft die *Laterna magica* Bilder wie von Geisterwesen, die sich, auf Rauch projiziert, sogar zu bewegen scheinen. Aus diesem Grund wird sie auch manchmal Zauber- oder Schreckenslaterne genannt.

Bilder finden nach wie vor auch in losen Blättern Verbreitung, vornehmlich als Drucke von Kupferstichen. Von solchen in Kupferplatten geritzten – gestochenen – Motiven können Hunderte Abzüge gedruckt werden, die sich, auf diese Weise

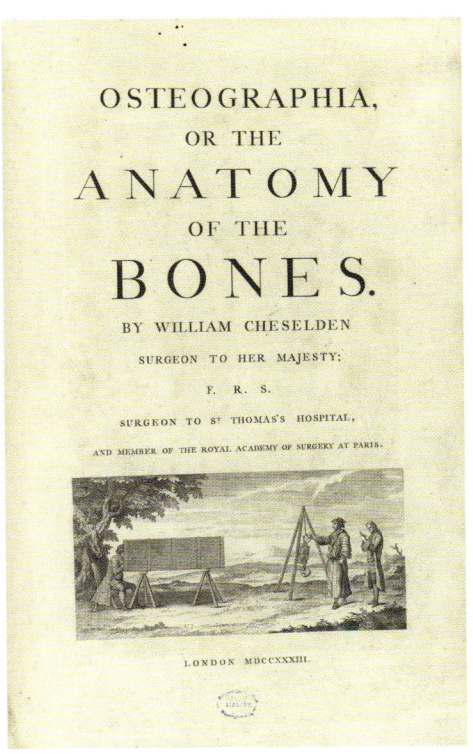

OSTEOGRAPHIA,

OR THE

ANATOMY

OF THE

BONES.

BY WILLIAM CHESELDEN

SURGEON TO HER MAJESTY;

F. R. S.

SURGEON TO St THOMAS'S HOSPITAL,

AND MEMBER OF THE ROYAL ACADEMY OF SURGERY AT PARIS.

LONDON MDCCXXXIII.

Abb. 13 · Anatomiebilder nach der Natur

Die Ideen der Aufklärung finden ihren Niederschlag unter anderem in der Forderung nach wirklichkeitsgetreuer Darstellung. Bezeichnend für den sachlichen Geist der Zeit ist das 1733 erscheinende, großformatige Anatomielehrbuch *Osteographia, or the Anatomy of the Bones* des englischen Anatomen William Cheselden. Auf dem Titelblatt ist ein Kupferstecher abgebildet, der mithilfe einer *Camera obscura* ein menschliches Skelett abzeichnet. Tatsächlich bedienen sich Cheselden und seine Kupferstecher zur Herstellung ihrer Stiche von menschlichen wie auch von tierischen Skeletten einer *Camera obscura*, mit der sich Lichtprojektionen von Gegenständen erzeugen lassen. Der vorangestellte Hinweis darauf unterstreicht, dass die Illustrationen im Buch keine, wie bislang üblich, freien künstlerischen Interpretationen sind, sondern wirklichkeitsgetreue Darstellungen, streng nach der Natur erstellt.

Bei der *Camera obscura* handelt es sich um eine Kiste, die an einer Seite über eine kleine Öffnung mit einer Linse verfügt und auf der gegenüberliegenden Seite mit einer matten Glasscheibe versehen ist. Das durch die Öffnung einfallende Licht lässt auf der Mattscheibe ein Abbild dessen erscheinen, was sich draußen vor der Linse befindet. Das projizierte Bild kann auf diese Weise bequem und in allen Details abgezeichnet werden. Gerade in der Anatomie kommt der Exaktheit einer Abbildung besondere Bedeutung zu. Der Schweizer Mediziner Albrecht von Haller studiert Hunderte Leichen, um die Arterien im menschlichen Körper korrekt darstellen zu können. 1756 erscheinen seine gesammelten Erkenntnisse in dem anatomischen Lehrbuch *Icones*

massenhaft produziert, zu erschwinglichen Preisen erstehen lassen.

Auf dem entstehenden Bildermarkt entwickelt sich unter anderem die Karikatur zu einem populären Genre. Einer ihrer Meister ist der englische Maler und Kupferstecher William Hogarth. Seine Bilderfolgen beschreiben in mehreren Blättern etwa das Leben einer Dirne oder das Leben eines Wüstlings. Hogarth prangert in satirischer Form die in England herrschenden sozialen Missstände an. Die beiden Bilder *Beer Street* und *Gin Lane* aus dem Jahr 1751 beschäftigen sich mit Alkoholismus. Hogarths Kupferstiche sind überaus populär und werden bald auch auf dem Kontinent verkauft.

Abb. 14 · Landschaftsillusion im Panorama

anatomicae, das äußerst feinnervige Illustrationen seines Kupferstechers enthält.

Erste sehr präzise Stadtansichten entstehen ab 1779 in Wien. Der Architekt Carl Schütz und der Landschaftsmaler Johann Ziegler fertigen eine Serie aquarellierter Kupferstiche an; später arbeitet auch der Maler Laurenz Janscha an dem Projekt mit. Die Stadtansichten werden von der Wiener *Kunsthandlung Artaria* als *Sammlung von Aussichten der Residenzstadt Wien* verlegt und vertrieben. Die kolorierten Bilder zeigen Wien als eine saubere, dem Gemeinwohl dienende Metropole mit adretten Bürgern: reges Markttreiben, Kasernen und auf grünen Wiesen paradierende Soldaten.

Die Kaisermetropole wächst zu dieser Zeit enorm an. Allerorten entstehen neue Kirchen, Paläste und noble Stadthäuser, aber auch gemeinnützige Bauwerke, die des Herzeigens würdig erscheinen: das Allgemeine Krankenhaus, die Karlskirche, das Schloss Schönbrunn. Armut, Not und Elend zeigen die Bilder nicht. Ohne Zweifel soll die Bilderserie der Stadt schmeicheln. Die Künstler haben diesen Anspruch, die wachsende Stadt in würdiger Form zu präsentieren, bereits in ihrem Privilegsansuchen zur Herstellung der Serie formuliert.

Abgesehen davon aber geht es um die naturgetreue Darstellung, ein Prinzip, das auch die Malerei prägt. Die Landschaftsmaler versuchen einander gegenseitig in

Realistik zu überbieten. Die *Camera obscura* dient auch ihnen dabei als Zeichenhilfe. Einer derer, die sich dieser Technik bedienen, ist der italienische Maler Giovanni Antonio Canal, genannt Canaletto. Er erschafft Stadt- und Landschaftsansichten in eindringlicher Detailtreue und Natürlichkeit. Er malt Ansichten von Städten wie Dresden, Warschau und Wien, vor allem aber von seiner Heimatstadt Venedig. Zehn Jahre lang lebt und arbeitet Canaletto in England, wo sich eine Schule der Landschaftsmalerei etabliert.

Basierend auf naturgetreu dargestellten Stadtansichten und Landschaften entsteht im ausgehenden 18. Jahrhundert auf den Britischen Inseln überdies das *Panorama*. Dabei handelt es sich um ein realistisches Rundbild in riesigen Ausmaßen, das mitunter eine Höhe von 15 und einen Umfang von 100 Metern aufweist. Es überrascht seine Besucher mit der Illusion, ihren Blick in eine weite, unbegrenzte Landschaft zu richten. Der Betrachter steht im Fokus des Bildes. Wenn er sich um die eigene Achse dreht, bietet sich ihm ein ununterbrochener Bildhorizont. Der Ire Robert Barker entwickelt eine spezielle Maltechnik für diese übergroßen Rundbilder. Nach einem ersten Versuch einer Ansicht von Edinburgh lässt er diese Form patentieren und nennt sie *Panorama*. 1791 fertigt Barker *London from the Roof of the Albion Mills* an, und im Jahr darauf lässt er eine Rotunde mit einem Durchmesser von 30 Metern errichten. Später entstehen in Paris sowie in vielen anderen europäischen Hauptstädten Panorama-Rotunden. Ab 1801 besteht auch im Wiener Prater eine, in der zunächst Barkers London-Panorama gezeigt wird. Es folgen Rundansichten anderer Städte, die dem fernsüchtigen Publikum einen Hauch von weiter Welt bieten.

Moralische Anstalten

Auf öffentlichen Plätzen veranstalten von alters her Wandertheater ihre Aufführungen. In Wien ist die überkommene Figur des *Hanswurst* populär. Diese mit spitzem Hut, schwarzem Bart, roter Jacke und weißer Halskrause ausgestattete Figur singt Volkslieder, tanzt und zieht auf derbe Weise und in breitem Dialekt über die Obrigkeit her. Das vulgäre Stegreiftheater entspricht in vielem nicht den Ideen der Aufklärung, doch findet es in der *k. k. privilegierten Stadtschaubühne nächst dem Kärntnertor* eine fixe Aufführungsstätte. Josef von Sonnenfels, Aufklärer und Berater von Kaiserin Maria Theresia, tritt für ein Aufführungsverbot ein. 1768 publiziert er *Briefe über die wienerische Schaubühne*, in denen er die verkommenen *Hanswurstiaden* geißelt – schon deshalb, weil sie seiner Intention zuwiderlaufen, dem Publikum gepflegtes Hochdeutsch zu vermitteln. Im Gegenzug wird er dafür auf der Bühne verspottet.

Nach dem Willen der Aufklärer soll das Theater kein vulgärer Vergnügungsort sein, sondern eine Bildungsinstitution des Bürgertums. Als Aushängeschild dient das Theater nächst der Burg. Es fasst 1200 Zuschauer und verfügt über eine Hofloge, die die kaiserliche Familie direkt von ihren Gemächern in der Hofburg aus erreichen kann. Unter Kaiser Joseph II. wird das Burgtheater

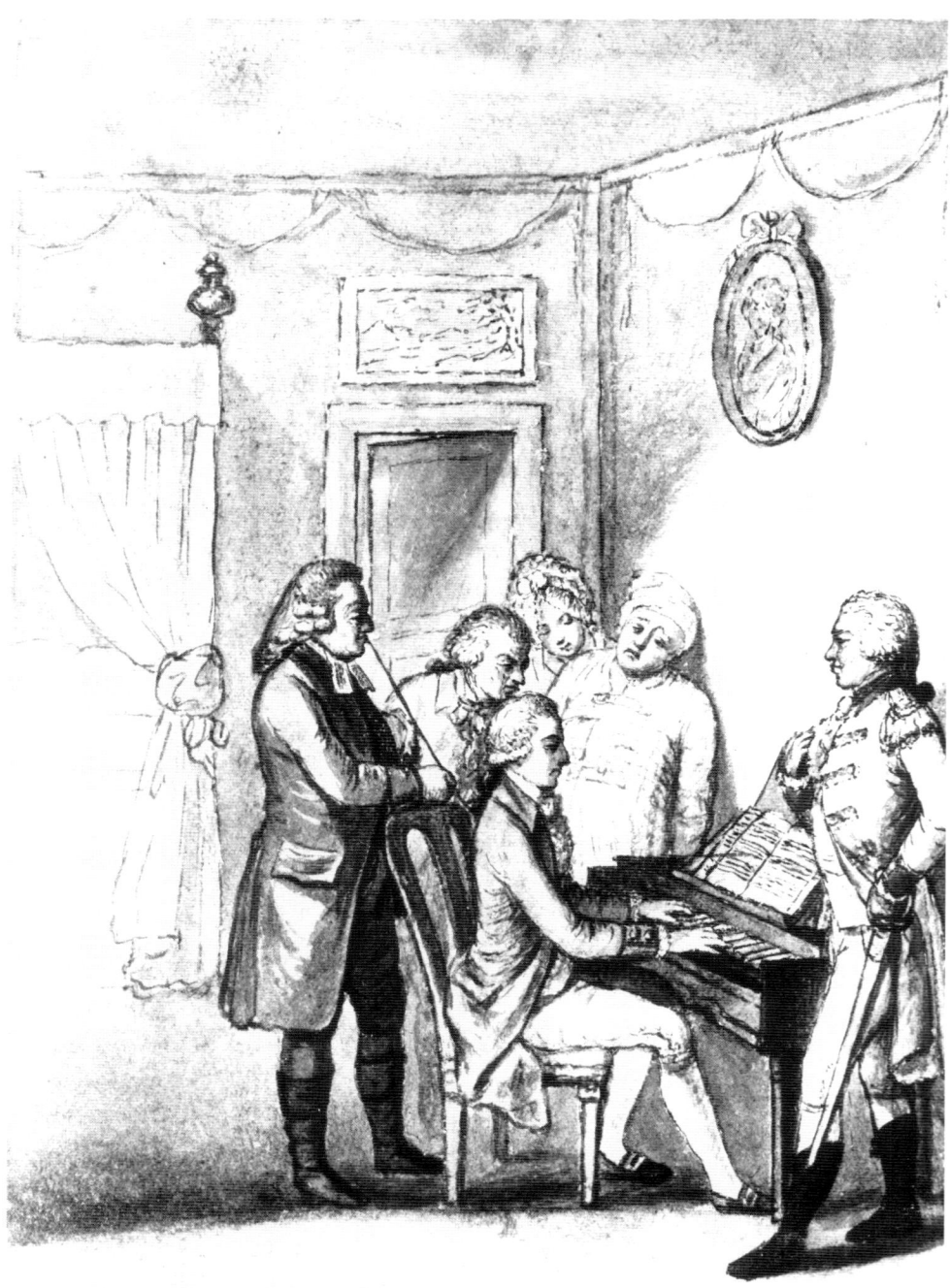

Abb. 15 · Mozart: Kleine Kammermusik

1776 zum Teutschen Nationaltheater erhoben, zu einem Ort deutscher Hochkultur »zur Verbreitung des guten Geschmacks und zur Veredelung der Sitten«. Dem aufklärerischen Zeitgeist entsprechend, wird anstelle von Italienisch oder Französisch Deutsch zur Bühnensprache; schließlich soll das Publikum die moralische Botschaft verstehen können. Abgesehen davon geht es dem Kaiser ganz pragmatisch darum, dass das Theater immer gut besucht ist und Gewinne abwirft. Aus diesem Grund dürfen aufgeführte Stücke laut kaiserlicher Anordnung auch nicht traurig enden. Die Zuschauer sollen die Vorstellung nicht betrübt verlassen. Dies hat zur Folge, dass so manchem tragischen Werk wie Shakespeares *Romeo und Julia* ein fröhlicher Wiener Schluss verpasst wird.

Den Ideen der Aufklärung zugetane deutsche Dramatiker wie Gotthold Ephraim Lessing sind es, die die Erneuerung des Theaters vorantreiben. Unter Berufung auf Aristoteles fordert Lessing in der *Hamburgischen Dramaturgie*, dass die wichtigste Wirkung der Tragödie beim Publikum nicht Furcht, sondern Mitleid sein solle. Das Mitleiden würde den Zuschauer zu einem besseren Menschen machen.

Um das aufstrebende Bürgertum mündig zu machen und von adeliger Bevormundung zu befreien, schaffen Dramatiker wie Lessing ein neues, ein bürgerliches Drama mit Figuren aus dem bürgerlichen Stand, das bürgerliche Wertvorstellungen betont. Als ein Ort der Erziehung soll das Theater auf der Bühne also nicht weniger bewirken, als bürgerliche Moral anschaulich zu machen, um die hauptsächlich bürgerlichen Zuschauer in moralischer Hinsicht zu bessern.

Der Dramatiker Friedrich Schiller spricht von der Schaubühne als einer *moralischen Anstalt* und einer *Schule praktischer Weisheit*. In seinem Drama *Die Räuber* beschreibt er den Konflikt der Brüder Karl und Franz Moor. Der freiheitsliebende Karl wird nach Intrigen seines missliebigen Bruders vom Vater verbannt. Er verkommt zu einem Räuberhauptmann, fühlt sich dabei jedoch ehrenhaft, da er sich für Schwächere einsetzen will. Am Ende aber stürzt die ganze Familie ins Unglück. Schiller geht es um den Konflikt zwischen Gesetz und Freiheit. Der Zweck, so seine Botschaft, heilige nicht die Mittel. Das Stück, das 1781 als Buch erscheint, wird im Mannheimer Theater uraufgeführt. Vor allem beim jugendlichen Publikum löst es Begeisterung aus.

Das Musiktheater der Epoche ist untrennbar mit dem Namen von Wolfgang Amadeus Mozart verbunden. Als Sohn des aus Augsburg stammenden Violinlehrers Leopold Mozart, der in Salzburg als Hofkomponist wirkt, erhält er schon früh Musik- und Kompositionsunterricht. Im Alter von sechs Jahren absolviert er erste Auftritte vor adeligem Publikum. Nach ausgedehnten Konzertreisen durch Europa übersiedelt er als junger Mann nach Wien, wo er als Musiklehrer arbeitet und Opern komponiert. Dabei kommt ihm zugute, dass der aufgeklärte Kaiser das Musiktheater als Erziehungsinstitution fördert. Das von Joseph II. in Auftrag gegebene Singspiel *Die Entführung aus dem Serail* entsteht deshalb wohl auch auf Deutsch. Dem Stück liegt eine dramatische Entführungs- und Liebesgeschichte zugrunde und es wird 1782 im Theater nächst der Burg uraufgeführt. Mit *Le nozze di Figaro* und *Così fan tutte* wechselt Mozart wieder in die klassische Opernsprache Italienisch, wobei die Inhalte durchaus modern und von den Ideen der Aufklärung inspiriert sind. In *Le nozze di Figaro*, der Hochzeit des Figaro, geht es um die Abschaffung von Adelsprivilegien. Auch in dem 1791 in Emanuel Schikaneders Theater im Freihaus auf der Wieden uraufgeführten Singspiel *Die Zauberflöte* klingen humanistische Töne an, zumal Mozart mittlerweile selbst Freimaurer ist. Bei der Zauberflöte handelt es sich wieder um eine für das Publikum unmittelbar verständliche »deutsche Oper«.

Im Zeichen der Aufklärung wandelt sich die höfische zur bürgerlichen Bühne. Dasselbe vollzieht sich mit der Festkultur. Unter der Regentschaft von Kaiserin Maria Theresia verschwinden die verschwenderischen höfischen Feste und Bälle. Ihr Nachfolger Joseph II. schafft die Galatage des Hofes vollends ab. Der Adel rückt in den Hintergrund, während sich das Bürgertum immer selbstbewusster präsentiert. Mit der sogenannten *Mehlgrube* am *Neuen Markt* gibt es einen Tanzsaal, der anfangs zwar noch dem Adel als Ballsaal vorbehalten bleibt, dann aber auch für das Bürgertum geöffnet wird. Dasselbe gilt für die *Redoutensäle* in der Hofburg, die 3000 Menschen fassen. Auch sie sind anfangs dem Adel vorbehalten, werden aber 1772 für alle Stände geöffnet. Der Adel zieht sich allmählich zu privaten Hausbällen in seine Palais zurück, während zur Unterhaltung des bürgerlichen Publikums in immer mehr Wirtshäusern Tanzsäle entstehen. Der *Neueste Wienerische Wegweiser*, ein gedruckter Stadtführer, verweist 1792

auf sechs große Tanzsäle in den Vorstädten und damit zugleich auf die Anfänge der bürgerlichen Ballkultur des Biedermeier.

Abgesehen von Tanzvergnügungen wird dem Volk auch eine andere Vergnügung zuteil. Joseph II. erklärt 1766 das bislang dem Adel vorbehaltene Jagdgebiet des Praters zum öffentlichen Erholungsgebiet. Der Kaiser lässt diese Entscheidung im *Wienerischen Diarium* kundmachen. Einige Tage später verkündet er, wieder im *Diarium*, dass auch das Ausschenken von Wein, Bier oder Kaffee durch Gastwirte und Kaffeesieder gestattet ist. Der *Wurstelprater* entsteht, benannt nach dem Wurstel, einer der beliebtesten Puppen der Puppentheater, die sich am neuen Erholungsgelände ansiedeln, um ihre Stücke aufzuführen. Neben den Puppentheatern sorgen Musikkapellen und Schaukeln für die Unterhaltung des Publikums. Zunächst bleibt der Prater nachts und sonntags bis zum Ende des Gottesdienstes geschlossen, um zu verhindern, dass sich die Menschen vergnügen, anstatt zur Messe zu gehen. 1775 verschwinden jedoch die Absperrgitter, der Zutritt ist fortan immer erlaubt. In den folgenden Jahren wächst der Prater zu einer kleinen Stadt aus Dutzenden hölzernen Gasthäusern, einigen Schaubuden und zahlreichen Ringelspielen heran. Imposante Feuerwerke sind Publikumsattraktionen, aber auch die ersten Ballonflüge, die hier veranstaltet werden, begeistern die Zuschauer. Die Menschen strömen in Massen an Sonn- und Feiertagen in den Prater.

Darüber hinaus gibt es in Wien aber auch martialischere Vergnügungen. Am Stadtrand, auf der *Landstraße*, wird von Carl Defraine ein hölzernes Amphitheater errichtet, das 3000 Menschen fasst. Dort finden vor allem blutige Tierkämpfe mit Löwen, Tigern, Bären, Wölfen, Wildschweinen oder Auerochsen statt. Dieses schauerliche *k. k. privilegierte Hetzamphitheater* erntet seitens mancher Aufklärer harsche Kritik, doch beim breiten Publikum findet es großen Anklang.

Einen gehobenen Unterhaltungswert haben die mechanischen Präzisionserzeugnisse der Zeit. Es gibt unter anderem diffizil konstruierte Automaten, die Lebewesen imitieren und nahelegen, dass jeder Organismus mechanisch nachbaubar sei. Der aus Grenoble stammende Mechaniker Jacques de Vaucanson studiert die menschliche Anatomie und baut 1737 einen Flötenspieler, der zwölf verschiedene Lieder abspielen kann, die auf einer Stiftwalze programmiert sind. Dem Flötenspieler folgt eine mechanische Ente, die nicht nur gehen kann, sondern auch fressen, verdauen und sogar ausscheiden. Vaucansons Automaten sind eine Sensation. Aus der Schweizer Uhrmacherwerkstatt von Pierre Jaquet-Droz stammen drei kindähnliche Figuren, die ihre Köpfe, Arme und sogar ihre Augen bewegen können. Der *Schreiber* hält eine Gänsefeder in der Hand und kann, durch Nockenscheiben gesteuert, kurze vorprogrammierte Texte niederschreiben. Der *Zeichner* kann durch Verwendung verschiedener Nockenscheiben einige verschiedene Zeichnungen anfertigen und die *Organistin* schließlich kann ein paar verschiedene Stücke auf einer Orgel spielen. In den 1770er-Jahren werden die Automaten einem begeisterten Publikum in ganz Europa präsentiert.

Auch in Österreich entsteht ein erstaunlicher Automat. Wolfgang von Kempelen, Erfinder und Staatsbeamter aus Pressburg, präsentiert Kaiserin Maria Theresia eine von ihm gebaute Schach spielende Puppe in türkischer Tracht. Die Puppe sitzt an einem Holzkasten, auf dem das Schachbrett montiert ist und in dem sich ein Gewirr aus Walzen, Hebeln und Zahnrädern befindet. Wie von Geisterhand geführt zieht sie die Schachfiguren über das Feld. Nicht zu sehen ist, dass im Unterbau des Automaten, direkt unter dem Schachbrett, ein kleinwüchsiger Mann kauert und über eine Mechanik die Züge des Türken lenkt. Kempelen führt seinen Automaten in den 1780er-Jahren staunenden Gesellschaften in vielen europäischen Städten vor und lässt sich als Mechanikgenie feiern. Verschiedentlich werden Erklärungsversuche publiziert, die über das technische Funktionieren des mysteriösen Automaten spekulieren, doch regen sich auch kritische Stimmen. Der deutsche Aufklärer Friedrich Nicolai verdammt Kempelens betrügerischen »Türken« kategorisch.

Eilnachrichten

Im Jahr 1789 bricht in Frankreich die Revolution aus. Am Wiener Hof wie an anderen Höfen fürchtet man die Vorbildwirkung. Um die Revolution einzudämmen, wird die junge französische Republik in den folgenden Jahren von preußischen und österreichischen Truppen belagert. Zu dieser Zeit präsentiert der Konstrukteur Claude Chappe der französischen National-

Fig. 24. — Poste télégraphique aérien inauguré devant Condé le 30 novembre 1794.

Abb. 16 · Beflügelte Botschaften à la Chappe

versammlung ein optisches Telegrafensystem, genannt *Tachygraf*. Das System dient zur raschen Übertragung von Nachrichten und verdankt seine Realisierung wohl nicht zuletzt den militärischen Erfordernissen der Zeit. Der *Tachygraf* besteht aus einer Kette von Telegrafenstationen, von denen jede über einen hohen Mast verfügt, der an seiner Spitze einen quer liegenden, kippbaren Balken trägt. An dessen beiden Enden befinden sich kleinere, ebenfalls bewegliche Flügel. Der Balken und die Flügel können über Seilzüge in verschiedene Stellungen gebracht werden. Die verschiedenen Flügelstellungen entsprechen bestimmten Botschaften, die auf folgende Weise von Station zu Station übermittelt werden: Die Bedienungsmannschaft einer Station liest die Zeichen mittels eines Fernrohrs ab und stellt sie sogleich an ihrer Station ein, damit sie vom Beobachter der nächsten Station gelesen und seinerseits weitergegeben werden können. 1794 wird die 225 Kilometer lange Strecke von Paris nach Lille mit 22 derartigen Telegrafenstationen überbrückt. Das Übermittlungstempo ist unvergleichlich hoch. Meldungen aus Lille langen noch am selben Tag in Paris ein. Im Lauf der Zeit entstehen mehrere solcher Telegrafenlinien, die unter staatlicher Kontrolle stehen. Sie überziehen das Land von der Metropole Paris aus sternförmig und erleichtern die zentrale Verwaltung der Republik ebenso wie sie im Kriegsfall die rasche Alarmierung von Truppen ermöglichen.

Die militärische Bedeutung des optischen Telegrafen erkennt man auch anderswo. Jenseits des Ärmelkanals befürchtet die britische Admiralität in diesen Jahren eine Invasion durch französische Truppen. Man plant deshalb, optische Telegrafenlinien zu den Flottenbasen an der Küste zu errichten. In Anlehnung an ein schwedisches System sieht das von Lord George Murray vorgeschlagene System zwei übereinanderliegende Reihen mit jeweils drei Klappen, sogenannten Shutters, vor. Jede Klappe kann in die Stellungen senkrecht (und damit sichtbar) oder waagrecht (und somit unsichtbar) gebracht werden. Jedem Buchstaben des Alphabets wird eine Kombination aus den sechs Klappenstellungen zugeordnet, wodurch Nachrichten buchstabenweise übermittelt werden können. 1796 wird von London aus eine optische Telegrafenlinie nach Osten in die Küstenstadt Deal gebaut, es folgt eine Linie nach Portsmouth. Nach der Machtübernahme durch Napoleon in Frankreich wächst erneut die Gefahr einer Invasion der Britischen Inseln. Als Folge davon entstehen Linien nach Plymouth und nach Yarmouth an der britischen Südküste.

Am europäischen Festland versucht indessen Napoleon Bonaparte durch Kriegszüge die absolutistischen Monarchien zu stürzen, um in ganz Europa seine Vorstellungen bürgerlicher Freiheiten zu verbreiten. Er dehnt dazu die bestehenden französischen Telegrafenlinien auf die Territorien seiner bayerischen und italienischen Verbündeten aus. Demgegenüber will der österreichische Erzherzog Johann im Herbst 1805 das von Napoleon bedrohte Tirol durch optische Telegrafen sichern; doch werden manche seiner Telegrafenbau-Kommandos schon von napoleonischen Truppen überrannt. Tirol fällt an Bayern, Napoleon zieht kurzfristig in Schönbrunn ein. Am Wiener Hof sinnt man auf Revanche für diese Demütigung.

Vier Jahre später hat man die Armee reorganisiert und plant einen Angriff auf die in Bayern stehenden französischen Truppen. Man will überraschend zuschlagen; Napoleon soll keine Möglichkeit haben, rechtzeitig mit frischen Kräften den Rhein zu überqueren.

Doch die Vorbereitung der Österreicher erfolgt zu langsam. Außerdem gelangt die Nachricht von der Invasion in Windeseile nach Paris. Sie läuft über französische Boten- und Telegrafenstationen über eine Strecke von knapp 1000 Kilometern und erreicht trotz häufiger Sichtunterbrechung wegen schlechten Wetters bereits zwei Tage später ihr Ziel. Napoleon reist sofort ab und zieht einen Monat danach abermals als Sieger in Schönbrunn ein.

Industrialisierung.
Beginn des Maschinenzeitalters

Metternichs Zensur

Zur Zeit der napoleonischen Umbrüche gelangt ein Leipziger Buchdrucker namens Friedrich Koenig im Zuge seiner Wanderjahre nach England. In London findet er bei Thomas Bensley Arbeit, für den er in der Folge zukunftsweisende Druckmaschinen konstruiert. 1811 wird in *Bensleys Offizin* erstmals eine Zylinderdruckpresse in Gang gesetzt. Anders als die herkömmliche Tiegelpresse, die den Papierbogen mit einem flachen Tiegel auf den Satz presst, presst sie das Papier mit einem rotierenden Zylinder an. Der Zylinder gleitet dabei in raschem Maschinentakt über den darunter hin- und herfahrenden Karren, auf dem sich der Satz befindet. Mit jedem Takt muss aber noch händisch ein Papierbogen auf den Satz gelegt werden. Nicht ohne Grund wird die Maschine *Schnellpresse* genannt. Das Nachfolgemodell der *Schnellpresse*, die *Doppelmaschine*, verfügt sogar über zwei Druckzylinder und druckt am Hin- und am Rückweg des Karrens, insgesamt mehr als tausend Mal pro Stunde.

Im November 1814 gehen zwei der neuen *Schnellpressen* bei der Londoner Zeitung *The Times* in Betrieb. Durch eine Dampfmaschine angetrieben, drucken sie um ein Vielfaches schneller als die früheren Handpressen. Die hohe Druckgeschwindigkeit ist für eine Tageszeitung, die Abend für Abend in kürzestmöglicher Frist Zigtausende Exemplare drucken muss, ein unschätzbarer Fortschritt. Man kann dadurch einen späteren Redaktionsschluss festlegen, aktuellere Meldungen bringen und in der kurzen zur Verfügung stehenden Zeit höhere Auflagen produzieren. Mit Koenigs *Schnellpresse* beginnt das Zeitalter der Massenpresse.

Nach Deutschland zurückgekehrt, gründet Koenig gemeinsam mit Andreas Bauer, einem Mitarbeiter aus Londoner Tagen, die *Schnellpressenfabrik Koenig & Bauer*. In dieser Fabrik in der Nähe von Würzburg arbeitet einige Jahre lang ein Vorarlberger Mechaniker namens Leo Müller. Als Müller nach Österreich heimkehrt, konstruiert er eine verbesserte, *Wiener Schnellpresse* genannte Maschine. Gemeinsam mit Friedrich Helbig, einem Neffen von Koenig, gründet er 1836 in Wien die zweite Schnellpressenfabrik auf dem europäischen Kontinent, *Helbig & Müller*. Sie baut ebenfalls einfache und doppelte *Schnellpressen* für Interessenten in der Habsburgermonarchie und in Deutschland. Doch während in London eine moderne Weltpresse entsteht, herrscht hierzulande das Regime des österreichischen Staatskanzlers Clemens Wenzel Metternich. Es ist keine gute Zeit für Presse und Literatur.

Metternich ist ein vehementer Gegner von Demokratie und Liberalismus. Er fürchtet das Proletariat, das sich um die Fabriken ansiedelt und das seiner Unzufriedenheit jederzeit durch Revolution Luft machen kann. Er führt deshalb ein polizeistaatliches Regime, um die politische Opposition im Keim zu ersticken. Entsprechend wenig hält er von einer freien Presse. In Wien erscheinen lediglich zwei Tageszeitungen, die der Zensur unterliegen und nur regierungstreue Meldungen bringen: die nunmehr amtliche *Wiener Zeitung* (das vormalige *Wiennerische Diarium*) und der *Österrei-*

chische Beobachter. Die *Polizei- und Zensurhofstelle* fungiert als Zensurbehörde und verfolgt allfällige Angriffe auf den Staat, das Kaiserhaus, die Regierung, den Katholizismus oder die guten Sitten. Ähnlich wenig wie von der freien Presse hält Metternich von einer ungezügelten Literatur. Kritische Literaten werden ins Exil gedrängt, die Literatur der verbliebenen Autoren weist einen sehr unpolitischen, zumeist christlichen und idyllischen Charakter auf. Franz Grillparzer ist ein österreichischer Beamter und Dichter, der zwischen Pflichterfüllung und Freiheit der Kunst schwankt. Als Konservativer vertritt er überkommene Wertvorstellungen, als gebildeter Zeitgenosse leidet er an der Knebelung des geistigen Lebens. Obwohl er zu den erfolgreichen Dramati-

Abb. 17 · Schnellpresse: Drucken im Maschinentakt

kern zählt, dessen Bühnenstücke in vielen deutschen Städten aufgeführt werden, geraten doch auch manche seiner Werke in die Fänge der Zensur. Das Drama *König Ottokars Glück und Ende* wird zwei Jahre lang von den Zensoren zurückgehalten, bevor es 1825, nach Fürsprache der Kaiserin, vom Kaiser persönlich als »patriotisches« Stück zur Aufführung freigegeben wird.

Anders verhält es sich mit dem Wiener Autor und Schauspieler Johann Nepomuk Nestroy, der sich gegen die staatliche Repression wendet. Nestroys Possen formulieren unüberhörbar Kritik, wenn auch verpackt in Satire und Ironie. 1833 wird *Der böse Geist Lumpazivagabundus* uraufgeführt, ein Stück, in dem Feen, Zauberer und Geister vorkommen. Der Titelheld, der Geist Lumpazivagabundus, gilt als Beschützer der Spieler und Protektor der Trinker, seine Schützlinge sind drei Handwerkergesellen – der Tischler Leim, der Schneider Zwirn und der Schuster Knieriem. Nestroy macht sich unverhohlen über das Kontrollbedürfnis des Polizeiapparats lustig, etwa wenn er den Schustergesellen Knieriem über die ohne Pass reisenden Kometen singen lässt: »Es ist kein' Ordnung mehr jetzt in die Stern. D' Kometen müssten sonst verboten wer'n.« Man ahnt aber auch schon das Ende der Ära voraus, denn, so Knieriem: »Die Welt steht auf kein' Fall mehr lang.« Die Liedtexte der Stücke, in denen Nestroy mitunter selbst mitwirkt, sind vor Aufführung der Zensur vorzulegen. Oft improvisiert Nestroy aber während der Vorstellung, trägt anders formulierte Passagen vor als die, die er zensurieren hat lassen, was ihm einmal sogar eine Verhaftung auf offener Bühne einträgt.

In deutschen Landen erscheinen aufmüpfige Werke von sechs Literaten, die sich das *Junge Deutschland* nennen. Sie bekämpfen die reaktionäre Politik Metternichs und der mit ihm verbündeten deutschen Fürsten. Zu ihnen wird auch der im französischen Exil lebende Heinrich Heine gezählt, wenngleich jener selbst sich diesem Kreis nicht zugehörig fühlt. Inhaltlich wenden sich die Literaten gegen die alten religiösen und moralischen Wertvorstellungen und treten für Freiheit, Demokratie und für soziale Gerechtigkeit ein. Ihre Literatur will auf gesellschaftliche Missstände aufmerksam machen. 1835 werden ihre Werke jedoch von der Zensur verboten. Man sagt ihnen nach, die christliche Religion anzugreifen, die bestehenden sozialen Verhältnisse herabzuwürdigen und Zucht und Sittlichkeit zu zerstören.

Der Zensur überdrüssig übersiedelt Heinrich Heine nach Paris. Anlässlich einer Besuchsreise nach Deutschland 1843 verfasst er unterwegs das Gedicht *Deutschland. Ein Wintermärchen*, worin er scharfe Kritik an den Zuständen im Land übt. Ein Vers macht sich über die Zöllner an der Grenze lustig, die sein Gepäck nach verbotenen Büchern durchsuchen:

»Ihr Toren, die Ihr im Koffer sucht!
Hier werdet Ihr nichts entdecken!
Die Contrebande, die mit mir reist,
Die hab ich im Kopfe stecken.«

Das Gedicht erscheint 1844 mit anderen Gedichten in einem Büchlein, das aber schon kurz danach in Preußen verboten und beschlagnahmt wird. Gegen Heine wird ein Haftbefehl erlassen.

In dem düsteren Gedicht *Die schlesischen Weber* aus dem Jahr 1844 greift Heine das Thema des um sich greifenden Massenelends auf. Es ist eine Anklage an Gott, König und Vaterland, die in die Zeile mündet: »Altdeutschland, wir weben dein Leichentuch!« In der sozialen Frage findet Heine Berührungspunkte mit dem deutschen Philosophen und Journalisten Karl Marx, den er in Paris trifft.

Marx hat zuvor in Köln an der *Rheinischen Zeitung für Politik, Handel und Gewerbe* mitgearbeitet, einem liberalen Blatt, das 1843 auf Betreiben der Zensur eingestellt worden ist. In Paris verfasst er revolutionäre Thesen zur Befreiung des Proletariats.

Presse und Literatur beginnen in die Politik einzugreifen, gegen die unerträgliche Zensur regt sich Widerstand. Bittschriften österreichischer Gelehrter, Künstler und Journalisten hinsichtlich einer Lockerung der Zensurfesseln werden von den Behörden jedoch zurückgewiesen. Man will mithilfe der Zensur verhindern, dass Politik zu einer öffentlichen Angelegenheit wird. Damit aber provoziert das Regime geradezu die bürgerliche Revolution, die eine zentrale Forderung formuliert: Pressefreiheit! Die kommt im März 1848 mit dem Sturz des Metternich-Regimes. Schlagartig entfaltet sich eine bunte, politisierende Presselandschaft. Frei von allen Fesseln, sprießt, ja wuchert in Wien der Blätterwald – für einige Monate zumindest.

Nach Niederschlagung der Revolution durch kaisertreue Truppen wird die Pressefreiheit wieder eingeschränkt; zwei demokratische Redakteure werden standrechtlich erschossen. Die Zensur wird wieder eingeführt. Der verantwortliche Redakteur oder Herausgeber einer Zeitung hat ab diesem Zeitpunkt vor Erscheinen des Blatts ein Pflichtexemplar bei der Behörde abzugeben. Ansonsten drohen Arrest oder Geldstrafen. Druckern, die sich nicht daran halten, droht die Schließung ihrer Druckerei. Auch im Bereich der Literatur kehren die alten Zustände zurück. Der stetig steigende Ausstoß der Druckerpressen macht das Zensurieren jedoch immer schwieriger. Es lässt sich mit größter Mühe nicht mehr verhindern, dass durch Zeitungen, Bücher oder Bilder Neuigkeiten aus aller Welt, aber auch neue Denkweisen ins Land dringen und sich verbreiten.

Die Forderung nach Pressefreiheit und das Bedürfnis nach immer mehr Druckwerken gehen einher mit einer Zunahme der Lesefähigkeit in der Bevölkerung. Anzumerken bleibt, dass die Alphabetisierung im katholischen Österreich langsamer verläuft als in den protestantischen deutschen Ländern. Nichtsdestotrotz entsteht für die wachsende Leserschaft ein angemessener Bibliothekstyp. Die zeitgenössische Bibliothek logiert nicht mehr in einem Prachtbau, sondern in einem Zweckbau, der weniger fürstlicher Repräsentation dient als der Benutzung durch Leser. Es sind kommerzielle Leihbibliotheken, die ihrer Klientel leichte Lektüre anbieten. Da Bücher noch verhältnismäßig kostspielig sind, ziehen es viele Leser vor, Romane für einmaliges Lesen billig auszuleihen, anstatt sie teuer zu kaufen. Umgekehrt sind Romane oft deshalb so teuer, weil sie von vornherein nur in kleinen Auflagen für die Verbreitung über Leihbibliotheken erscheinen.

Die „gute" Presse.

Süsse heilige Censur,

Abb. 18 · *Linientreue Wiener Presse*

In Wien existiert die Verlagsbuchhandlung der Brüder Jasper, die 1847 um eine Leihbibliothek erweitert wird. Zwei Jahre später übernimmt Albert Last, ein Neffe der Jaspers, die Leihbibliothek und macht sein *Literatur-Institut* zu einer der bedeutendsten Leibibliotheken im deutschen Sprachraum. Er bietet eine große Auswahl an deutscher, aber auch französischer, englischer und italienischer Belletristik, geistes- und naturwissenschaftlicher Fachliteratur sowie zahlreiche Neuerscheinungen, darunter die Werke zeitgenössischer gesellschaftskritischer Schriftsteller wie Wilhelm Raabe, Lew Nikolajewitsch Tolstoi oder Fjodor Michailowitsch Dostojewski.

Biedermeier in Bildern

Bedingt durch die politische Unterdrückung im Metternich-Staat etabliert sich vor der Revolution von 1848 ein wirklichkeitsfremder, schöngeistiger und auf Zerstreuung zielender Zeitgeist, den man später *Biedermeier* nennt. Das hervorstechendste Merkmal dieser Epoche ist darin zu sehen, dass sich das Bürgertum aus dem öffentlichen Leben ins Privatleben zurückzieht. Man zelebriert Gemütlichkeit und Geselligkeit und sucht nach Unterhaltung, oft in der eigenen Wohnung. Medien spielen dabei eine wichtige Rolle. Zu dieser Zeit verbreitet sich die von Alois Senefelder in

München entwickelte Bilddrucktechnik der Lithografie. Nicht zufällig, wie es scheint, denn sie stellt eine gute Möglichkeit dar, Musiknoten für die Hausmusik, aber auch Spielkarten und Bilder aller Art billig herzustellen. Diesen Zug zum Häuslichen haben auch optische Spielzeuge der Zeit, die naturwissenschaftliche Erkenntnisse mit Zeitvertreib verbinden. Basierend auf dem Effekt der Trägheit des menschlichen Auges entwickelt der österreichische Mathematiker Simon Stampfer seine *Stroboscopischen Scheiben*, auch *Optische Zauberscheiben* genannt. Dabei handelt es sich um runde Kartonscheiben, an deren Außenrand Phasenbilder aufgedruckt sind; zwischen den Phasenbildern befinden sich Sehschlitze. Versetzt man eine dieser Scheiben in Drehung und betrachtet sie von hinten durch die Sehschlitze hindurch in einem gegenüber angebrachten Spiegel, bieten sich die Bilder als kurze Filmsequenzen dar. Stampfers Scheiben werden auf lithografischem Wege in großen Auflagen gedruckt und über die Wiener Kunsthandlung *Trentsensky & Vieweg* verkauft. Trentsensky bietet überdies ein vielfältiges Sortiment an Gedrucktem: Bücher und Spiele für Kinder und Jugendliche, Bilderbögen, etwa mit Soldaten aller Waffengattungen, mit Trachtenfiguren oder aber verschiedenen Tieren, sowie ganze Papiertheater mit den zugehörigen Kulissen und Figuren.

Abgesehen von derartigen Spielzeugen werden auf lithografischem Wege auch Wandbilder geschaffen – nicht zuletzt zur Dekorierung des bürgerlichen Heims. Es entstehen friedvolle Landschafts- und Stadtansichten, erhebende Porträts und Darstellungen historischer Ereignisse, Jagd- und Schlachtenszenen, Szenen aus neuesten Theaterstücken oder idealisierte Szenen aus dem Leben der einfachen Bevölkerung. Dieselbe Idyllisierung kennzeichnet die Malerei der Epoche. Sie bedient sich eines realistischen Stils, zeigt detailreiche Zimmerbilder, Landschaften und Porträts. Der aus Niederösterreich stammende Friedrich Gauermann malt in Anlehnung an alte niederländische Vorbilder stimmungsvolle, meist durch Tiere belebte Landschaften. Aber so realistisch die Darstellung auch sein mag, so realitätsfern ist die dargestellte ländliche Idylle im Zeitalter der Industrialisierung, das laute und schmutzige Industrielandschaften zutage bringt.

Im Übrigen kann die Malerei dem zentralen Anspruch der Epoche nicht genügen: dem der Massenerzeugung. Anders als die langwierige Malerei mit ihren Einzelstücken bietet die Lithografie schnell verfügbare Produkte in großer Zahl. Sie wird von den Verlegern der kurzen Herstellungszeiten wegen geschätzt, der geringen Kosten sowie der Möglichkeit wegen, hohe Auflagen ohne Qualitätsverlust drucken zu können. Technisch erreicht sie ein beeindruckendes Niveau. Im Unterschied zu Kupferstich und Fotografie, die nur Licht und Schatten in Schwarzweiß wiedergeben können, lassen sich mit der *Chromolithografie* durch Übereinanderdrucken mehrerer Farbschichten Farbbilder herstellen. Auf diese Weise werden sogar Gemälde moderner und klassischer Maler in großer Auflage gedruckt und zu erschwinglichen Preisen in den Handel gebracht.

Der Wiener Maler Josef Kriehuber, zeitweise Mitarbeiter bei Trentsensky, spezialisiert sich auf lithografische Drucke von Porträts. Er porträtiert zahlreiche prominente Zeitgenossen, entweder, indem er sie persönlich Modell sitzen lässt und ihr Konterfei direkt auf den Druckstein zeichnet, oder, zu einem kleineren Teil, indem er Vorlagen anderer Künstler oder Fotografien abzeichnet. Seine Porträts sind berühmt für ihren Realismus, auch wenn man ihm nachsagt, seine Kunden schöner darzustellen als sie sind. Kein Wunder, dass er bald der gefragteste Porträtist in Wien ist. Letztlich treten seine Porträts aber hinter die aufstrebende Porträtfotografie zurück, die noch mehr Realismus verspricht, deutlich weniger künstlerische Fertigkeiten verlangt und einen unvergleichlich geringeren Aufwand verursacht.

Das fotografische Porträt verdankt seinen Aufstieg dem französischen Bühnenmaler Louis Jacques Mandé Daguerre, dem es 1839 gemeinsam mit seinem Kompagnon Joseph Nicéphore Niepce gelungen ist, das Lichtbild einer *Camera obscura* zu fixieren. Bei Daguerres fotografischem Verfahren wird eine hochglanzpolierte Silberplatte mit Joddampf vorbehandelt, wodurch sich eine dünne Schicht lichtempfindlichen Jodsilbers bildet, die in der dunklen Kamera belichtet werden kann. Nach einigen Minuten der Belichtung und der darauf folgenden Entwicklung in Quecksilberdampf entsteht auf der Platte ein Abbild der aufgenommenen Umgebung. Das Bild muss nun noch in einer Kochsalzlösung fixiert werden. Jede fertige Bildplatte ist ein Unikat und kann nicht vervielfältigt werden. Am Erfolg der Daguerreotypie besteht dennoch kein Zweifel. Von seinem Schwager Alphonse Giroux lässt Daguerre umgehend hölzerne Kameras für den Verkauf bauen.

Abb. 19 · Prominentenporträt Nestroy

Bald darauf prägen Fotoateliers die Dachlandschaften der europäischen Metropolen. Das Bürgertum schätzt die Daguerreotypie besonders zur Herstellung von repräsentativen Porträtfotos. Mithilfe der Fotografie kann man sich weitaus günstiger als durch das gemalte Porträt standesgemäß präsentieren. Außerdem dauert es nur eine kurze Sitzung lang und das Werk ist vollendet. Spezielle Stühle mit Kopfhaltevorrichtungen verhindern ein Verwackeln des Bildes, indem sie dafür sorgen, dass sich der oder die zu Fotografierende während der minutenlangen Belichtungszeit nicht bewegt. Zuletzt werden die gemachten Aufnahmen veredelt. Dazu beschäftigen die Fotografen in ihren Ateliers Porträtmaler, die die aufgenommenen Porträts nachträglich mit Aquarellfarben kolorieren, kleine Fehler am Bild durch Retuschierung beseitigen, aber auch so manchen kleinen Makel an der fotografierten Person selbst. Die bürgerliche Klientel will schließlich nicht bloß abgebildet, sondern so attraktiv wie möglich ins Bild gesetzt werden.

Abb. 20 · Bilder aus Licht mit dem Daguerreotype

Obwohl das Fotografieren außerhalb des Ateliers noch überaus schwierig und aufwendig ist, kommt es Mitte des 19. Jahrhunderts zu einer ersten Blüte der Reisefotografie. Und dies, obwohl der Reisefotograf anfangs noch eine tragbare oder fahrbare Dunkelkammer mit sich führen muss, in der er die fotografischen Platten chemisch aufbereiten kann. Einer der bedeutendsten Reisefotografen der Frühzeit ist der Brite Francis Frith. Frith betreibt ab 1850 in Liverpool ein Fotoatelier, das er aber bald verkauft, um sich nur dem Fotografieren zu widmen. Er bereist im Laufe der Jahre dreimal den Orient und fotografiert antike Baudenkmäler in Ägypten, Palästina und Syrien. Danach gründet er zur Vermarktung seiner Aufnahmen den Verlag *Frith*

& Co. Die Aufnahmen erscheinen als Originalabzüge in Büchern oder auch als Stereobilder, die man in speziellen Schauapparaten, genannt *Stereoskopen*, als Raumbilder betrachten kann.

Das *Stereoskop* ist eine Entwicklung des schottischen Physikers David Brewster. Seine Raumwirkung beruht darauf, dass es für jedes Auge ein eigenes Guckloch bereithält und dass vor jedes dieser Gucklöcher ein eigenes Bild einer Doppelaufnahme geschoben wird. Bei besagter Doppelaufnahme wird das Motiv durch eine Zwillingskamera wie mit zwei Augen aus leicht differierendem Winkel aufgenommen. Für jedes der beiden Augen des Betrachters entsteht so ein eigenes Bild. Betrachtet man beide durch das *Stereoskop*, erscheint das Aufgenommene räumlich.

Spektakuläre Fotografien, die sich gut verkaufen lassen, verspricht man sich auch jenseits des Atlantiks, wo ab 1862 Krieg herrscht. Mathew B. Brady, ein renommierter Atelierfotograf aus New York, schickt Fotografen mit Planwagen, die als transportable Dunkelkammern dienen, auf die Schlachtfelder des Bürgerkrieges. Er begründet damit die moderne fotografische Kriegsberichterstattung. Da aber die Fotos noch nicht in Zeitungen abgedruckt werden können, stellt Brady Aufnahmen in einer New Yorker Galerie aus. In aller Realistik, zu der die Fotografie fähig ist, zeigen die Bilder unter anderem gefallene Soldaten, die über die Schlachtfelder verstreut liegen. Bilder wie diese bringen dem New Yorker Publikum den Krieg wie auch den Tod ungewohnt nahe. Es ist eine neue Qualität der Fotografie, die hier erkennbar wird: das Leben zu zeigen, wie es ist.

Im Walzertakt

Im biedermeierlichen Wien der 1840er-Jahre frönt man einer Verdrängung der Wirklichkeit, um nicht zu sagen einer Flucht ins Vergnügen. Es grassiert die »Tanzwut« – und der *Wiener Walzer* wird zum Inbegriff dieser Vergnügung. Für Bälle und Tanz-veranstaltungen werden in den Vorstädten wahre Tanzpaläste errichtet. Das *Colosseum* im Wiener Vorort Brigittenau bietet seinen Besuchern einen Speisesaal in einem rie-sigen Fass und einen Tanzboden in einem hölzernen Elefanten. Zwischen 1840 und 1842 führt sogar eine eigene Pferdeeisen-bahn von der Augartenbrücke dorthin. Der *Apollosaal* in Schottenfeld verfügt über künstliche Grotten, Wasserfälle und Teiche mit Schwänen. Im *Casino Dommayer*, einer der bekanntesten Vergnügungsstätten mit Tanzsaal im Wiener Stadtteil Hietzing, tre-ten prominente Komponisten und Dirigen-ten wie der international erfolgreiche Johann Strauß auf. Strauß ist einer der Väter des *Wiener Walzers* und bringt hier so manches seiner Werke zur Uraufführung. Er dirigiert sein großes Orchester auch im noblen Tanz-palast *Odeon* in der Wiener Leopoldstadt, dem größten Tanzsaal mit Platz für bis zu 8000 Besucher. 1844 debütiert im *Dommay-er* der Sohn von Johann Strauß, der sich mit demselben Namen gegen den berühmten Vater durchzusetzen versucht. Mit Erfolg. Nach dem Tod des Vaters übernimmt der junge Johann Strauß sogar dessen Orches-ter und führt die populären Konzerte fort. Was sein eigenes Werk betrifft, so kompo-niert er zunächst nur Tanzmusik, vor allem Walzer wie *An der schönen blauen Donau*, was ihm alsbald den Ehrentitel des *Walzer-königs* einbringt. Von den populären Melo-dien werden im Übrigen Notendrucke zum Nachspielen in großen Auflagen hergestellt und vertrieben.

Nach einem Zusammentreffen mit dem Pariser Komponisten Jacques Offenbach, der als einer der Begründer der Operette gilt, wagt sich auch der junge Strauß an die jüngste unter den Bühnengattungen, an die kleine Oper, die Operette. Anders als Oper oder Drama mit ihren oft tragischen Seiten zählt die Operette zum komischen Fach. Die gefällige Handlung wird auf der Bühne durch Dialoge, Gesang und Tanz aufgeführt, Bühnensprache ist hierzulande natürlich Deutsch. Die Melodien, die leicht ins Ohr gehen, sind meist bewährte Tanzmelodien wie der *Wiener Walzer*, der *Galopp*, die *Pol-ka*, der *Marsch* oder der *Csárdás*. Strauß ist auch auf diesem Feld erfolgreich. Die von ihm komponierte Operette *Die Fledermaus* ist eine turbulente Verwechslungsgeschich-te, die 1874 im *Theater an der Wien* urauf-geführt wird und sich zum Inbegriff der Wiener Operette entwickelt.

Der Tradition der *Volkssänger* entstam-mend, etablieren sich in den Vorstädten, vor allem im Prater, sogenannte *Singspiel-hallen*. Sie sind zumeist in Wirtshäusern angesiedelt und richten sich an Angehörige der Unterschicht, die sich Theater, Operette und Oper nicht leisten können. Sie bieten gemischtes Unterhaltungsprogramm für wenig Geld. Neben *Volkssängern*, die alte Volkslieder darbieten, treten kleine Thea-tertruppen und Komiker auf. Die Auffüh-rungen unterliegen Beschränkungen, um Konkurrenz zum seriösen Theater auszu-schließen. So dürfen die Schauspieler kei-

Abb. 21 · Dampfwagenkarussell im Prater

ne Kostüme tragen, die Bühnen über keine Bühnenmaschinerie verfügen und Kulissen während einer Vorstellung nicht gewechselt werden. Das Kostümverbot wird nach Protesten allerdings aufgehoben, und manche *Singspielhalle*, wie die des Volkssängers Johann Fürst im Prater, mutiert allmählich zu einem respektablen Theater, in dem neben Gesang und Kabarett auch ansprechende Stücke aufgeführt werden.

Der Prater selbst zeigt sich mittlerweile als moderner Vergnügungspark eines Massenpublikums, das hier seine freie Zeit verbringt. Sein Erscheinungsbild wird zunehmend durch die Dampfmaschine geprägt. Basilio Calafati betreibt ein Dampfwagenkarussell, das der davor aufgestellten Chinesenfigur wegen *Zum großen Chinesen* genannt wird. Ebenfalls mit Dampf angetrieben wird das Eisenbahnringelspiel *Zum goldenen Löwen*. Für das wohlhabendere Publikum entsteht in der *Freudenau* eine Pferderennbahn samt gusseiserner Tribüne, in der *Kriau* eine Trabrennbahn.

Im Zeichen der Industrialisierung steht zudem ein neuer Fest-Typus: die *Weltausstellung*. Für die Zurschaustellung der industriellen Leistungsfähigkeit finden seit 1851 derartige *Weltausstellungen* statt. Nach London und Paris richtet Wien 1873 eine *Weltausstellung* aus, und zwar um ein Vielfaches größer als alle anderen zuvor. Im Zuge der Bauarbeiten wird zunächst der *Wurstelprater* umgestaltet. Die Hütten im Grünen weichen rasterförmig angelegten Häuserzeilen. Als Ausstellungsgelände dient die angrenzende Kriau. Es entstehen Pavillons und riesige Hallen sowie ein monumentaler Kuppelbau aus Eisen und Glas. Dieses Bauwerk, genannt *Rotunde*, bildet mit 108 Metern

Durchmesser und 85 Metern Höhe das Ausstellungszentrum. Ausgestellt wird neben der Güterproduktion der Industrienationen der buchstäbliche Motor der Epoche, die Dampfmaschine, die vielerlei Maschinen antreibt. Ausgestellt wird auch die Kultur diverser Völker – landestypische Trachten, Häuser und sogar Menschen. Ansonsten gibt es am Gelände zahlreiche Restaurants, Cafés und Bierhallen. Durch einen eigenen Musikpavillon ist für permanente Musikunterhaltung gesorgt. Orchester wie das von Johann Strauß spielen ihr Repertoire, unter anderem die extra für die Weltausstellung komponierte *Rotunden-Quadrille*. Überschattet wird die *Weltausstellung* vom Krach der Wiener Börse und dem Ausbruch der Cholera in der Stadt, sodass sie letztlich als finanzielles Desaster endet.

Verkehrsreform

Die Dampfmaschine, die allerorten Fabriken zur Herstellung von Gütern hervorbringt, kennzeichnet das Zeitalter der Industrialisierung. In den Städten siedeln sich Gewerbe und Industrien an, die den Korrespondenzverkehr ansteigen lassen. Große und leicht gebaute Kutschen, genannt *Eilwägen* oder *Schnellposten*, befördern Reisende und Briefe mit einer Geschwindigkeit von bis zu 20 Kilometern pro Stunde. Der erste dieser Eilwägen geht 1823 von Wien in Richtung Brünn ab. Bald verkehren solche Eilwägen auf der Grundlage eines immer dichter werdenden Kursnetzes und detaillierter Fahrpläne. Ungewohnt ist das hohe Reisetempo; so mancher Passagier

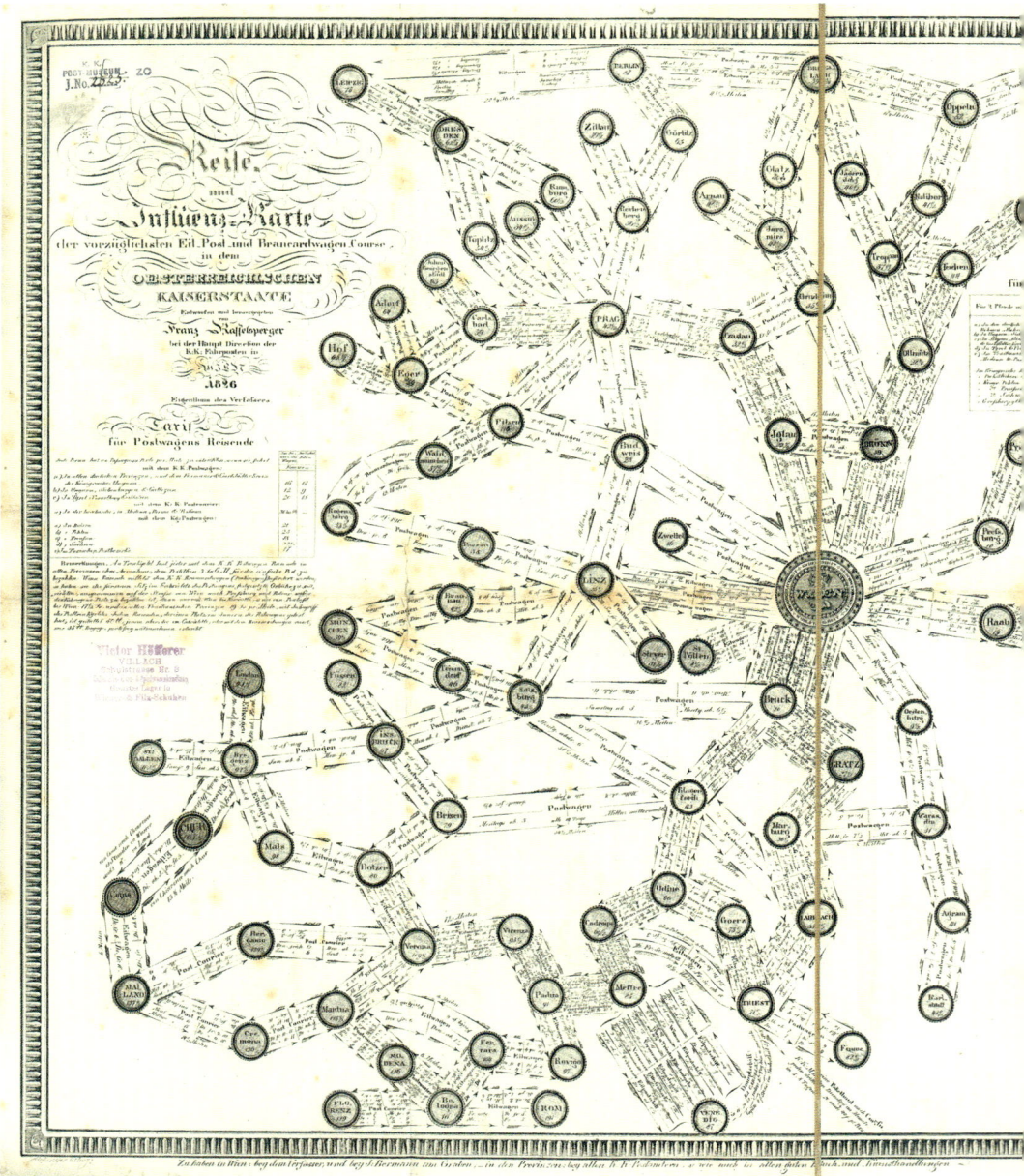

Abb. 22 · Extrapost-Postkutschennetz

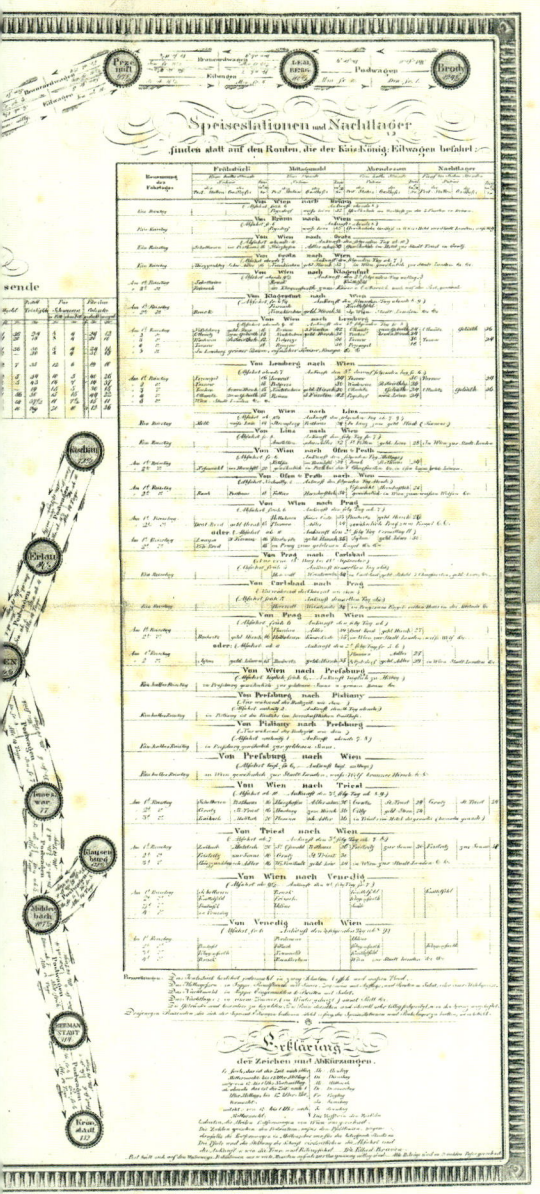

beklagt, bei der raschen Fahrt kaum mehr etwas von der Landschaft sehen zu können. Dieses Problem bleibt aber ohnehin Geschäftsreisenden und wohlhabenden Privatiers vorbehalten. Für den überwiegenden Teil der Bevölkerung kommen regelmäßige Postkutschenreisen aus finanziellen Gründen nicht infrage.

Die Dampfmaschine bringt auch Eisenbahnen hervor, welche die Kohlelagerstätten mit den Fabriken und Letztere mit den städtischen Absatzmärkten verbinden. In Österreich entsteht als erste Eisenbahn die *Kaiser-Ferdinands-Nordbahn*. Im Süden bemüht sich Carl Ludwig Bruck als Bevollmächtigter der Triester Eisenbahngesellschaft um eine Verbindung von Triest mit Wien. Ab 1841 plant die Generaldirektion für die *k. k. Staatsbahn* den Ausbau eines reichsweiten sternförmigen Netzes. Wien soll durch die *Nordbahn* mit Prag verbunden werden, ostwärts durch die *Raaber Bahn* mit Budapest, im Westen durch die *Kaiserin-Elisabeth-Bahn* mit Salzburg und durch die *Südbahn* über den Semmering mit Triest. Als Adern der Industrialisierung transportieren die Eisenbahnen neben Gütern und Passagieren auch Postgut.

Ähnliches gilt für die Dampfschifffahrt. In der Adria verkehren Dampfschiffe des von Carl Ludwig Bruck geleiteten *Triester Lloyd* (später in *Österreichischer Lloyd* umbenannt). Zweck des Unternehmens ist es, Triest mit den Häfen des Orients zu verbinden. Der *Lloyd* befördert auf seinen Schiffen neben Fracht und Passagieren Postsendungen nach Griechenland, in die Türkei und nach Ägypten.

Voraussetzung für die Nutzung des stetig anwachsenden modernen Verkehrsnetzwerks aus Postkutschenkursen, Eisenbahn-linien und Schiffsrouten sind gedruckte Strecken- und Fahrpläne. Reisehandbücher ermöglichen eine effiziente Reiseplanung und helfen den richtigen Anschluss zu bekommen, wenn es umzusteigen gilt. Von Josef Alois Ditscheiner stammt *Das Öster-reichische Post-, Eisenbahn und Dampfschiff-Fahrtswesen*. Es bezeichnet sich selbst als ein »Nützliches und nothwendiges Hilfs-buch für Kaufleute, Correspondenten, Spediteure, Fabrikanten, Gewerbs- und Geschäftsleute, vorzüglich aber für Reisende, welche sich schnell und sicher Rathes erholen wollen.«

Mit der Zunahme des Verkehrs geht eine Zunahme des Postverkehrs einher. Vor allem die großen Städte verzeichnen ein steigendes Briefaufkommen. Da es sich als zu aufwendig erweist, wie bisher das Briefporto beim Empfänger einzuheben, führt man 1850 nach britischem Vorbild Briefmarken ein. Gleichzeitig vollzieht sich eine internationale Einbindung des österreichischen Postnetzwerks. Zwischenstaatliche Verträge begründen den *Deutsch-Österreichischen Postverein*. Er gleicht die Postgebühren an und legt die Transitfreiheit fest. Außerdem beschließen alle beteiligten Länder, sobald wie möglich Briefmarken einzuführen und sich zur Beförderung des Postguts nach Möglichkeit der schnellen Eisenbahnen zu bedienen.

Nach wie vor unterliegt die Post in Österreich jedoch der geheimen Kontrolle durch staatliche Stellen. Man fürchtet noch immer Revolutionäre, die sich postalisch verabreden oder in Büchern und Zeitungen ihre Ideen verbreiten könnten. Die Einfuhr

von Büchern aus dem Ausland wird deshalb streng überwacht, ausländische Zeitungen werden mit Entzug des *Postdebits* bedroht. Wird einem aufmüpfigen Blatt der *Postdebit* entzogen, darf es in den österreichischen Ländern nicht mehr per Post transportiert und auch nicht mehr bei einem österreichischen Postamt abonniert werden. Da es zur Post keine Alternative gibt, ist dies eine schwere Bedrohung für deutsche Verleger, die um ihre Abonnentenzahlen in Österreich fürchten müssen.

In Metternichs Polizeistaat wird in *Schwarzen Kabinetten* oder *Postlogen* auch die Briefkorrespondenz der Untertanen überwacht. Im Revolutionsjahr 1848 öffnen die Wiener Postlogisten tagtäglich Dutzende verdächtige Briefe zur Zensurierung. Eine der Forderungen der Revolutionäre ist nicht von ungefähr die Wahrung des Briefgeheimnisses. Zwischenzeitlich abgeschafft, werden die geheimen Postlogen nach Niederschlagung der Revolution wieder eingerichtet. Erst im Staatsgrundgesetz von 1867 wird das Briefgeheimnis in Österreich als bürgerliches Grundrecht anerkannt. Der Briefverkehr als staatsbedrohlich eingestufter politischer Gruppen wie der Sozialdemokraten wird freilich auch dann noch kontrolliert.

Telegrafenkabel um die Welt

Fortschreitende Industrialisierung und zunehmender Welthandel verlangen nach immer rascherer Nachrichtenübermittlung. Als probates Mittel erweist sich die elektrische Telegrafie, die ihren Siegeszug um den Erdball antritt. Nach den Plänen des amerikanischen Malers und Erfinders Samuel Finley Breese Morse wird 1844 eine Telegrafenstrecke entlang der Eisenbahnstrecke Washington – Baltimore errichtet. Morse entwickelt das nach ihm benannte Morsealphabet, das jeden Buchstaben durch eine Kombination aus kurzen und langen Zeichen darstellt und das in Form von kurzen bzw. langen Stromimpulsen mittels Kabelleitung übertragen wird. Des Weiteren konstruiert Morse die Morsetaste, mit deren Hilfe der Telegrafist die kurzen oder langen Stromimpulse gibt. An der Empfängerstation prägt ein Metallstift die gesendeten Zeichen in ein Papierband ein oder zeichnet sie mit Tinte auf. Die Zeichen des Telegramms werden sodann vom Telegrafisten in Buchstaben rückübersetzt und per Boten dem Adressaten zugestellt.

Als schnellstes Kommunikationsmittel ihrer Zeit verspricht die Telegrafie vor allem wirtschaftlichen Profit. In der österreichischen Regierung erweckt sie hingegen gemischte Gefühle. Man fürchtet, die revolutionäre Bewegung könnte sich des Telegrafen bedienen, um den Umsturz zu organisieren. Dennoch wird 1849 ein *k. k. Telegrafenzentralbureau* eingerichtet; von dort führen Leitungen ins Außen-, Innen- und Kriegsministerium, ins Schloss Schönbrunn sowie nach Brünn, bald auch nach Prag, Pressburg und über Graz und Laibach nach Triest. Errichtet durch den Staat und genutzt hauptsächlich für staatliche Verwaltungskorrespondenz, steht das Netzwerk unter ständiger staatlicher Kontrolle. Gegen eine Freigabe der Telegrafie für die Nutzung durch Privatpersonen bestehen gewisse Vorbehalte der Sicherheitsorgane.

Trotzdem erfolgt die Freigabe. Dahinter steht die dringende Notwendigkeit, den flächendeckenden Ausbau des Telegrafennetzes finanzieren zu müssen.

Mit Gründung des *Deutsch-Österreichischen Telegrafenvereins* 1852 und des von Frankreich 1855 initiierten *Westeuropäischen Telegrafenvereins* vollzieht sich der Zusammenschluss nationaler Telegrafennetze zu einem kontinentalen Netzwerk. Zwischenstaatliche Verträge vereinheitlichen europaweit die Gebühren und regeln die Direktverbindungen. 1865 konstituiert sich in Paris der *Welttelegrafenverein*, nachdem die kontinentalen Netze durch Unterseekabel zu einem globalen Netzwerk miteinander verbunden werden.

Die Idee, zwischen Europa und Nordamerika eine Kabelverbindung herzustellen, wird anfangs zwar belächelt, doch finden sich Investoren um den Papierfabrikanten Cyrus West Field, die an dieses Projekt glauben. Da das enorme Gewicht des Kabels von keinem Schiff der Welt getragen werden kann, wird die Last auf zwei Schiffe aufgeteilt. Die britische und die US-amerikanische Regierung stellen je eines ihrer größten Kriegsschiffe als Kabellegeschiff zur Verfügung. Die Schiffe starten im Sommer 1857 das Unternehmen gleichzeitig in Irland und Neufundland. Sie sollen einander auf hoher See treffen und die beiden Kabelenden miteinander verbinden. Aufgrund von Rückschlägen gelingt es aber erst ein Jahr später, die Kabelverbindung herzustellen. Und sie ist nicht von Dauer. Bereits nach einigen Wochen reißt das Kabel ab. Die Wiederaufnahme des Projekts erfolgt erst nach dem Ende des amerikanischen Bürgerkrieges.

Das größte Schiff der Welt, das Segeldampfschiff *Great Eastern*, wird speziell für den Zweck der Kabellegung umgebaut, um die gigantischen Kabelmengen transportieren zu können. Es läuft 1865 aus einem irischen Hafen aus und beginnt mit der Verlegung des Seekabels im Atlantik. Nach einem Kabelriss gelingt es in einem zweiten Versuch im Jahr darauf, eine dauerhafte Verbindung zwischen Europa und Nordamerika herzustellen. Als wenig später die beiden Enden des ersten Kabels in den Tiefen des Ozeans aufgespürt, geborgen und verbunden werden können, bestehen sogar zwei Kabelstränge zwischen Europa und Nordamerika.

Über die Transatlantikverbindung hinaus ist Großbritannien an einer telegrafischen Verbindung in seine indischen Kolonien interessiert. Doch der Rückgriff auf die bestehenden nationalen Netzwerke der durchquerten Länder zeitigt viele Probleme. An den Grenzen Deutschlands, Russlands und Persiens müssen die Telegramme von den Telegrafisten aufgenommen, übersetzt und weitertelegrafiert werden. Sprachprobleme führen dabei oft zu Textverstümmelungen. Wegen der Beteiligung mehrerer Telegrafengesellschaften sind die Beförderungskosten sehr hoch und die gesamte Laufzeit von den Britischen Inseln nach Indien beträgt über eine Woche. Die aus Deutschland stammenden Brüder Siemens bieten an, eine durchgehende Telegrafenverbindung von England nach Indien einzurichten. Sie bekommen den Auftrag. In der Folge wird von England nach Deutschland eine bestehende Leitung gemietet, in Preußen stützt man sich auf das preußische Telegrafennetz, und ostwärts davon wird eine neue Linie gebaut. Im Februar 1870 nimmt die *Indo-*

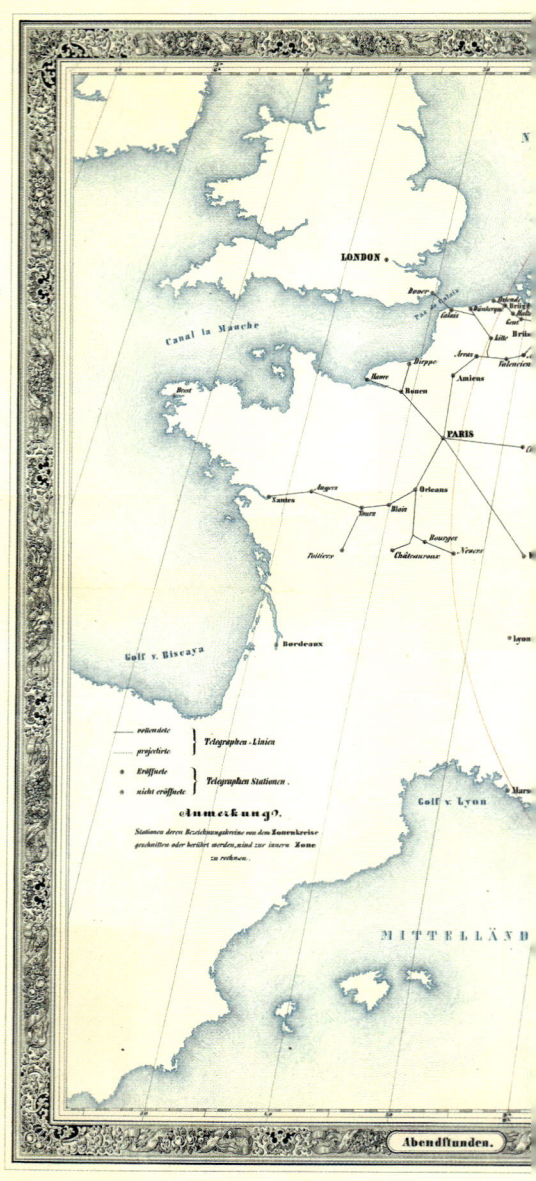

Abb. 23 · Deutsch-Österreichisches Telegrafennetz

Europäische Telegrafenlinie ihren Betrieb auf. Sie führt von London bis Lowestoft an der englischen Küste, über ein Seekabel durch die Nordsee nach Norderney und weiter nach Emden. An Land geht es weiter über Berlin, Warschau, Odessa, Tiflis, Täbris, Teheran, Isfahan und Schiras nach Beschir; von dort führt das Seekabel durch die Straße von Hormus nach Karachi, wo wieder ein Landkabel nach Bombay anschließt. Die Weitergabe der Telegramme erfolgt an den einzelnen Stationen durch ein von Werner Siemens eigens entwickeltes Gerät automatisch. Zeitraubendes und fehleranfälliges Umtelegrafieren durch Bedienstete entfällt. In London erregt der Umstand allgemeines Aufsehen, dass man über eine Distanz von 11 000 Kilometern Länge so schnell und sicher miteinander kommunizieren kann wie zwischen zwei benachbarten Stationen. In nur einer Stunde kann man mit einem Antworttelegramm aus Indien rechnen.

Mit der Ausdehnung der Telegrafennetze wächst der internationale Nachrichtenhandel. Es sind Agenturen wie *Reuters Cabled Messages* in London, die *Agence Havas* in Paris, *Wolff's Telegraphisches Bureau* in Berlin oder die *Associated Press* in New York, die durch Korrespondenten in aller Welt aktuelle Nachrichten sammeln und sie dann auf telegrafischem Weg an Handelsunternehmen, Banken und Börsen sowie an nationale Nachrichtenagenturen verkaufen.

Sie beliefern auch das *k. k. Telegraphen-Korrespondenz-Bureau* in Wien, eine amtliche Nachrichtenagentur, die der österreichischen Regierung untersteht und die Weltnachrichten an die heimischen Zeitungen wohldosiert und nach politischer Maßgabe weiterleitet.

Abgesehen davon, dass in Österreich noch immer Traditionen der Presseknebelung nachwirken, beginnt mit dem telegrafischen Zusammenschluss der Kontinente ein neues Zeitalter für die Presse: Fortan sind Meldungen aus fernen Ländern auf der ganzen Welt darin zu finden, und zwar kaum weniger aktuell als die aus benachbarten Städten. Die fernen Kontinente rücken näher. Es entsteht buchstäblich eine Weltpresse.

Auch für den Welthandel läutet der Telegraf ein neues Zeitalter ein. Die angeschlossenen Börsen in verschiedenen Teilen der Welt bilden erstmals einen globalen Handelsraum, in dem sich Kursbewegungen über riesige Entfernungen hinweg unmittelbar beeinflussen. Der Heidelberger Ökonomieprofessor Karl Knies meint in seinem 1857 erscheinenden Buch *Der Telegraph als Verkehrsmittel*, dass die Börsen der Handelsplätze nunmehr wie »Haupt- und Nebensäle, Zimmer und Cabinette« eines einzigen Hauses seien, in dem man die Rufe aller Käufer und Verkäufer vernehmen könne.

Es ist dies der Beginn einer Entwicklung, die man später Globalisierung nennen wird.

Jahrhundertwende.
Massenmedien

Diktat der Daten

Vor dem Hintergrund der Hochindustrialisierung und des Welthandels im ausgehenden 19. Jahrhundert wird die Verwaltung in Kanzleien und Kontoren rationalisiert. Der von dem Württemberger Louis Leitz entwickelte Aktenordner ermöglicht eine systematisch geordnete Ablage von Schriftstücken und jederzeit wieder schnellen Zugriff auf sie.

Das von dem Amerikaner Alexander Graham Bell entwickelte *Dictaphone* zeichnet Sprache auf rotierenden Wachszylindern auf. Schreibkräfte können dadurch wesentlich mehr Diktate niederschreiben als bisher. Dazu bedienen sie sich einer weiteren Innovation: der Schreibmaschine, die es erlaubt, schriftliche Korrespondenzen schnell, einheitlich und gut lesbar abzuwickeln. Einer ihrer Väter ist der Südtiroler Peter Mitterhofer. Als gelernter Tischler fertigt er seine Modelle vorwiegend aus dem vertrauten Werkstoff Holz. Einzig die Buchstaben setzt er aus winzigen metallenen Nadelspitzen zusammen, die er in Holzklötzen befestigt und auf die Enden von Typenhebeln montiert. Beim Druck auf eine Taste schlägt der Typenhebel mit den Nadeltypen von unten gegen das flach auf der Maschine liegen-

de Papier und perforiert es. Der jeweilige Buchstabe ist dann als Lochmuster im Papier verewigt. Farbe ist anfangs noch nicht im Spiel. Mit einem verbesserten Apparat, der Drucktypen, einen Mechanismus zum Einfärben und eine Walze als Papierträger aufweist, macht sich Mitterhofer Ende 1866 auf den Weg an den Wiener Kaiserhof, um eine Subvention zu erbitten. Der Kaiser bewilligt 200 Gulden. Nach Südtirol zurückgekehrt, fertigt Mitterhofer ein Modell aus Metall, mit Typen für Groß- und Kleinbuchstaben, Ziffern und Schriftzeichen, das der Kaiser letzten Endes für 150 Gulden für das *Polytechnische Institut* ankaufen lässt.

Der Siegeszug der Schreibmaschine beginnt wenig später in Nordamerika.

Die Konstruktion des ersten industriell hergestellten Modells einer Schreibmaschine geht auf den Amerikaner Christopher Latham Sholes zurück. Die von der Waffenfabrik *Remington* 1874 produzierte Maschine verfügt über 44 Tasten, schreibt aber nur in Großbuchstaben. Das Papier wird so weit in die Maschine eingezogen, dass man die getippte Zeile nicht sehen kann. Fehler erkennt man erst Zeilen später. Das Modell wird kein großer Erfolg, im Gegensatz zum Folgemodell *Remington No. 2*. Dieses verfügt bereits über eine Taste zum Umschalten zwischen Groß- und Kleinschreibung und transportiert das Farbband selbsttätig. Bei der Tastenanordnung geht Sholes nicht alphabetisch vor. Er versucht vielmehr, die Buchstaben so über die Tastatur zu verteilen, dass nie zwei von den häufig verwendeten nebeneinander zu liegen kommen. Das soll verhindern, dass sich bei raschem Tippen zweier häufig vorkommender Buchstaben nacheinander ihre Typenhebel ineinander verhaken. Die von Sholes gewählte Tastenanordnung verfestigt sich im Lauf der Zeit zu einem weitgehend allgemein gültigen Standard. Dadurch können Schreibkräfte – es sind zunehmend Frauen, die in diesen Beruf drängen – an einem einheitlichen Zehnfingersystem ausgebildet werden und später auf jeder Maschine entsprechend schnell schreiben.

Mit dem aus London stammenden Fabrikanten John Thomas Underwood tritt ein ernstzunehmender Konkurrent auf den Plan. Es heißt, er habe anfangs nur Farbbänder hergestellt und seine Produkte der Firma *Remington* angeboten, jedoch die Antwort erhalten, man erzeuge die Farbbänder selber. Er habe darauf geantwortet, dann werde er eben auch selber Schreibmaschinen herstellen. Tatsächlich erwirbt Underwood ein Patent für eine Typenhebelschreibmaschine und bringt dieses Modell mit völlig neuartiger Konstruktion auf den Markt. Revolutionär daran ist der Umstand, dass man noch während des Schreibens sieht, was man getippt hat, und Tippfehler umgehend korrigieren kann. Auf die ersten vier Modelle folgt die *Underwood No. 5* aus dem Jahr 1900, die weltweit neue Maßstäbe für die Produktion von Schreibmaschinen setzt.

Abb. 24 · Underwood mit Sicht auf das Getippte

In den wirtschaftlich prosperierenden Vereinigten Staaten von Amerika werden moderne Rechenmaschinen ebenfalls schon massenhaft hergestellt. Es kommen Modelle auf den Markt, bei denen die zu verrechnenden Werte nicht mehr umständlich an Schiebereglern eingestellt werden müssen, wie dies beim überkommenen, weit verbreiteten *Arithmomètre* nötig ist. 1820 vom Pariser Versicherungsunternehmer Charles Xavier Thomas konstruiert, ist das *Arithmomètre* als Rechenmaschine für die vier Grundrechnungsarten seit Jahrzehnten im Einsatz und wird in verschiedenen Ländern nachgebaut. Doch das *Arithmomètre* steht für das Gestern. Die Maschine der Zukunft heißt *Comptometer*. Dabei handelt es sich um eine 1887 patentierte Rechenmaschine, die über eine Tastatur wie eine Schreibmaschine verfügt, wodurch sie blind und mit nur einer Hand bedient werden kann. Die zweite Hand bleibt frei für das Umblättern der zu verrechnenden Unterlagen. In der Ausführung als *Comptograph* rechnet sie zudem nicht bloß, sondern druckt das Ergebnis gleich auch noch auf Papier aus.

Diese Maschine wird von der *Felt & Tarrant Company* in Chicago gebaut und verkauft.

Zeiteinsparung wird zum ökonomischen Gebot. Beseelt vom Zeitgeist der Rationalisierung werden die Angestellten in den Büros gleich den Arbeitern in den Fabriken dem Diktat des Sekundenzeigers unterworfen. Zur Effizienzsteigerung sollen sie wie Maschinen immer dieselben eingelernten Handgriffe ausführen. Die riesigen Säle, in denen zumeist Frauen zu Dutzenden an Schreib- oder Rechenmaschinen arbeiten, erinnern nicht zufällig an die Fertigungshallen von Fabriken. Es sind Schreib- und Rechenfabriken, in denen jeder Handgriff und jeder Tastendruck am Maßstab der Effizienz gemessen wird. Für dieses unerbittliche Rationalisierungssystem steht wie kaum ein anderer der gelernte Ingenieur Frederick Winslow Taylor. Er führt in amerikanischen Stahlwerken detaillierte Zeitstudien durch, um die größtmögliche Leistung aus Arbeitern und Maschinen herauszuholen. Bei diesen Studien wird mithilfe einer Stoppuhr die Zeit gemessen, die ein Arbeiter für jeden einzelnen Handgriff benötigt. Taylor will optimale Arbeits- und Bewegungsabläufe ermitteln und so die Produktivität erhöhen. In dem Buch *The Principles of Scientific Management* veröffentlicht er 1911 seine Erkenntnisse, die die Arbeitswelt revolutionieren und der Epoche ihren Stempel aufdrücken.

Statistische Daten erheben sich auch auf einem anderen Feld über die Menschen hinaus. Die Vereinigten Staaten erleben gerade die großen Einwanderungswellen aus Europa, die unzählige Menschen ins Land schwemmen, die verwaltet werden müssen. Von Volkszählungen erhofft man sich genaue Angaben über die rasch wachsende Bevölkerung, doch kann das umfangreiche Datenmaterial nicht schnell genug bewältigt werden. Nach der zeitaufwendigen Erhebung aller Bürger in Erfassungsbögen

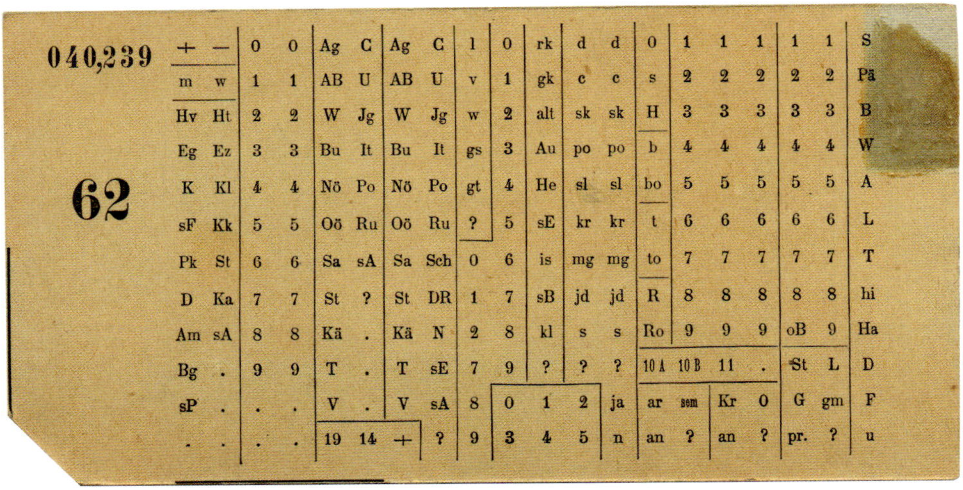

040,239	+	−	0	0	Ag	C	Ag	C	1	0	rk	d	d	0	1	1	1	1	S
	m	w	1	1	AB	U	AB	U	v	1	gk	c	c	s	2	2	2	2	Pä
	Hv	Ht	2	2	W	Jg	W	Jg	w	2	alt	sk	sk	H	3	3	3	3	B
	Eg	Ez	3	3	Bu	It	Bu	It	gs	3	Au	po	po	b	4	4	4	4	W
62	K	Kl	4	4	Nö	Po	Nö	Po	gt	4	He	sl	sl	bo	5	5	5	5	A
	sF	Kk	5	5	Oö	Ru	Oö	Ru	?	5	sE	kr	kr	t	6	6	6	6	L
	Pk	St	6	6	Sa	sA	Sa	Sch	0	6	is	mg	mg	to	7	7	7	7	T
	D	Ka	7	7	St	?	St	DR	1	7	sB	jd	jd	R	8	8	8	8	hi
	Am	sA	8	8	Kä	.	Kä	N	2	8	kl	s	s	Ro	9	9	9	oB 9	Ha
	Bg	.	9	9	T	.	T	sE	7	9	?	?	?	10A 10B	11	.	.	St L	D
	sP	.	.	.	V	.	V	sA	8	0	1	2	ja	ar sem	Kr	0	G	gm	F
	.	.	.	.	19	14	+	?	9	3	4	5	n	an ?	an	?	pr.	?	u

Abb. 25 · Gelochte Merkmale eines Menschen

dauert deren Auszählung in der Regel viele Jahre. Dies macht Planung schwierig. Vor diesem Hintergrund beschäftigt sich Hermann Hollerith, der als Statistiker für die amerikanische Regierung tätig ist, mit der Idee, den Zählvorgang zu automatisieren. Er entwickelt ein Lochkartensystem, das er 1889 zum Patent anmeldet und das bei der Volkszählung 1890 erstmals zum Einsatz kommt. Dabei werden die Merkmale der erfassten Person vom Fragebogen auf eine Lochkarte übertragen – also in die auf der Karte aufgedruckten Felder als Löcher gestanzt. In einer Zählmaschine tasten Kontaktstifte die gelochten Karten ab. Trifft der Stift an einer bestimmten Stelle der Karte auf ein Loch, stellt er einen elektrischen Kontakt her. Das Merkmal wird dadurch von der Maschine registriert, der entsprechende Zähler springt weiter. So wird der gesamte Bestand Karte für Karte automatisch ausgezählt. Der Vorzug dieses Systems liegt darin, dass der Bestand an Lochkarten, wenn er erst einmal vorliegt, in den Zählmaschinen nach allen erforderlichen Merkmalskombinationen rasch ausgezählt werden kann. Früher hat man für jede Auszählung die vielen Millionen Erfassungsbögen händisch immer wieder aufs Neue sortieren müssen.

Im selben Jahr wickelt die *k. k. Statistische Zentralkommission* in Österreich eine Volkszählung ab, die sich ebenfalls auf Lochkartenmaschinen des Typs Hollerith stützt. Von jeder einzelnen erfassten Person werden die Merkmale Geschlecht, Stellung im Haushalt, Familienstand, Alter, Glaubensbekenntnis, Umgangssprache, Beruf und soziale Stellung, Bildungsgrad, Gebrechen, Größe der Ortschaft, in der sie lebt, Geburtsort, Heimatbezirk, Immobilienbesitz

und Aufenthaltsdauer erhoben. Von Otto Schäffler, dem Besitzer einer elektrotechnischen Fabrik in Wien, wird dafür Holleriths Zählmaschine um einen *Generalumschalter* erweitert, der das wiederholte Auszählen der 24 Millionen Lochkarten nach verschiedenen Merkmalskombinationen erleichtert. Anstatt die Maschine jeweils neu verdrahten zu müssen, können die gewünschten Merkmale nun durch einfaches Stöpseln der entsprechenden Kontakte auf einem Steckfeld programmiert werden. Auf dieser Basis erledigen zwölf Lochkartenmaschinen in knapp zwei Jahren rund 100 Millionen Zähloperationen, woraus umfassendes Statistikmaterial resultiert. Bei der Volkszählung im Jahr 1900 kann man überdies eine bisherige Unschärfe beseitigen. Nach entsprechenden Abkommen mit anderen Staaten über den Austausch von Zählkarten werden jetzt auch im Land lebende Ausländer erfasst – wie umgekehrt die Zahl im Ausland lebender Österreicher.

Moderne Massenpresse

Rationalisierung ist das Gebot der Stunde, nicht zuletzt in der Zeitungsproduktion. Der Inhaber der Londoner *Times*, John Walter III., lässt für den Druck seiner Zeitung eine große Rotationspresse konstruieren, die das Papier zum Bedrucken selbsttätig von einer Endlosrolle zieht. Damit gibt es keine Verzögerungen mehr durch händisches Einlegen einzelner Papierbögen wie früher. Die Druckform ist auf einen Zylinder montiert, der in schneller Rotation das hindurchgleitende Endlos-

Abb. 26 · Neuigkeiten aus aller Welt im Café Central

papier bedruckt. Auf diese Weise sind rund 10 000 Drucke pro Stunde möglich. Erst am Ende wird das bedruckte Papier in Bögen geschnitten.

In der Habsburgermonarchie zählt die *Neue Freie Presse* zu den führenden Blättern. Als erstes Blatt am Kontinent wird sie mit einer solchen *Walterpresse* auf Endlospapier gedruckt. Ihre Auflage beträgt um die Jahrhundertwende rund 50 000 Exemplare. Sie beschäftigt zahlreiche prominente Schriftsteller der Zeit und hat bisweilen 500 angestellte Journalisten. Ideell steht sie dem liberalen Bürgertum und der Wirtschaft nahe. Von Karl Kraus wird sie deshalb scharf kritisiert: Ihr Herausgeber Moritz Benedikt würde sich zu sehr wirtschaftlichen Interessen beugen und dafür Moral und Ideale aufgeben!

In der Zeitungsproduktion bildet der aufwendige Satz indes den letzten Arbeitsschritt, der vielerorts noch wie zu Gutenbergs Zeiten von Hand gemacht wird. Das kostet viel Zeit und braucht viel Personal. Um dem zu begegnen, werden Letternsetzmaschinen unterschiedlichen Typs entworfen und gebaut. Sie kommen vor allem bei Tageszeitungen zum Einsatz und funktionieren unterschiedlich gut.

Durchsetzen kann sich letztlich eine amerikanische Maschine, konstruiert vom deutschstämmigen Einwanderer Ottmar Mergenthaler. Nach dem Tippen der entsprechenden Buchstaben auf einer Tastatur reiht seine Setzmaschine selbsttätig aus Messing gefertigte Buchstabenmatrizen zu einer Zeile aneinander und gießt diese mit Blei aus. Die Gusszeile wird danach automatisch in ein Sammelschiff geschoben, wo Zeile für Zeile die Seite automatisch entsteht. 1886 wird die Maschine im Setzersaal der *New York Tribune* von Mergenthaler persönlich vorgestellt. Er setzt sich an die Tatstatur und tippt einige Buchstaben hintereinander ein. Nach jedem Tastendruck fällt die zugehörige Buchstabenmatrize aus dem Magazin und schiebt sich in eine Zeilenrinne. Am

Ende der Zeile angelangt, ertönt ein Klingelzeichen. Der Herausgeber der *New York Tribune*, Whitelaw Reid, ruft an dieser Stelle aus: »A line of types!«, wovon sich der Name der Maschine, *Linotype*, ableitet. 1890 wird in New York City die *Mergenthaler Linotype Company* gegründet und schon im Jahr darauf wird die tausendste Setzmaschine hergestellt. *Linotypes* finden zunehmend auch bei österreichischen Zeitungsdruckereien Verwendung.

Die Verkürzung der Produktionsdauer ermöglicht es den bedeutendsten Tagesblättern, zweimal täglich, in einer Morgen- und einer Abendausgabe, zu erscheinen. Auf diese Weise können sie die neuesten Neuigkeiten aus aller Welt bringen. Durch die Zeiteinsparung können zudem höhere Auflagen gedruckt werden, was manchen Verlegern erlaubt, die Zeitungspreise zu senken, um die Reichweite auf ein weniger wohlhabendes Leserpublikum auszudehnen. Die inhaltliche Anpassung an die breite Lesermasse scheint dabei unvermeidlich: Es entsteht die moderne Boulevardpresse, die sich durch niedrigeres sprachliches Niveau und geringeren Textumfang sowie durch bildliche Holzstich-Illustrationen auszeichnet. Die Boulevardblätter ringen durch Skandalberichterstattung und reißerische Aufmachung um die Aufmerksamkeit der Käufer.

In Wien erscheint die *Illustrirte Kronenzeitung*, die in ihrem Titel sowohl auf die Illustrationen verweist, mit denen sie aufwartet, als auch darauf, dass sie im Abonnement monatlich nur eine Krone kostet. Nach anfänglich schwierigen Zeiten bringt im Sommer 1903 der spektakuläre Mord am serbischen König Alexander und seiner Gattin den Durchbruch. Die Bluttat hat alles, wonach der Boulevard verlangt: einen Königsmord, eine Verschwörung der Offiziere und eine im Land verhasste Königin, die einen illegitimen Thronerben einzusetzen versucht. Die Zeitung entsendet mehrere Reporter und einen Zeichner nach Belgrad. Tagelang kann sie mit illustrierten Artikeln aufwarten und lässt dadurch ihre etablierten Wiener Konkurrenzblätter, die ihre Korrespondenten zu spät entsenden, hinter sich. Die Auflage steigt und steigt und einige Jahre später übersteigt sie die Marke von 100 000 Exemplaren.

Eine Blüte erlebt auch die Presse der politischen Parteien, die sich zu dieser Zeit organisieren. Die Zeitungen der Arbeiterbewegung versuchen, die lesende Öffentlichkeit auf das erbärmliche Los des Industrieproletariats aufmerksam zu machen, das in bürgerlichen Blättern zumeist wenig Beachtung findet.

Der Wiener Arzt und Journalist Victor Adler gibt ab 1886 die Wochenzeitung *Gleichheit* heraus. Darin berichtet er in einer Artikelserie über die menschenunwürdigen Lebensumstände der Arbeiter in der *Wienerberger* Ziegelfabrik. Die Behörden versuchen ihn mundtot zu machen, lassen ihn verhaften und die *Gleichheit* verbieten. Doch Adler lässt sich nicht entmutigen. Als Nachfolgerin der *Gleichheit* gründet er die *Arbeiter-Zeitung*, die zunächst wöchentlich, ab 1895 als Tageszeitung erscheint. Als »Kampfblatt« der Bewegung soll die *Arbeiter-Zeitung* bei der »wirtschaftlichen, politischen und geistigen Befreiung des arbeitenden Volkes« mithelfen. Die Zeitung ist in Tabaktrafiken erhältlich, ein Vertrieb auf

der Straße und in den Fabriken ist wegen des gesetzlichen Kolportageverbots kaum möglich. Im Gegensatz zu den finanziell starken bürgerlichen Zeitungen, die es sich leisten können, ihren Abonnenten das Zeitungsexemplar trotz des hohen Portos per Post zustellen zu lassen, wird die *Arbeiter-Zeitung* durch Parteifunktionäre an ihre Abonnenten gebracht. Dabei bemüht man sich, so schnell wie möglich so viele Exemplare wie möglich in Umlauf zu bringen, da noch immer jederzeit mit einer Beschlagnahme der Ausgabe durch die Behörden gerechnet werden muss.

Schundliteratur

Ein gravierendes Problem bildet der in großen Bevölkerungsteilen noch bestehende Analphabetismus. Um ihn zu beseitigen, richten Volksbildungsvereine öffentlich zugängliche Volksbüchereien ein, die interessierten Lesern Literatur kostenlos oder zu geringer Leihgebühr offerieren. Im Gegensatz zu diesen politisch neutralen Institutionen wie dem *Wiener Volksbildungsverein* entstehen konfessionelle Bibliotheksvereine, die volkstümliche Literatur zur Stärkung der katholischen Glaubens- und Sittenlehre anbieten. Abweichendes wird verteufelt. Der *Katholische Bibliotheks- und Leseverein* wendet sich gegen jede erotische und glaubensfeindliche Literatur. Dem stehen die sozialdemokratischen Arbeiterbildungsvereine, Partei- und Gewerkschaftsorganisationen gegenüber, die ideologisch am Marxismus ausgerichtete Arbeiterbüchereien aufbauen. Ihr zentrales Anliegen ist die Befreiung der

Arbeiterschaft aus ihrer Knechtung durch Bildung, denn, wie es in der sozialdemokratischen Bewegung heißt, »Wissen ist Macht!« und »Bildung macht frei!«.

Wie schwierig dieser Bildungsauftrag bisweilen umzusetzen ist, zeigt sich im Wiener Arbeiterbezirk Favoriten. Dort sucht der gelernte Buchhändler Philipp Suschitzky im Jahr 1900 um die Konzession für eine Buchhandlung an. Die Behörde verwehrt die Konzession mit dem Hinweis auf mangelnden Bedarf. Die Angelegenheit wird daraufhin in der Presse und im Reichsrat debattiert. Nachdem in ganz Favoriten mit mehr als 127 000 Einwohnern keine einzige Buchhandlung besteht, wird der Vorwurf erhoben, die Behörde wolle der Bevölkerung »Lectüre und Bildung« vorenthalten. In der Folge wird die Konzession verliehen und Suschitzky kann gemeinsam mit seinem Bruder Wilhelm eine Buchhandlung mit Antiquariat und Leihbibliothek eröffnen. Die Buchhandlung, der sozialdemokratischen Volksbildung nahestehend, bietet sozialistisches Schrifttum an und führt angesichts des weit verbreiteten Alkoholismus auch spezielle Abstinenzliteratur. Darüber hinaus hat sie neben diversen naturwissenschaftlichen und medizinischen Schriften auch Sexualaufklärungsliteratur im Programm. Dies genügt, dass die Buchhandlung der »Juden« Suschitzky von konservativen Moralwächtern wegen angeblicher Verletzung der Sittlichkeit und des Vertriebs unzüchtiger Schriften und Bilder vor Gericht gezerrt wird. Die Moralwächter führen einen Kampf gegen »Schmutz und Schund« in Druckschriften (wie übrigens auch in Bildern und Filmen), denen attestiert wird, sie würden ein schlechtes Beispiel geben. Die wirklichen Ursachen von Alkoholismus, Prostitution oder Kriminalität beseitigt man auf diese Weise freilich nicht: die elenden Lebensbedingungen der Menschen.

Zu den wenigen deutschen Literaten, die sich der gesellschaftlichen Wirklichkeit stellen, zählt Gerhart Hauptmann. Vor den *Sozialistengesetzen* des deutschen Kanzlers Bismarck nach Zürich geflüchtet, verfasst er Dramen, die in Deutschland veritable Skandale verursachen. Das Stück *Vor Sonnenaufgang* bringt die brisanten Themen Sexualität und Alkoholismus auf die Bühne. Im September 1894 wird im *Deutschen Theater* in Berlin Hauptmanns Stück *Die Weber* über die elenden Lebensbedingungen der schlesischen Weber und ihren mittlerweile 50 Jahre zurückliegenden Aufstand uraufgeführt; eine Provokation bis in die höchsten gesellschaftlichen Ränge. Der deutsche Kaiser Wilhelm II. kündigt aus Protest seine Theaterloge. Außerdem unterbindet er die Verleihung des Schillerpreises an den als sozialdemokratisch stigmatisierten Dichter. Die unschönen Seiten der Gesellschaft will man nicht sehen.

Der prosperierende deutsche Buchmarkt ist aber ohnehin von andersartiger Literatur geprägt. Er verzeichnet zahllose Neuerscheinungen mit Auflagen von 1000 Exemplaren und mehr. Die hohen Auflagen machen Bücher billiger und damit für zunehmend breitere Leserkreise erschwinglich. Reihen wie *Reclams Universalbibliothek* bieten billige Ausgaben anspruchsvoller Klassiker, doch erscheinen vor allem in deutschen Druckzentren auch zahllose seichte Romane, die nach Österreich exportiert werden. Sie bieten den Lesern für wenig Geld seliges Liebesglück oder aufregende Abenteuer. Volksbildner und Moralwächter prägen dafür den Begriff »Schundliteratur«, die zur Verdummung und zum sittlichen Verfall führe. Österreichische Behörden beschlagnahmen anstößige Ware in Buchhandlungen und verfolgen wandernde Kolportagehändler, die vielteilige Romanserien vertreiben. Solche zumeist wöchentlich erscheinenden Fortsetzungsgeschichten sind darauf angelegt, dass jedes Exemplar den Kauf des nächsten nach sich zieht. Während also das erste Exemplar günstig, manchmal sogar kostenlos erhältlich ist, kommt die ganze Serie am Ende auf eine beträchtliche Summe. Auf diese Weise würde Köchinnen, Hausmädchen, Kutschern und Lehrlingen trickreich das Geld aus der Tasche gezogen, heißt es.

Einer der Autoren solcher Fortsetzungsromane ist der aus Sachsen stammende Karl Friedrich May, dessen eigene Lebensgeschichte einem Roman zu entstammen scheint. Nach Gefängnisaufenthalten wegen Betrugs und Diebstahls kann er sich als einer der meistgelesenen deutschen Schriftsteller etablieren. Seine als Reiseerzählungen aufgemachten Abenteuergeschichten aus dem Vorderen Orient und dem Wilden Westen sowie diverse Jugenderzählungen erscheinen zunächst in Zeitschriften, später in Buchform wie in der Reihe *Karl May's Gesammelte Reiseerzählungen*. Zu Mays bekanntesten Figuren zählt Winnetou, ein edler Apachenhäuptling, der gemeinsam mit seinem weißen »Blutsbruder« Old Shatterhand für Frieden und Gerechtigkeit kämpft. In manchen Geschichten beschreibt sich der Autor selbst in der Rolle des heldenhaften Akteurs. In Vortragsreisen durch

Abb. 27 · Billige Abenteuer aus dem Wilden Westen

Deutschland und Österreich tritt er bisweilen als Old Shatterhand oder Kara Ben Nemsi auf. Doch er ist nicht der Held der Geschichten, sondern bloß deren Erfinder. In Wahrheit kennt er viele der beschriebenen Schauplätze nur aus der Reiseliteratur, manche Originalschauplätze bereist er zwar, doch erst lange nach Erscheinen der Bücher. In der Presse wirft man ihm Lüge und Hochstapelei vor, seine Leser jedoch sind begeistert von den fantastischen Abenteuergeschichten.

Fotografische Aufnahmen von der Welt

Um die Jahrhundertwende kommen handlichere Fotokameras auf den Markt, wodurch sich zu den professionellen Fotografen immer mehr Fotoamateure und sogar Fotodilettanten gesellen. Im beginnenden Tourismuszeitalter sind es gut betuchte Urlauber und Ausflügler, die Fotos aufnehmen und in Alben sammeln, als immer griffbereite Stützen der Erinnerung in späteren Zeiten. Diese »Knipser« bedienen sich tragbarer Rollfilmkameras wie der *Kodakbox*, die von der von George Eastman in Rochester im US-Bundesstaat New York gegründeten Firma *Kodak* vertrieben wird. Die *Kodak Camera* ist ab 1889 im Handel und verfügt über einen Rollfilm für 100 Aufnahmen. Der Fotodilettant braucht nichts vorzubereiten oder zu beachten, er braucht nur abzudrücken. Der Slogan »You press the button, we do the rest« bewirbt das benutzerfreundliche Prozedere: Die ausgeknipste Kamera wird über einen Händler an die Firma geschickt, die Papierabzüge von den gemachten Aufnahmen anfertigt und einen neuen Film in die Kamera einlegt. Fertig für den nächsten Einsatz werden Kamera und Bilder zurückgesandt. Die nicht begeisternde Qualität der Aufnahmen entspricht den geringen Kosten.

Hochwertige fotografische Aufnahmen von Fremdenverkehrsorten und Landschaften zirkulieren in Form von Ansichtskarten. Für wohlhabende Touristen sind solche Karten eine gute Möglichkeit, Urlaubsgrüße nach Hause zu senden. Für weniger Begüterte bleibt die Option, anstelle des kostspieligen Reisens Ansichtskarten mit Motiven

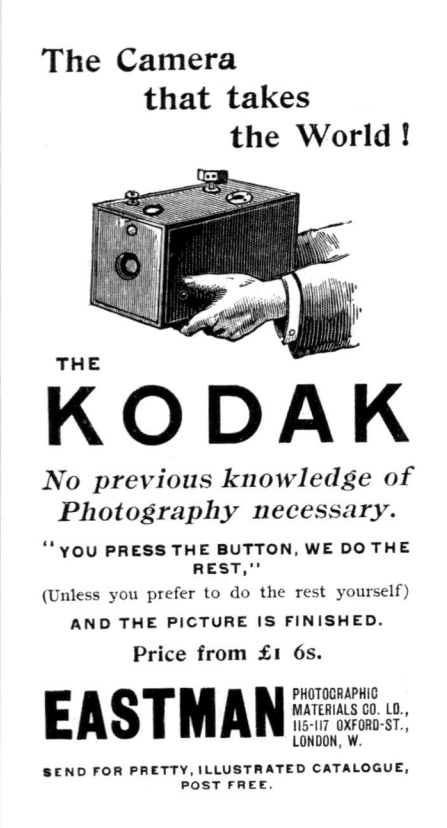

Abb. 28 · »You press the button …«

aus aller Welt zu kaufen und in speziell dafür vorgesehenen Alben zu sammeln. Auf diese Weise kann man etwas von der weiten Welt sehen, ohne sein Heim verlassen zu müssen. Neben Landschaften sind auch andere Ansichtskartenmotive in Umlauf: Porträts von Persönlichkeiten oder Stillleben oder erotische Motive, die beworben werden mit: »Pikant! Nur für Herren.«

Fotografien von besonderer Qualität bietet der ehemalige Wanderschausteller August Fuhrmann. Er betreibt in den 1880er-Jahren ein sogenanntes *Kaiserpanorama*, das, so der Leitspruch, »die Welt mit der Welt bekannt machen« soll. Dabei handelt es sich um einen riesigen Guckkasten, einen hölzernen Rundbau von dreieinhalb Metern Durchmesser und zweieinhalb Metern Höhe, der für 25 ringsum sitzende Zuschauer Sitzplätze mit je zwei Gucklöchern bietet. Im Inneren rotiert schrittweise ein großer, uhrwerkgetriebener Kranz, der auf Glas aufgebrachte kolorierte Fotografien an den Gucklöchern vorüberführt. Bei diesen Fotografien handelt es sich um stereoskopische Aufnahmen, die das jeweilige Motiv, durch die beiden Gucklöcher betrachtet, dreidimensional erscheinen lassen.

Zu sehen sind in Fuhrmanns *Kaiserpanorama* hauptsächlich ferne Länder und Städte, zu einem geringen Teil auch aktuelle Ereignisse wie Feiern in Kaiserhäusern, Kriege oder Naturkatastrophen. Fuhrmann kauft interessante Fotoserien aus aller Welt, die er in seiner Zentrale in Berlin sammelt. Nach der Jahrhundertwende bestückt er damit bis zu 250 Filialbetriebe in Deutschland und Österreich im wöchentlichen Wechsel. Für die Besucher der Kaiserpanoramen wird der Besuch zum allwöchentlichen Ausflug an irgendeinen fremden Ort. Allmählich bieten jedoch die entstehenden Kino-Wochenschauen den Zuschauern noch attraktivere, nämlich bewegte Bilder aus aller Welt: Filmbilder!

Die Geschichte des Films beginnt mit Phasenbildern von galoppierenden Pferden, die der britische Fotograf Eadweard Muybridge mit 24 hintereinandergekoppelten Fotokameras aufnimmt. Der französische Naturforscher Étienne-Jules Marey hält mit einer

fotografischen Flinte, die in kürzester Folge eine Serie von Aufnahmen zu schießen erlaubt, den Flug eines Vogels in Einzelbildern fest. Der *Elektrische Schnellseher* des deutschen Fotografen Ottomar Anschütz baut solche Phasenbilder zu einem »Laufbild« zusammen. Die Bilder sind am Außenrand einer rotierenden Glasscheibe aufgebracht, die in einen Holzschrank montiert ist. Gegen Münzeinwurf wird die hinterleuchtete Scheibe in Drehung versetzt und die Bilder ziehen nacheinander an der Schauvorrichtung, die sich an der Vorderseite des Schranks befindet, vorbei. Der Betrachter kann nun eine kurze Bewegungssequenz sehen, einen gemütlich spazierenden Elefanten beispielsweise.

Der amerikanische Unternehmer Thomas Alva Edison bringt 1890 / 91 den *Kinetograph* heraus, eine Filmkamera, mit der man Szenen auf Filmstreifen aufnehmen kann, sowie das *Kinetoskop*, auf dem die aufgenommenen kurzen Filme gezeigt werden. Das *Kinetoskop* ist ein Holzmöbel, in dem die Projektion der Filmstreifen mittels einer Edisonschen Glühlampe abläuft. Durch die oben sitzende Schauvorrichtung kann man gegen Einwurf einer Münze die Szenen in Endlosschleifen betrachten. Das *Kinetoskop* wird erstmals auf der Weltausstellung in Chicago 1893 präsentiert, im Jahr darauf in New York und ein weiteres Jahr später auch in Europa. Die nötigen Kurzfilme produziert Edison in einem Filmstudio in *West Orange*, nahe New York. Es werden Artisten, Tiere, Tänzerinnen, aber auch tanzende Sioux-Indianer aus der Show von Buffalo Bill aufgenommen. Das *Kinetoskop* ist ein typisches Utensil der amerikanischen Spielhallen, *Penny Arcades* genannt. Da aber jeder Apparat nur von einem einzigen Betrachter genutzt werden kann, bleiben die Einnahmen begrenzt.

Als für größere Zuschauergruppen und damit für deutlich höhere Umsätze geeignet erweist sich der *Cinématographe* der Brüder Louis und Auguste Lumière. Die beiden Söhne des Lyoner Fotogerätefabrikanten Antoine Lumière stellen ihren Apparat 1895 in Paris vor. Dabei handelt es sich um eine hölzerne Kamera auf einem Stativ, mit der man mithilfe einer Kurbel Filmaufnahmen »drehen« kann. Mit demselben Apparat kann ein belichteter Filmstreifen allerdings auch vorgeführt werden, und zwar als Projektion auf eine helle Wand in einem abgedunkelten Raum. Der Apparat arbeitet mit perforiertem Zelluloidfilm. Ein Greifermechanismus sorgt für den ruckweisen Filmtransport, der jedes einzelne Bild kurzzeitig vor dem Objektiv anhält. Ende 1895 findet im Pariser *Grand Café* die erste öffentliche Vorführung statt. Die Menschen stehen auf der Straße Schlange, um die zehn tonlosen Kurzfilme zu sehen, die lediglich Alltagsszenen ohne nennenswerte Handlung und Spannung darstellen und allein ihrer laufenden Bilder wegen faszinieren. Es folgen Vorführungen in verschiedenen Ländern. Auch in Wien werden zu Werbezwecken »lebende Bilder« des Lumièreschen *Cinématographe* gezeigt.

Angetrieben vom Konkurrenzdruck zwischen verschiedenen Herstellern, die ihre Kinoprojektoren präsentieren und verkaufen wollen, erfährt die Kinematografie eine rasche Verbreitung. Neben den Vorführungen des *Cinématographe* führen in Wien Vertreter von Edison dessen Filmprojek-

Abb. 29 · Cinématographe: Stumme Filme drehen

tor *Vitascope* vor, Vertreter von Georges Demeny und Léon Gaumont den *Chronophotographe*, dem bessere Qualität als dem Lumièrschen *Cinématographe* nachgesagt wird. Es gibt bald eine Reihe von Wiener Schaubuden, Etablissements und Theatern, in denen Apparate unterschiedlicher Herkunft eingesetzt werden. So weckt die Kinematografie auch das Interesse von Louis Veltée, der am Kohlmarkt das renommierte *Stadt-Panoptikum* mit Wachsfiguren betreibt. 1896 erwirbt Veltée einen Projektionsapparat von Demeny und beginnt mit Vorführungen von »lebenden Bildern«.

Was die Betreiber solcher Kinematografen jetzt dringend benötigen, sind laufend neue Filme, um das Publikum an ihre Etablissements zu binden. Unternehmer wie Edison bauen Filmproduktionen auf. In Europa dominiert alsbald der Franzose Charles Pathé mit seiner Filmfirma *Pathé Frères* die Szene. Rasch emanzipiert sich das Kino vom Jahrmarkt. Um die Jahrhundertwende eröffnen in Wien wie in vielen anderen Großstädten repräsentative Kinotheater, in denen die stummen Filme, oft unter Klavierbegleitung, vorgeführt werden. Die Filme sind jetzt nicht mehr nur visuelle Attraktionen, vielmehr entfalten sie eine Geschichten erzählende Kunst, voll der Magie, die von ihrem Licht- und Schattenspiel ausgeht. Ein wichtiges Sujet bildet auch hierbei die Erotik in sogenannten »pikanten Films«.

Buntes Programm

Die alte Wiener Oper genießt Weltruf, der neue Stern am Opernhimmel ist die *Metropolitan Opera*, die am New Yorker *Broadway* 1880 eröffnet wird. Aber die bedeutendste Bühne dieser Zeit ist eine immaterielle Bühne, eine mediale Bühne: Es ist die moderne Musikindustrie, die in Amerika ihren Anfang nimmt. Der deutschstämmige Emil Berliner erhält 1887 in den Vereinigten Staaten von Amerika ein Patent auf ein Gerät, mit dem man Musik auf einer Scheibe aufzeichnen und von dieser Scheibe auch wieder abspielen kann. Es ist der Vorläufer des Grammofons. Nach vielen Versuchen findet Berliner in Schellack ein geeignetes Material, das gute Klangqualität

bei der Aufzeichnung gewährleistet. Ein weiterer Vorzug des Materials liegt darin, dass man von einer aufgenommenen Platte mittels einer metallenen Matrize Schellackplatten in massenhafter Auflage pressen kann. Damit unterscheidet sich das Verfahren grundlegend vom *Phonographen* des amerikanischen Konstrukteurs Thomas Alva Edison, welcher auf rotierende Wachswalzen aufzeichnet. Das Problem bei den Walzen ist, dass jede für sich bespielt werden muss. Will man also die Arie einer Oper zwecks Vermarktung aufzeichnen, muss sie der Sänger in den Schalltrichter jedes einzelnen *Phonographen* hineinsingen. Bestenfalls kann man – um mehrere Aufnahmen gleichzeitig herzustellen – einige *Phonographen* vor dem Sänger im Halbkreis aufstellen. Doch das Problem bleibt im Grunde bestehen: Um eine verkaufbare Ausgabe zustande zu bringen, muss er die Arie sehr, sehr oft singen. Für diesen stimmgewaltigen Beruf verbreitet sich der Begriff des *Walzensängers*. Bei der Schellackplatte bedarf es hingegen nur einer einzigen Aufnahme, die dann vielfach auf Platten gepresst werden kann. Deshalb ist sie es, und nicht die Wachswalze, die die Musikindustrie ins Leben ruft. 1895 gründet Berliner in Philadelphia die *Gramophone Company*, die Grammofone und Platten herstellt. Es folgen Niederlassungen in England und Deutschland. Als einprägsames Werbesujet etabliert sich der kleine weiße Hund Nipper, der interessiert der Stimme seines Herrn (»His Master's Voice«) lauscht, die aus dem Schalltrichter eines Grammofons dringt. Die Ironie der Geschichte liegt darin, dass der ursprüngliche Entwurf Nipper neben einem *Phonographen* von Edison zeigt.

Abb. 30 · »His Master's Voice«

Nachdem Edison daran aber kein Interesse gehabt hat, malt der Maler ein Grammofon drüber und bietet das Sujet Berliners Firma an, wo Nippers Karriere beginnt.

Grammofon und Schellackplatte erobern die Welt. Populäre Opernsänger wie der italienische Tenor Enrico Caruso tragen das Ihre zur Verbreitung bei. Caruso bringt zahlreiche Lieder auf Platte heraus: Opernarien, aber auch Volkslieder wie *O sole mio*. Umgekehrt machen die Platten Sänger wie Caruso noch populärer, weil sie nun nicht mehr nur auf den Bühnen der Opernhäuser auftreten, sondern auch in den bürgerlichen Wohnzimmern. Durch die Schellackplatten werden die ehemals elitären Musikstücke zu einem für immer mehr Menschen leistbaren Erlebnis.

In Städten wie Paris entwickelt sich das Varieté, ein Bühnenprogramm mit einem bunten Mix aus unterschiedlichen Vorführungen. Geboten wird Musik, Gesang, Tanz, Artistik und Akrobatik. Neben starken Männern, Tierdressuren oder missgebildeten Menschen sind auch *Cancan* tanzende und sich dabei entkleidende Frauen Teil des Programms. Ursprünglich von Prostituierten in einschlägigen Pariser Cafés dargeboten, um Freier anzulocken, verschaffen dieserart erotische Tänze nun den Varieté-Revuen großen Publikumszulauf. 1889 wird in Paris das *Moulin Rouge* eröffnet, das zu einem Zentrum des Erotiktanzes aufsteigt. Die französische Tänzerin Louise Weber, genannt *La Goulue*, die jahrelang im *Moulin Rouge* auftritt, wird zum Publikumsliebling.

In späteren Jahren macht sie sich einen Namen als Raubtierdompteurin.

In Wien eröffnet 1888 das *Etablissement Ronacher* als Varietétheater. Anton Ronacher, der Besitzer einer Praterschaubude, bietet ein buntes Programm: von Gesangsdarbietungen über Kunstradfahrer und Tierdressuren bis zu Kraftakten und Hellsehern. Das Theater lässt seinen Besuchern auch Bewirtung zuteil werden. Im Zuschauerraum stehen anstelle von Bankreihen Tische und Stühle und es wird während des Programms gegessen, getrunken und geraucht. Wegen geringer Einnahmen legt Ronacher 1890 jedoch die Direktion zurück. Sein Nachfolger senkt die Eintrittspreise und öffnet das Haus einem breiteren Publikum. Das großbürgerliche und aristokratische Publikum wird dadurch zunehmend von dem »einfacheren« Publikum aus den Vorstädten verdrängt.

Eine andere Form der populären Unterhaltungsindustrie zeigt sich im Wiener *Volksprater*, der sich mittlerweile zu einem großstädtischen Vergnügungspark – und auch zu einem Zentrum der Prostitution – gewandelt hat. Neben den ständigen Vergnügungshäusern und Fahrgeschäften sind es große Shows, die zur Unterhaltung des zahlenden Publikums für kurze Zeit im Prater gastieren. 1890 kommt der *Wilde Westen* nach Wien, in Gestalt von *Buffalo Bill* alias William Frederick Cody und seinem 200-köpfigen Indianer-Ensemble samt Pferden und Büffeln. Die Show zeigt spektakuläre Szenen aus dem vermeintlichen Indianerdasein wie Büffeljagden, Postkutschenüberfälle oder Schieß- und Lasso-Vorführungen. Freilich wird hier eher das

Klischee wilder Rothäute inszeniert, als eine an der indianischen Kultur interessierte Vorführung geboten. Dies gilt noch mehr für sogenannte *Völkerschauen*, die sich ebenfalls besonderer Beliebtheit erfreuen. Dabei handelt es sich um die Zurschaustellung exotischer Menschen, die zum allgemeinen Bestaunen in nachgebauten Dörfern präsentiert werden. Im Prater-Tiergarten am Schüttel wartet man 1896 mit einer derartigen Besonderheit auf. 70 Afrikaner – in Wien *Aschanti* genannt – leben dort in einem für sie errichteten Hüttendorf und gehen unter den Augen des schaulustigen Publikums ihren vermeintlichen Alltagsaktivitäten nach. Unter anderem führen sie Tänze und Kampfspiele vor. Der Schriftsteller Peter Altenberg ist ein regelmäßiger Besucher des Dorfes und publiziert den Prosatext *Ashantee*, in dem er das koloniale Selbstverständnis des Publikums entlarvt. Die junge Tíoko lässt er klagen, dass die Afrikaner in Wien »Wilde« darstellen müssten, keine Schuhe und kein Kopftuch tragen dürften und in Hütten zu wohnen hätten, in denen in Afrika längst niemand mehr leben würde.

Nicht weit entfernt besteht seit 1895 eine weitere Kulissenwelt: der 5000 Quadratmeter große Themenpark *Venedig in Wien*. Hier können sich die Besucher von einem der rund 40 venezianischen Gondolieri durch ein künstliches Kanalsystem steuern lassen, vorbei an maßstabsgetreuen Nachbauten venezianischer Palazzi. Neben Cafés, Restaurants und Verkaufsbuden gibt es sogar eine Operettenbühne, auf der zahlreiche populäre Wiener Komponisten, Sänger und Schauspieler auftreten. 1897 wird als zusätzliche Attraktion das *Riesenrad* eröffnet. Von

Abb. 31 · »Venedig in Wien«

englischen Ingenieuren geplant und errichtet, zählt es mit einem Durchmesser von 60 Metern zu einem der größten seiner Art und entwickelt sich zu einem Wahrzeichen der Stadt Wien.

Zur Unterhaltungskultur der Jahrhundertwende zählen auch politische Feste, wobei manche erst erkämpft werden müssen. Trotz behördlichen Verbots treten am 1. Mai 1890 die Arbeiter in den Streik und halten Versammlungen ab. Nachmittags ziehen zur Feier des Tages 100 000 Menschen auf das alteingesessene Vergnügungsgelände des Praters. Mit dem *Tag der Arbeit* am 1. Mai gibt sich die Arbeiterschaft einen Festtag, der mit seinen Aufmärschen und Massenfeiern fester Bestandteil im Jahreskalender der Arbeiterbewegung wird.

Während also der Traum von Demokratie und Wohlfahrt Gestalt annimmt, verblasst der Mythos der Habsburgermonarchie. Das Fest, das im Frühjahr 1908 zu Kaiser

Franz Josephs 60-jährigem Thronjubiläum gefeiert wird, soll dem entgegenwirken. Ein großer Umzug soll die Verbundenheit von Untertanen und Kaiserhaus zum Ausdruck bringen. Stundenlang dauert das Vorbeidefilieren von 4000 kostümierten Untertanen, die Szenen aus der Geschichte des Hauses Habsburg darstellen, sowie von 8000 Vertretern der Volksgruppen, die in bunten Trachten an der kaiserlichen Familie vorüberziehen. Der Umzug führt vom Prater über die von Schaulustigen gesäumte Wiener Ringstraße und den Kai wieder zurück in den Prater. Dass es mit dem inneren Frieden im Habsburgerreich nicht allzu gut bestellt ist, darauf verweist der Umstand, dass sich mit den Tschechen und Ungarn zwei der bedeutendsten Volksgruppen den Feiern gänzlich verweigern.

Was in der Selbstbeschau des Hauses Habsburg ebenfalls fehlt, sind die Freiheiten und Reformen, die Joseph II. Ende des 18. Jahrhunderts seinen Untertanen gewährt hat. Der aufgeklärte Vorfahre Franz Josephs genießt am Wiener Hof nur geringe Wertschätzung. Auch fehlen die Errungenschaften der 1848er-Revolution, die vom damals noch jungen Kaiser Franz Joseph eigenhändig revidiert worden sind.

Der überlastete Telegraf

Wien wächst wie andere Städte auch zu einer modernen Metropole heran, mit weitläufigen Industriezonen und Wohngebieten. In der Stadt herrscht reger Nachrichtenverkehr zwischen Büros, Kanzleien, Fabriken und Banken, der jedoch das bestehende Telegrafennetz überfordert. Der blitzschnelle Kanal verliert seinen Wert, wenn die Kunden stundenlang am Schalter anstehen müssen.

Angesichts dieser Misere kommt das von dem in Boston lebenden Gehörlosenlehrer Alexander Graham Bell konstruierte Telefon gerade recht. Während die *Bell Telephone Association* in amerikanischen Städten Telefonnetze errichtet, richtet die *Wiener Privat-Telegraphengesellschaft* 1881 für rund 150 wohlhabende Wiener Abonnenten das erste österreichische Telefonnetz ein. Der Elektrotechniker Otto Schäffler baut die nötige Telefonzentrale, konzipiert für 500 Anschlüsse, die jedoch bald um 100 zusätzliche Anschlüsse erweitert werden muss. In der Zentrale stellt eine Telefonistin durch das Stecken von Kabeln die gewünschte Verbindung zwischen den Teilnehmern her.

Wie das Telefon den in der Stadt an seine Belastungsgrenzen gekommenen Telegra-

fen entlasten soll, so auch die Rohrpost, die zur gleichen Zeit errichtet wird. Nach dem Vorbild anderer europäischer Großstädte weicht man in den Untergrund aus, weil der immer dichter werdende Straßenverkehr jeden Eilboten blockiert. Die Rohrleitungen der unterirdischen Rohrpost verbinden Post- und Telegrafenämter miteinander und befördern mittels Luftdruck sogenannte *Pistons*, also Metallpatronen, die Telegramme und Briefe enthalten. Um einen Rohrpostbrief aufzugeben, wirft man ihn einfach in einen der roten Rohrpostbriefkästen ein, die an verschiedenen öffentlichen Plätzen stehen und von Bediensteten in kurzen Zeitintervallen entleert werden. Die Nachricht kommt dann in eine der angesprochenen Metallpatronen, genannt *Piston*, die alle 15 bis 30 Minuten auf den Weg gehen. Am Zielpostamt wird der Brief entnommen und durch einen Boten dem Adressaten zugestellt. Obgleich sie teuer ist, nimmt die Nutzung der Rohrpost stetig zu.

Während in verschiedenen Städten der Habsburgermonarchie kleine lokale Telefonnetze entstehen, dehnt in Wien die *Wiener Privat-Telegraphengesellschaft* ihr Netz aus und errichtet ein weiteres in Brünn. Die kleinen lokalen Telefonnetze sind anfangs nur als Erweiterungen des großen Telegrafennetzes gedacht. Alle Verbindungen laufen im örtlichen Post- und Telegrafenamt zusammen und sollen vornehmlich zur telefonischen Aufgabe von Telegrammen, sogenannten *Phonogrammen*, im Amt dienen. Erst nach und nach kristallisiert sich die Idee heraus, durch Zusammenschluss der Lokalnetze ein eigenständiges überregionales Telefonnetz zu schaffen. 1884 entsteht

Abb. 32 · Telefonvermittlung durch das Fräulein vom Amt

eine erste Verbindung zwischen Wien und Brünn. Es folgen Verbindungen nach Prag, Berlin und über Graz nach Triest.

Anlässlich der Inbetriebnahme der Verbindung nach Triest führt eine Verkehrsstudie aus, welch hervorragende Bedeutung dem Telefon zukommt. Der Leser möge sich vorstellen, heißt es darin, er sei ein Wiener Geschäftsmann spätnachmittags in seinem Büro und das Telefon läute: Am anderen Ende der Leitung meldet sich ein Geschäftspartner in Triest, der aufgeregt berichtet, die hiesigen Zeitungen würden für den nächsten Morgen eine Hafenblockade von »Insurgenten« in Brasilien ankündigen. Ein Ansteigen der Börsenwerte für Kaffee sei unausbleiblich, rasches Handeln bezüglich des letzten in Triest erwarteten Schiffes, das Kaffee nach Europa bringt, sei gefragt. Der Wiener Händler, der gerade erst in einer telegrafischen Nachricht im *Börsenblatt* vom allgemeinen Kaffeemangel gelesen hat, fährt nun kurzentschlossen mit dem nächsten *Courierzug* nach Triest, um sich mit Kaffee einzudecken und um zu verhindern, dass andere Interessenten ihm die begehrte Ware wegschnappen.

Der wachsende Welthandel lässt das globale Kommunikationsnetzwerk weiter anwachsen. Beim Bau von Unterseekabeln untermauert die britische Kolonialmacht ihre dominante Stellung. Ausgehend vom Zentrum London bestehen britische Kabelverbindungen nach Nord- und Südamerika, Indien, Afrika und Asien. Die britische Regierung unterstützt die privaten Kabelgesellschaften, allen voran die *Eastern Telegraph Company*, deren Stützpunkte auf verschiedenen Kontinenten ihrerseits das *British Empire* absichern. Um 1900 verfügen britische Gesellschaften über zwei Drittel aller Seekabel weltweit. Telegrafenlinien rivalisierender Kolonialmächte wie Frankreich und Deutschland erhalten Anschluss ans Welttelegrafennetz ausschließlich durch Verträge mit britischen Gesellschaften. Dies ist für die Rivalen umso prekärer, als die britischen Kabel bei Bedarf – etwa im *Burenkrieg* in Südafrika – der Kontrolle und Zensur der britischen Regierung unterworfen werden.

Angesichts der Dominanz Großbritanniens im weltweiten telegrafischen Unterseekabelnetz wird insbesondere vom deutschen Militär die neue Funktechnik forciert. Sie soll Deutschland von britischen Kabeln unabhängig machen. Doch auch die Funktechnik nimmt in Großbritannien Gestalt an. Der gebürtige Italiener Guglielmo Marconi, dem die Übertragung von Signalen durch Funk über weite Strecken gelingt, wirkt in London. Ab der Jahrhundertwende errichtet *Marconi's Wireless Telegraph Company* an den Küsten entlang der Schiffsrouten Funkstationen und vermietet Funkanlagen samt Telegrafisten an die Schiffsreedereien. Gefunkt wird nach dem Morsealphabet – meist handelt es sich um aktuelle Nachrichten und Börsenberichte für die Bordzeitung der reichen Passagiere. Für die Reeder ist der Funk aber auch deshalb ein Meilenstein der technischen Entwicklung, weil sie mit seiner Hilfe jederzeit mit ihren Schiffen auf See, die oft wochenlang unterwegs sind, Kontakt halten können.

In Deutschland wird zur Versorgung von Heer und Kriegsmarine mit Funkgeräten die Firma *Telefunken* gegründet. Sie soll verhindern, dass die Briten beim Funk eine ähnlich dominante Stellung erlangen wie bei den Unterseekabeln. Vom Funk erhofft man sich eine Anbindung an die Welt, ohne britischen Kabeln ausgeliefert zu sein. 1906 errichtet *Telefunken* in Nauen bei Berlin eine Großfunkstation und stellt so eine Verbindung zu den deutschen Kolonien in Afrika her.

Weltkrieg.
Totaler Medieneinsatz

Zensurlücken und Kriegspropaganda

Unmittelbar nach Ausbruch des Krieges im Juli 1914 ist das Informationsbedürfnis in der Bevölkerung Österreich-Ungarns groß – der Krieg ist unumstritten das wichtigste Thema. Die Auflagen der Tageszeitungen steigen sprunghaft an. Neben den Mittags- oder Abendausgaben werden bisweilen auch Sonderausgaben produziert, um die letzten Berichte von den Fronten möglichst früh veröffentlichen zu können. Bald aber zeigt sich, dass die Berichterstattung vom Krieg überaus spärlich ausfällt, weil die Armeeführung mit dem Argument der militärischen Geheimhaltung eine restriktive Presseknebelung durchsetzt. Zeitungen aus dem feindlichen Ausland sind generell verboten, den großen Wiener Blättern wird im Zuge von Pressekonferenzen im *Kriegsüberwachungsamt* mehr oder weniger diktiert, was gedruckt werden soll. Das *Kriegsüberwachungsamt* sorgt zudem für die Zeitungszensur und streicht, was nicht an die Öffentlichkeit gelangen darf. Verboten ist es, über Niederlagen zu berichten oder über die immer schlechter werdende Ernährungslage. Artikel, die der Zensor beanstandet, werden aus dem fertigen Seitensatz gestemmt, weshalb in den österreichischen Zeitungsausgaben oft weiße Zensurlücken klaffen, wo beanstandete Textspalten fehlen. Der Schriftsteller Stefan Zweig ärgert sich über die Borniertheit der Zensur, die Wiener Zeitungen Berichte über Niederlagen selbst dann noch nicht abzudrucken erlaubt, wenn sie längst schon in deutschen und ungarischen Zeitungen, die in Wiener Kaffeehäusern ebenfalls aufliegen, zu lesen sind.

Für die Berichterstattung von den Kriegsschauplätzen sorgt in Österreich formell das *Kriegspressequartier*, wo akkreditierte Zeitungskorrespondenten unter militärischer Aufsicht arbeiten. Da sie aber nicht bis an die Frontlinien vorgelassen werden, sind die Korrespondenten auf das angewiesen, was ihnen die Armeeführung zur Kenntnis bringt. Und das ist meist dürftig und geschönt. Doch können und dürfen die Korrespondenten nicht mehr als diese Informationen an ihre Zeitungen schicken. Für die Einhaltung dieses Verbots sorgt eine spezielle *Zensurstelle*. Ähnliches gilt für den offiziellen Heeresbericht, den die Zeitungen vom amtlichen *Telegraphen-Korrespondenz-Bureau* bekommen. Auch dieser meidet die brisanten Themen. Niederlagen und Rückschläge werden verschwiegen, nur vermeintlichen Siegen wird Raum gegeben. Über die grausame Kriegsrealität und die alltäglichen Schrecken und Gräuel ist kaum etwas zu erfahren. Die Wahrheit über den Krieg wird den Zeitungslesern vorenthalten. Vom *Wolff'schen Telegraphenbureau* in Berlin wird der Heeresbericht des verbündeten *Deutschen Reiches* übermittelt. Er beschäftigt sich vorrangig mit den Kriegsschauplätzen, an denen deutsche Truppen kämpfen. Doch sind die darin gebotenen Informationen auch nicht viel ergiebiger.

Die Schönzeichnung des Kriegsbildes wird dadurch befördert, dass manche Kriegskorrespondenten von der Aufgabe beseelt scheinen, den Sieg herbeischreiben zu müssen. Dies gilt für die renommierte Wiener Journalistin Alice Schalek, die für die *Neue Freie Presse*, die Berliner *BZ am Mittag*, die *Münchner Neuesten Nachrichten* und die *Berliner Illustrierte Zeitung* arbeitet. Als Italien 1915 auf der Seite der Alliierten in den Krieg eintritt, besucht sie die Tiroler Front, wo sie patriotisch inspirierte Kriegsberichte verfasst, die weniger mit Reportage zu tun haben als mit geistiger Mobilisierung der Leser für die Sache. Sie schiebt die Schuld am österreichisch-italienischen Krieg den Separationsbestrebungen der italienischen Minderheit zu. Es wären aber nur wenige Separatisten gewesen, die die Loslösung gewollt hätten, meint sie, während der überwiegende Teil überzeugte Österreicher seien, die die gewohnte österreichische Sauberkeit nicht mit den schmutzigen Verhältnissen in Italien würden tauschen wollen. Im Übrigen sei der Ansturm der italienischen Armeen ohnehin zum Scheitern verurteilt, weil Tirol mit seinen versperrten

Talausgängen nicht weniger als »die unbezwingbarste Festung der Welt« sei. Tod und Leid haben keinen Platz in Schaleks Kriegsschilderungen.

Ähnliches gilt für eine spezielle Kriegsliteratur, die in diesen Tagen erscheint. Indem sie den Krieg pathetisch verherrlicht, appelliert sie an die Kriegswilligkeit der Menschen. Den Soldaten in den Schützengräben werden im Rahmen von speziellen Aktionen »patriotische« Bücher als eine Art moralische Sterbehilfe sogar ins Feld nachgeliefert. Die Autoren sind mitunter renommierte Literaten, die in Institutionen wie dem *Kriegsarchiv* oder dem *Kriegspressequartier* arbeiten und hier ihren Kriegsdienst sozusagen mit der Feder ableisten. Dies beschert ihnen ein gutes Einkommen und die Möglichkeit, den Krieg am sicheren Schreibtisch zu verbringen, fernab des in ihren Texten unentwegt beschworenen Schlachtengetümmels. Der ehemalige Offizier Franz Karl Ginzkey, der als Dichter im *Kriegsarchiv* in Wien wirkt, veröffentlicht mit seiner *Ballade von den Masurischen Seen* ein schauriges Gedicht über General Hindenburg und eine seiner gewonnenen Schlachten:

»Auf des Kaisers Gebot, ein eherner Wall,
Umbraust er die Feinde wie Hannibal,
Beengt, umdrängt, verzwängt sie mit Macht.
Generaloberst von Hindenburg hat das vollbracht.
Hunderttausend verschwanden im Sumpf!
Der Sumpf ist Trumpf, der Sumpf ist Trumpf,

Verschluckt sind die Russen mit Rumpf
   und Stumpf.«

Es gibt wenige Schriftsteller, die sich gegen diese literarische Hetze verwehren. Einer von ihnen ist Karl Kraus, der in seinem Kriegsdrama *Die letzten Tage der Menschheit* die Journalistin und Kriegsberichterstatterin Alice Schalek als ehrgeizige, blutrünstige Kriegsverherrlicherin darstellt. Das Drama darf freilich erst nach 1918 erscheinen.

Dasselbe gilt für den Fortsetzungsroman *Der Untertan*, der vor Kriegsausbruch in einer deutschen Illustrierten erscheint. Der Autor Heinrich Mann formuliert darin eine scharfe Satire über die wilhelminische Gesellschaft. Mann schildert die Hauptfigur, den Fabriksbesitzer Diederich Heßling, als typischen Vertreter seiner Ära. Von der Kindheit an wird seine Entwicklung zu einem obrigkeitshörigen und feigen Untertanen geschildert, zu einem Familientyrannen und Eiferer gegen die Sozialdemokratie, zu einem Mitläufer, Gewinnler und Stammtischagitator, der den preußischen Militarismus ebenso unterstützt wie die deutschen Weltmachtambitionen und den drohenden Weltkrieg herbeisehnt. Worauf Manns Gesellschaftskritik abzielt, kommt vor allem darin zum Ausdruck, dass er dem Kleingeist Heßling Zitate des deutschen Kaisers in den Mund legt: Es ist der Kaiser, dem kleingeistiger Chauvinismus vorgeworfen wird. Mit Ausbruch des Krieges wird der Abdruck des Fortsetzungsromans abgebrochen. Erst nach Kriegsende 1918 kann er, mittlerweile fertiggestellt, in Buchform erscheinen; er verkauft sich binnen Wochen fast 100 000 Mal.

Patriotische Bilder

Neben Zeitungen und Büchern erhalten auch Bilder besondere Bedeutung für die Propaganda. Gestaltet von renommierten Grafikern und Malern, zeichnen die gedruckten Plakate das Bild eines gerechten Krieges, den Österreich-Ungarn und Deutschland gegen eine bösartige Allianz von Feinden führen. Die Plakate dienen zur Rekrutierung von Soldaten oder sie werben in der Bevölkerung für das Zeichnen von Kriegsanleihen. Schließlich dauert der Krieg viel länger als erwartet und verschlingt weitaus mehr Mittel als geplant. Propagandistische Aufgaben erfüllen auch die in zahllosen gemalten oder fotografierten Motiven hergestellten Bildpostkarten der Zeit. Vor allem aber gilt dieser Propagandaauftrag für heroische Gemälde, die an den Fronten entstehen. Dafür sind im *Kriegspressequartier* auch Kriegsmaler vertreten, deren Auftrag es ist, das Kriegsgeschehen in künstlerischer Form ins Bild zu setzen. Sie sind verpflichtet, in regelmäßigen Abständen Zeichnungen oder Gemälde abzuliefern. Mit solchen Werken veranstaltet das *Kriegspressequartier* Ausstellungen in Wien und in anderen Städten Österreichs, Deutschlands sowie in Städten neutraler Länder. Die ausgestellten Zeichnungen und Gemälde zeigen wenig Aufrührendes von der Realität des Krieges. Stattdessen bekommen die Besucher zumeist Heldenmut und Unbeugsamkeit vor Augen geführt, also Sujets, die zum Durchhalten animieren sollen.

Diese propagandistische Tendenziösität gilt auch für Pressezeichnungen. Illustrierte wie *Das Interessante Blatt* bringen schöngefärbte Berichte von den Kriegsschauplätzen,

Abb. 33 · Heroisierende Kriegszeichnung

vornehmlich von österreichischen Siegen, illustriert mit verherrlichenden Bildern. Bei diesen Bildern handelt es sich zunächst um Zeichnungen, zunehmend aber um Fotografien, die ebenfalls unter der strengen Kontrolle des *Kriegspressequartiers* entstehen. Hat sich die Armeeführung anfangs bemüht, Fotografen von den Frontgebieten fernzuhalten, um militärische Geheimnisse zu wahren, vor allem aber wohl, um der Zivilbevölkerung das grausame Gesicht des Krieges vorzuenthalten, so muss sie jetzt einlenken. Seitens der Leser macht sich ein immer stärkeres Verlangen nach Fotos in den Zeitungen bemerkbar. Sie wollen einen konkreten Eindruck vom Kriegsverlauf bekommen, und vor allem wollen sie wissen, wie es ihren Angehörigen an den Fronten geht. Pressezeichnungen beantworten solche Fragen nicht. Sie sind stilisiert und dramatisiert und schlicht unrealistisch. Um den wachsenden Bedarf an fotografischen Aufnahmen von den Kriegsschauplätzen abzudecken, ordnet das Oberkommando im Juni 1915 an, jedem Armeekommando einen Fotografen zuzuteilen. Dieser muss seine eigene Fotokamera beistellen, wird aber mit Platten und Filmen durch das *Kriegsarchiv* in Wien versorgt. Dorthin hat er auch seine Aufnahmen 14-tägig zur Zensur zu senden; nur genehmigte Bilder dürfen in Zeitschriften abgedruckt werden. Was in den Illustrierten deshalb nie zu sehen ist, sind die schweren Niederlagen in Serbien und Russland. Die Wahrheit des Krieges zeigen also auch die Fotografien nicht, ganz im Gegenteil.

Eine Vorschrift für die Bildberichterstattung fordert eine »wirksame Propaganda«

Abb. 34 · … die Armee ins rechte Licht rücken!

im Inland wie im Ausland. Die Leistungen der Armee sollen ins rechte Licht gerückt und das Material für eine spätere Siegesgeschichtsschreibung geschaffen werden. Dieser Inspiration folgen auch die Filmtrupps, die bei verschiedenen Armeekommanden eingesetzt werden, um Frontaufnahmen zu drehen. Im *Kriegsarchiv* in Wien erfolgt die militärische Zensur des Filmmaterials.

Eine zentrale Figur ist der Wiener Filmpionier Graf Sascha Kolowrat-Krakowsky, dessen Firma, die *Sascha-Film*, eine regelmäßige Kriegswochenschau für Österreich-Ungarn produziert. Beim Militär offenbar gut angeschrieben, kann sie sich eine Vormachtstellung am heimischen Filmmarkt schaffen, und Kolowrat selbst steigt zum Leiter einer *Zentralstelle für Kriegsfilmpropaganda* auf. Erklärtes Ziel ist die Beeinflussung der öffentlichen Meinung im Land wie auch im noch zugänglichen neutralen und verbündeten Ausland, nachdem dort der Einfluss von Propagandafilmen der Alliierten immer deutlicher zutage tritt. Neben der Herstellung einer österreichischen Wochenschau ist Kolowrat beauftragt, monatlich mindestens einen großen, künstlerisch gearbeiteten Kriegsfilm zu produzieren. Denn natürlich hat auch der Spielfilm propagandistische Aufgaben. Die *Wiener Kunstfilm* beginnt mit der Herstellung des Stummfilms *Mit Herz und Hand fürs Vaterland*, dessen Uraufführung im Dezember 1915 im Wiener Konzerthaus stattfindet. Kolowrat dreht das Filmlustspiel *Wien im Krieg*, das die Zuschauer vom immer härter werdenden Kriegsalltag ablenken soll. Durch Einfuhrverbote für Filme aus dem feindlichen Ausland wird allfällige *Feindpropaganda* draußen gehalten; so ganz nebenbei erfolgt dadurch auch eine Ausschaltung der ehedem übermächtigen ausländischen Konkurrenz, was den heimischen Filmfirmen nicht ungelegen kommt.

Ähnlich ist die Situation im *Deutschen Reich*, wo der deutsche Filmpionier Oskar Messter tätig ist. Vom *Oberkommando des Heeres* als Zensor und Fachmann für das Bild- und Filmwesen im Generalstab eingesetzt, produziert Messter die *Messter-Wochenschau*. 1916 fusionieren seine Firma und die von Kolowrat; fortan zeigen sie auch eine gemeinsame *Sascha-Messter-Woche*, die in Kinos in Deutschland, in Österreich-Ungarn und in neutralen Ländern läuft. Aber das reicht offenbar nicht. Oskar Messter fordert, die »publizistische Rüstung« zu forcieren, was letztlich auch geschieht. Der deut-

sche General Erich Ludendorff initiiert im Jänner 1917 für Deutschland die Gründung des *Bild- und Film-Amts* (*Bufa*) unter Kontrolle der *Obersten Heeresleitung*. Das *Bild- und Filmamt* sorgt für die Verteilung des Filmrohmaterials und für die Kontrolle der Frontaufnahmen, die von Kameraleuten – *Kino-Operateuren* – gedreht werden. Den »Stahlhelm auf dem Kopf und die Kamera in der Hand«, begleiten sie die kämpfenden Soldaten, um der Bevölkerung im Hinterland vom Heldenmut ihrer Söhne, Brüder und Väter zu berichten. Die Zensur stellt sicher, dass das Publikum nichts zu sehen bekommt, was die Generalität zu verbergen wünscht. Das *Bild- und Filmamt* betreibt aber auch eine eigene Filmproduktion und legt schon bald einen Entwurf für einen zu drehenden Propagandafilm mit dem Titel *Die Schuldigen am Weltkrieg* vor. Dieser Film soll der Bevölkerung drastisch vor Augen führen, die Alliierten seien schuld am Krieg. Die Politiker der alliierten Mächte sollen als »Schwätzer, Diebe und Mordbrenner« verunglimpft werden, die das Strafgericht des deutschen Generalfeldmarschalls Paul von Hindenburg zu fürchten hätten.

Um solche Filme auch den Soldaten an den Fronten nahezubringen, werden Feldkinos eingerichtet. Auf deutscher Seite ist dafür das *Bild- und Filmamt* zuständig. Auf österreichischer Seite sind es anfangs private Kinobetreiber, die hinter den Fronten für Soldaten Vorstellungen geben. Doch entstehen auch im Rahmen der Armee mobile Feldkinozüge, die Filmvorführungen in Baracken, Schulzimmern oder Scheunen veranstalten. Den stetig steigenden Bedarf an Filmoperateuren deckt eine eigens eingerichtete Kinoschule. Eine Zentrale steuert ihren Einsatz und überprüft den Inhalt der vorzuführenden Filme. Oft bieten die Feld- und Etappenkinos den Soldaten seichte Komödien, damit diese zumindest für ein paar Stunden der Trostlosigkeit des mörderischen Stellungskrieges entkommen können.

Kriegsbühnen und klingendes Spiel

Durch die unentwegt geschürte patriotische Begeisterung empfinden viele Menschen den Krieg anfangs als eine Art heroisches Volksfest, als ein erhebendes Ereignis von historischer Tragweite. Die Meinung, der Krieg werde nur kurz dauern, siegreich enden und bald Grund zum ausgiebigen Feiern bieten, ist weit verbreitet. Imposante Militärparaden gehören zu den offiziellen festlichen Anlässen. In Reih und Glied marschieren die Soldaten zum klingenden Spiel der Militärkapellen durch die Straßen. Der allseits beliebten Marschmusik kommt dabei eine verhängnisvolle Bedeutung zu. Ihr mitreißender Rhythmus ist den Soldaten buchstäblich auf die Beine geschrieben und lässt sie im Gleichschritt in den Krieg und größtenteils in den Tod marschieren.

Karl Mühlberger, Leiter der Regimentsmusik des *1. Tiroler Kaiserjägerregiments* in Innsbruck, hat den *Kaiserjägermarsch* komponiert. Kurz nach Kriegsausbruch dichtet der Regimentsleutnant Max Depolo einen neuen Text, in dem von Fahne und Treue die Rede ist und davon, dass sich die Kaiserjäger zu den Besten zählen.

Vertontes Heldentum gibt es natürlich auch auf deutscher Seite: Der bayrische Militärmusiker Georg Fürst komponiert für das *Königlich-Bayerische Infanterie-Leibregiment* in Erinnerung an ein siegreiches Gefecht im August 1914 bei der lothringischen Stadt Badonviller (deutsch: Badenweiler) den *Badonviller-Marsch*. Dieser Marsch wird das Lieblingsstück eines aus Österreich stammenden Kriegsfreiwilligen, der in die bayrische Armee eingetreten ist: Adolf Hitler.

Die allgemeine Kriegsbegeisterung schwindet jedoch, als sich abzeichnet, dass Tausende und Abertausende Soldaten von den Fronten schwer versehrt oder gar nicht mehr zurückkehren. Allmählich wird klar, dass der Krieg sich zu einer beispiellosen Katastrophe ausweitet und – anders als geplant – nicht nach wenigen Monaten endet. Man muss sich damit abfinden, dass das Weihnachtsfest des Jahres 1914 zur ersten *Kriegsweihnacht* wird. Die Menschen gedenken ihrer Angehörigen an den Fronten. Für viele Soldaten ist das Fest eine besinnliche Pause im schrecklichen Kriegsalltag mit bisweilen unerwarteten Folgen. In den verschlammten Schützengräben der Westfront stellen Soldaten beider Seiten das Schießen ein. Briten und Deutsche heben Schilder hoch, auf denen »Frohe Weihnachten« und »Merry Christmas« geschrieben steht. Nach und nach klettern die Soldaten aus den Gräben und gehen vertrauensvoll aufeinander zu. Man beerdigt gemeinsam die Gefallenen, tauscht Geschenke aus, spielt Fußball. Abends werden Christbäume angezündet, Weihnachtslieder gesungen und es scheint, als sei der Krieg vorüber. Die Verbrüderung wird von den Armeeführungen beider Seiten jedoch energisch bekämpft. Man greift rigoros durch. Wer sich weigert, auf den Gegner zu schießen, soll hart bestraft werden. Der wundersame Weihnachtsfriede hält unter diesen Umständen nur zwei Tage; am dritten Tag schießt man noch über die Köpfe der Gegner hinweg, danach setzt das gegenseitige Abschlachten wieder ein.

An der *Heimatfront* wird für den Krieg mobilgemacht, indem man die bittere Wahrheit der Schützengräben unterschlägt. Das *Kriegsfürsorgeamt* veranstaltet im Wiener Prater eine *Kriegsausstellung* erbeuteter Waffen und Trophäen. Ein auf der grünen Wiese angelegter Schützengraben führt dem schaulustigen Publikum vor Augen, wie eine – blutlose – Front aussieht. Zwei Mal am Tag spielen Militärkapellen auf. Zu gegebener Zeit werden in einem eigens errichteten Gebäude Marineschauspiele mit originalgetreuen Modellen von Kriegsschiffen aufgeführt. Das Gebäude verfügt über eine Bühne, die doppelt so groß ist wie die der Hofoper, sowie über ein großes gefülltes Wasserbecken. Der erste Akt des Schauspiels zeigt den Heimathafen und die abfahrbereite Kriegsflotte. Die Nachricht der Kriegserklärung wird auf den Schiffen mit einem »Hurra« aufgenommen. Mit Einbruch der Dämmerung gehen in der Stadt die Lichter und auf den Kriegsschiffen die Signallampen an. Die Schiffe lichten die Anker und fahren dem Feind entgegen. Die Zuschauer sehen nun, wie Schiffe Flaggen- und Lichtsignale geben, Torpedos abfeuern und im Nahkampf gegeneinander manövrieren. Schiffe werden versenkt und Hafenstädte beschossen, wobei am Ende natürlich die eigene Seite den Sieg davonträgt.

Das wahre Entsetzen des Sterbens und Tötens findet auch auf den Theaterbühnen keine Erwähnung. Man stützt sich auf patriotische, mitunter auf komische Schauspiele. Von dem deutschen Gefreiten Heinrich Gilardone stammt das Stück *Der Hias*, das zeigt, wie ein in Frankreich gefangen genommener deutscher Leutnant vor der drohenden Hinrichtung gerettet wird. Der – natürlich zu Unrecht – des Mordes an einer Französin Angeklagte wird durch seine Kameraden befreit, nachdem diese von seinem tapferen bayrischen Burschen Hias verständigt worden sind. Der Wiener Publizist Karl Kraus mokiert sich ironisch über die seichte dreiaktige Komödie, die alles zeige, »was der Krieg an Abenteuerlichem, Verwegenem und Überraschendem, nicht minder aber auch an herzhaft Erfrischendem und Ergreifendem mit sich bringt« …

Der zunehmend trostloser werdende Kriegsalltag lässt das Publikum nach unbeschwerter Zerstreuung suchen. In Wien verzeichnen Operettenbühnen großen Zulauf. Im November 1915 wird im *Johann-Strauß-Theater* Emmerich Kálmáns Operette *Die Csárdásfürstin* uraufgeführt. Die Handlung spielt in Budapest und Wien, in der Zeit vor dem Krieg. Sie dreht sich um die Budapester Revuesängerin Sylva Varescu, die den Wiener Rittmeister Edwin von Lippert-Weylersheim liebt. Edwin liebt sie auch und gibt ihr auf offener Bühne ein Heiratsversprechen, doch erwarten seine Eltern von ihm eine standesgemäße Eheschließung mit seiner Cousine Comtesse Anastasia. Nach vielen Verwicklungen werden Sylva und Edwin letztlich ein Paar – wie auch Anastasia, genannt Stasi, und Edwins Freund Boni, der Graf Bonifazius. Der Krieg tritt in dieser

Abb. 35 · Theatersoldaten

Liebesromanze in den Hintergrund, wird aber nicht ganz ausgeblendet. Wie es sich gehört, erhält auch Edwin nach Ausbruch des Krieges die Einberufung zur Armee. *Die Csárdásfürstin* wird ein riesiger Erfolg, bis 1917 finden an die 500 Aufführungen statt.

Der berechnete Krieg

Der *Weltkrieg*, wie man den Krieg bald nennt, entpuppt sich als der erste industrialisierte Krieg der europäischen Geschichte; ein Krieg, in dem sich sogar der eingezogene Soldat auf ein bürokratisch verwaltetes Gut reduziert. Von seiner Aushebung über die Musterung vor der *Assentierungskommission* bis zur Zuteilung zu einem Armeeteil und seiner Verbringung an die Front spannt sich der Bogen an Verwaltungsakten. Neben Millionen Soldaten müssen aber auch Pferde, Automobile, Waffen und Versorgungsgüter buchhalterisch verwaltet und in die Kriegsgebiete transportiert werden, was eine enorme logistische Planung voraussetzt. Es bedarf eines großen Verwaltungsapparates, der im Hintergrund arbeitet und die Kriegsmaschinerie buchstäblich am Laufen hält.

Mit Ausbruch des Krieges wird in Österreich-Ungarn das gesamte Eisenbahnnetz der Abteilung *Zentraltransportleitung* im Kriegsministerium unterstellt. In den Frontgebieten haben lokal zuständige *Feldtransportleitungen* den Auftrag, dafür zu sorgen, dass alles an den richtigen Platz gelangt. An den eigentlichen Fronten entstehen im Stellungskrieg verzweigte Grabensysteme mit Unterständen und Stollen sowie Klein-

bahnen, die für steten Nachschub sorgen. Förderbändern gleich, liefern sie unentwegt Munition, Material und Soldaten an die Kampflinien. Im Gegenzug transportieren sie wie ein Todesförderband die Körper der Gefallenen von der Front wieder zurück ins Hinterland. Hier setzt die Kriegsgräberverwaltung den letzten Schritt der Kriegsbürokratie. Sie kümmert sich um die Gräberfelder hinter den Schlachtfeldern und führt Buch über die Namen der Gefallenen wie über deren Grabstellen. Die Soldaten erfahren – wie schon im Leben, so auch noch im Tod – eine penible Verwaltung. Unzählige Gefallene verschwinden freilich in der Anonymität, weil ihre Körper verschüttet, verbrannt oder bis zur Unkenntlichkeit zerfetzt sind.

Zu Tausenden aufgelistet verlieren allerdings auch die bekannten Opfer ihr Gesicht. Die abstrakte Statistik lässt jegliches Mitgefühl vermissen. Einen eindrücklichen Nachweis für die Unmenschlichkeit des statistischen Kalküls liefert der deutsche Generalstabschef Erich von Falkenhayn, als er 1916 die starke französische Festung Verdun durch eine »Ermattungsstrategie« ausbluten lassen will. Er meint, dass ein intensiver Kampf mit hohen Verlusten auf beiden Seiten die französischen Verteidiger schwerer treffen würde als die deutschen Angreifer. Deshalb sei der Ausfall eines bestimmten Prozentsatzes an eigenen Soldaten akzeptabel, wenn er zum Sieg führe, selbst wenn dieser Prozentsatz für ausgelöschte Menschenleben steht. Falkenhayns Strategie schlägt jedoch fehl. Verdun wird nicht eingenommen. Am Ende verlieren in der Schlacht Hunderttausende Soldaten auf beiden Seiten völlig unnötig ihr Leben.

Abb. 36 · Pflugscharen zu Schwertern … Plakat zur Kriegsmetallsammlung, 1915

Um die gigantischen Materialschlachten in Gang zu halten, müssen die Fronten unaufhörlich mit Nachschub versorgt werden, der aber schon bald nach Kriegsausbruch knapp zu werden droht. Nach der Abschneidung Deutschlands von Rohstoffimporten durch die britische Seeblockade wird eine dem deutschen Kriegsministerium angegliederte *Kriegsrohstoffabteilung (KRA)* unter der Leitung des Industriellen Walther Rathenau eingerichtet. Deren Erhebungen bringen zutage, dass die deutschen Rohstoffvorräte nur für ein halbes Jahr reichen, woraufhin die Metallvorräte privater Firmen beschlagnahmt und der Rüstungsindustrie zugeführt werden. Eine *Metallmobilmachungsstelle* sorgt für die Einziehung von Kirchenglocken, Türgriffen oder Kupferdächern, um sie für die Munitionsproduktion einzuschmelzen. Eine ähnliche Zentralverwaltung arbeitet ab November 1914 in Österreich-Ungarn. Auf Initiative des Kriegsministeriums beginnt eine *Metallzentrale* monarchieweit mit der Beschaffung, Verteilung und Verwertung von unedlen Metallen und Metalllegierungen. Die Bevölkerung wird aufgefordert, Metallgegenstände zu spenden. Im Zuge einer *Patriotischen Kriegsmetallsammlung* erfolgt die Ablieferung bei den Einkaufsstellen zunächst noch freiwillig, doch angesichts des steigenden Bedarfs wird sie später behördlich angeordnet. Da der Krieg nicht wie erwartet nach wenigen Monaten zu Ende geht, herrscht bald auch Lebensmittelknappheit und als Folge davon eine restriktive Bewirtschaftung. Einer allgemeinen Erhebung des Vorrats an Getreide, Kartoffeln und Mehl in Österreich folgen die Rationierung von Brot und Mehl und die Ausgabe von Lebensmittelkarten, die den Bezug dieser Güter beschränken. Wegen des verschärften Mangels regelt ab November 1916 das *Amt für Volksernährung* die Rationierung. Doch der Mangel bleibt, weil der landwirtschaftliche Ertrag immer weiter sinkt, nachdem viele Bauern zum Militär eingezogen worden sind.

Im *Deutschen Reich* ist die Lage nicht viel besser. 1916 wird ein *Kriegsernährungsamt* eingerichtet, Lebensmittel werden umfassend rationiert, manchmal freilich mit dem Effekt, dass man das Gegenteil von dem erreicht, was man bezweckt. Nachdem eine Futterkartoffel-Erhebung Ende 1914 ergeben hat, dass zu wenig Futter für Schweine vorhanden sei, werden massenhaft Schweineschlachtungen veranlasst. Mit dieser Fleischvernichtung wird die Versorgungssituation der Bevölkerung mittelfristig noch verschärft. Was den Statistikern zudem entgangen ist, ist der Umstand, dass viele Menschen aus Angst vor Beschlagnahmung von vornherein zu geringe Angaben bezüglich ihrer Reserven an Futterkartoffeln gemacht haben und die Schlachtungen in dem Ausmaß somit gar nicht notwendig gewesen sind.

Im weiteren Kriegsverlauf bricht im Deutschen Reich die Versorgung mit Milch, Butter, Eiern und Fleisch zeitweise zusammen. Vor dem Hungerwinter 1916/17 fällt die Kartoffelernte karg aus. Als schlechter Ersatz werden Rüben ausgegeben. Die Folge sind Streiks der Arbeiter aus Bergwerken und Rüstungsfabriken für höhere Lebensmittelrationen. Im Sommer 1917 erhält eine Person per Lebensmittelkarte täglich rund 1000 Kalorien zugeteilt, obgleich das deutsche *Reichsgesundheitsamt* als Bedarf

Abb. 37 · Maschinengewehr 08

mehr als das Doppelte veranschlagt. Die Menschen hungern und verhungern.

Einen umfangreichen Rechen- und Planungsaufwand verursacht auch die Rüstungsindustrie. Angesichts des riesigen Bedarfs an Rüstungsgütern erweist es sich als großes Hemmnis, dass für Geschosse, Kaliber und Zünder zahlreiche unterschiedliche Normen existieren. Von der Durchsetzung einheitlicher Normen verspricht man sich eine Steigerung der Waffenproduktion. Dazu richtet die deutsche Generalität in Berlin Spandau 1916 ein Fabrikationsbüro ein, das Pläne für die Massenfertigung von Kanonen und Haubitzen entwickelt. Im

Dezember 1917 entsteht aus dem Fabrikationsbüro der *Normenausschuss der deutschen Industrie (NADI)*, aus dem später die *Deutsche Industrie Norm (DIN)* hervorgeht, die die Normierung auf die zivile Produktion ausdehnt.

Unter dieses Normierungsprogramm fällt das im Weltkrieg weit verbreitete *Maschinengewehr 08/15*. Die Normierung bewirkt, dass die vielen Einzelteile des Gewehrs nach exakten Vorgaben in verschiedenen Fabriken identisch hergestellt werden. Dadurch können sich die Fabriken auf die Fertigung bestimmter Teile spezialisieren. Da alle Teile, egal, wo sie produziert werden, zueinander passen, kann überdies der Zusammenbau an jedem beliebigen Ort erfolgen. Die Typenbezeichnung *08/15*, das Entwicklungsjahr des Maschinengewehrs und das Jahr, aus dem das Modell stammt, wird zur sprichwörtlichen Umschreibung für »Normmaß«.

Im Weltkrieg tritt erstmals das Phänomen des Totalen Krieges in Erscheinung, einer Kriegsführung unter Ausnutzung sämtlicher Ressourcen der sogenannten *Heimatfront*. Dahinter verbirgt sich das Faktum, dass für einen jahrelang dauernden Krieg neben Soldaten vor allem die Produktionskapazitäten der Landwirtschaft und der Rüstungsindustrien kriegsentscheidend sind. Arbeiter und Bauern müssen genügend Lebensmittel, Munition und Waffen produzieren, damit die Front hält. Spezielle Ämter und Behörden besorgen die statistische Planung. Sie stützen sich dazu nicht nur auf moderne amerikanische Lochkartentechnik, sondern vor allem auch auf praktische Addiermaschinen.

In den USA werden solche Addiermaschinen längst industriell gefertigt, doch die deutsche Produktion hinkt nach. Sogar deutsche Behörden sind mit amerikanischen Modellen ausgerüstet. Nach dem Kriegseintritt der USA sind aber keine Lieferungen mehr zu erwarten. Darüber hinaus kommt in Deutschland wegen der Einziehung vieler Fabrikarbeiter zum Militär die Fertigung von Addiermaschinen völlig zum Erliegen. Erst 1917 wird dem Mangel wirksam abgeholfen. Die Chemnitzer *Wanderer-Werke* produzieren das Modell *Continental*, eine mit einer Volltastatur ausgestattete Rechenmaschine, nicht unähnlich dem amerikanischen *Comptometer*. Ihr Schöpfer ist John E. Greve, der vor dem Krieg jahrelang in der amerikanischen Rechenmaschinenfabrikation gearbeitet hat.

Kriegsgeografie

Mediale Voraussetzungen der Kriegsführung bilden auch die Landvermessung und die Kartografie, für die in Österreich seit jeher das Militär zuständig zeichnet. Das *k. u. k. militär-geographische Institut* sorgt für die Versorgung der Armee mit dem in Krieg und Frieden nötigen Kartenmaterial. Dazu muss es die erforderlichen Geländevermessungen durchführen, die Kartografierung des Geländes sowie die Vervielfältigung der Karten, um sie für den Ernstfall in angemessener Zahl verfügbar zu haben. Für die Vervielfältigung greift man auf dampfbetriebene lithografische Schnellpressen zurück. Aufgrund seiner militärischen Bedeutung hat man das Institut 1913, wohl in Erwartung des Krieges, unmittelbar dem Kriegsministerium unterstellt. Während des Krieges produziert es in Zusammenarbeit mit dem *Kriegsvermessungswesen* Millionen Landkarten.

Karten sind im Krieg unverzichtbar. Sie helfen, umkämpfte Gebiete in Besitz zu nehmen und in Besitz zu halten. Wegen der großen Ausdehnung der Kriegsgebiete planen die Kommandeure ihre Operationen anhand von Karten statt an den schwer überschaubaren natürlichen Gegebenheiten. Die militärischen Einheiten müssen mit aktuellem Kartenmaterial von entsprechendem Maßstab versorgt werden, damit sie sich im fremden Gelände bewegen können.

Entsprechend gravierend fallen Unzulänglichkeiten im Kartenlesen oder gar Geringschätzung von Karten an sich ins Gewicht, die da und dort sogar unter Offizieren noch anzutreffen sind. Um den Soldaten eine bessere Orientierung zu ermöglichen, färbt der deutsche Geograf Max Eckert-Greifendorff, der im Krieg als Kartograf im Einsatz ist, tief gelegene Gebiete mit grüner und höher gelegene Gebirgsrücken mit brauner Farbe ein.

Landkarten zählen auch zur unverzichtbaren Ausstattung moderner Artilleriewaffen. Artilleristen, die Geschütze mit einer Reichweite von mehreren Kilometern bedienen, nehmen ihre Ziele hauptsächlich anhand der Angaben auf ihren Karten unter Beschuss. Oft besteht gar keine Direktsicht mehr auf die Ziele. Vor diesem Hintergrund entfallen auch sämtliche Sichtbeschränkungen früherer Tage. Die unsichtbaren Ziele können jetzt bei Nacht und Nebel unter Feuer genommen werden, sofern sie auf einer Karte verzeichnet sind. Der medialisierte Krieg zeigt sich als eine abstrakte und dadurch weitgehend entmenschlichte Auseinandersetzung. Die Artilleristen bekommen die Opfer ihrer Granaten in der Regel nicht zu sehen.

Theodor Scheimpflug, Absolvent der Marine-Akademie und der Technischen Hochschule in Wien, hat sich schon vor dem Krieg mit der Erstellung von Landkarten mittels Luftaufnahmen beschäftigt; ein Verfahren, das jetzt, im Weltkrieg, große Bedeutung erhält. Bei seinem Verfahren wird die Landschaft von einem Ballon aus fotografiert – durch acht kreisförmig angeordnete Kameras, um größere Gebiete abzudecken.

Die acht Einzelaufnahmen werden später zu einem Gesamtbild zusammengefügt. Mit dem *Perspektografen* hat Scheimpflug zudem ein Gerät entwickelt, mit dem man die perspektivisch verzerrten Aufnahmen entzerren kann. Erst dann lassen sie sich zu exaktem Kartenmaterial weiterverarbeiten.

Eine fotografische Kartografierung aus der Luft empfiehlt sich naturgemäß für Frontgebiete, in denen Vermessungsarbeiten am Boden schwer möglich sind. Durch den Einsatz von Stereokameras lassen sich überdies dreidimensionale Geländeaufnahmen anfertigen, die auch die Topografie der Landschaft abbilden.

Der deutsche Filmpionier Oskar Messter entwickelt eine Kamera, die nicht mit einzelnen Fotoplatten, sondern mit Filmstreifen arbeitet. Sie erlaubt, vom Flugzeug aus Reihenaufnahmen von großen Geländestreifen zu machen, die sich dann am Auswertungstisch zusammensetzen lassen. Für Aufklärungszwecke hergestellt, eröffnen fotografische Luftaufnahmen wie diese einen Blick auf die Bereitstellung des Gegners. Lassen sich auf diese Weise lohnende Ziele ausmachen, schießen sich die rückwärtigen Kanonen darauf ein. Von der *k. u. k. Luftfahrtruppe* werden zunächst Fesselballons, von der deutschen Armee auch Luftschiffe für die Artilleriebeobachtung eingesetzt. Später übernehmen die wendigeren Flugzeuge diese Aufgabe. Hoch oben im Ballon sitzt ein Beobachter, der das Feuer der eigenen, kilometerweit hinter den Frontlinien stehenden Artilleriegeschütze im Auge behält und es per Telefonleitung oder Funk Schuss für Schuss ans Ziel heransteuert. Dazu gibt er so lange Korrekturanweisungen bezüglich des Schusswinkels und der Richtung an die Artilleristen am Boden, bis das Ziel getroffen wird – sofern er nicht vorher selbst getroffen wird.

Abgesehen von den kämpfenden Einheiten an der Front nutzen natürlich auch die Generäle solche Luftaufnahmen für ihre Operationsplanung. Ihre *Lagekarten* zeigen die Frontlandschaft samt Kampflinien und allen militärischen Bauten, mit unscheinbaren, nummerierten Punkten oftmals, um die erbittert und unter großen Verlusten gekämpft wird. Die nüchterne Kartendarstellung vermittelt davon freilich nichts.

Briefe aus der Heimat

D as vom Generalstab aufgestellte *Kriegsüberwachungsamt* in Wien überwacht im Zuge der Spionageabwehr neben der Presse auch den Automobil- und Eisenbahnverkehr sowie die Telegrafen- und Telefoneinrichtungen. Damit will man verhindern, dass sich Nachrichten verbreiten, die der eigenen Seite schaden und dem Gegner nützen könnten. Das Amt kann sich für die Zensur von Telegrammen in den größeren Städten auf mehrsprachig besetzte Zensurkommissionen, bestehend aus Offizieren und Beamten, stützen. In der in Wien sitzenden *Haupt-Zensurkommission* müssen neben der deutschen Sprache auch Böhmisch, Polnisch, Ruthenisch, Serbokroatisch, Slowenisch, Slowakisch und Rumänisch vertreten sein. Von jedem Telegrafenamt ist die Identität des Absenders eines Telegramms zu überprüfen. Verdächtige Telegramme werden – wie alle ans Ausland gerichteten Telegramme – an die zuständige *Zensur-*

kommission zur näheren Überprüfung weitergeleitet. Ebenfalls zensuriert werden aus dem Ausland kommende Telegramme, wie auch alle durchlaufenden Transittelegramme. Interurbane Telefonverbindungen und solche über die Reichsgrenzen hinaus werden für Privatgespräche gesperrt, private Telefonapparate können vom Militär bei Bedarf beschlagnahmt werden. Die zustande kommenden Telefongespräche unterliegen der Zensur durch die mithörenden Beamten in den Vermittlungszentralen. Dreht sich ein Gespräch um unerlaubte Sachverhalte – etwa um die unglückliche Kriegslage –, sind sie angehalten, die Verbindung sofort zu unterbrechen und das Gespräch anzuzeigen.

Das *Kriegsüberwachungsamt* ist auch zuständig für die Zensur des Postverkehrs. Um zu verhindern, dass Abfälliges über die Kriegsanstrengungen in Umlauf kommt, arbeiten in den Hauptpostämtern der Monarchie *Überprüfungskommissionen*. Vornehmlich durch Offiziere vorgenommen, soll die Zensur der Briefe aus dem In- und Ausland verhindern, dass militärische Geheimnisse nach außen dringen. Doch werden faktisch auch österreichfeindliche Äußerungen sowie Kritik am Militär und an der Kriegsführung verfolgt und unterdrückt. Anstößige Passagen werden geschwärzt, unzulässige Schreiben gänzlich aus dem Verkehr gezogen. Der Postverkehr ins feindliche Ausland wird eingestellt.

Die Postverwaltungen sind während des Krieges Teil der Militärmaschinerie. Abgesehen davon, dass die Post die für die Kriegsführung nötige Korrespondenz zu befördern hat, ist sie das wichtigste Instrument, um den Kontakt zwischen den Sol-

Abb. 38 · Post für die Front

daten an der Front und den Angehörigen im Hinterland aufrechtzuerhalten. Erledigt wird dies durch die gebührenfrei beförderte *Feldpost*. Züge transportieren die Briefe, Karten, Zeitungen und Pakete aus den Sammelzentren in Wien und Budapest in die Frontgebiete. Von dort aus besorgt die *Feldpost* den Transport an die Truppenteile mittels Pferdefuhrwerken oder Lastkraftwagen. Die Fahrzeuge tragen Nummern, die sie als mobile Feldpostämter ausweisen. Da die Soldaten an der Front keine Adresse haben, ihr Standort sich oft verändert und überdies geheim gehalten wird, müssen Angehörige auf Briefen und Karten die Feldpostnummer ihrer Truppeneinheit an-

geben. Die Feldpostbediensteten wissen, wo die betreffende Einheit gerade steht.

Um die Korrespondenz von Kriegsgefangenen kümmert sich eine von Major Theodor Primavesi geleitete *Zensurgruppe*. Hier werden Korrespondenzen unterschiedlichster Sprachen kontrolliert. Primavesis Zensoren begnügen sich aber nicht mit der Zensur, sie analysieren die Briefe systematisch hinsichtlich der Stimmungslage in den verschiedenen Volksgruppen. Nach Untersuchung von Millionen Schriftstücken liegen 1915 konkrete Ergebnisse vor: Primavesi konstatiert für die deutschsprachige Bevölkerung der Monarchie, dass sich die Städter durch »Raunzen« und »volkliche

Schlappheit« auszeichneten, während die Landbevölkerung mehr Verständnis für die Kriegsführung aufbringe. Den Ungarn wird untadelige Haltung beschieden, nicht so den Tschechen, die als das unverlässlichste Bevölkerungselement der Habsburgermonarchie gelten. Dies komme in einer Unzahl von Hochverrats- und Spionagekorrespondenzen zum Ausdruck. Als treu gelten Slowaken, deren militärischer Wert sich schon daran zeige, dass 90 Prozent der in Gefangenschaft geratenen slowakischen Soldaten zuvor verwundet worden seien, was nur auf 30 bis 50 Prozent der Tschechen zutreffe.

Verschlüsselte Funksprüche

Für die internationale Pressepropaganda sind schnelle weltweite Nachrichtenkanäle zu Verbündeten und Neutralen unverzichtbar. Schließlich geht es darum, Neutrale wie die Vereinigten Staaten von Amerika neutral zu halten und zu verhindern, dass sie als Gegner in den Krieg eintreten. Doch die britische Admiralität lässt sofort nach Kriegsausbruch die Unterseekabel zwischen Deutschland und Amerika kappen. Deutschland und Österreich-Ungarn sind dadurch von großen Teilen der überseeischen Welt abgeschnitten, zumal die noch intakten Kabel im Mittelmeer unter Kontrolle der britischen *Eastern Telegraph Company* stehen. Man findet sich isoliert wieder, was in Propagandaangelegenheiten einen herben Rückschlag bedeutet. Die Briten würden nun, wie es heißt, ihr weltweites Kabelnetz benützen, um Tag für Tag unwidersprochen Lügen und

Verleumdungen an die Zeitungen in aller Welt zu schicken. Die Londoner Nachrichtenagentur *Reuter's Cabled Messages* wird dahingehend als wichtigste Waffe der britischen Regierung ausgemacht. Sie würde Deutschland und Österreich-Ungarn in neutralen Ländern als erbarmungslose Kriegsverbrecher diskreditieren. Mangels entsprechender Kabelverbindungen kann man dem nichts entgegenhalten. Ähnlich dem sprichwörtlichen Tropfen auf den heißen Stein gelangen Telegramme zumindest über Großfunkstationen ins neutrale Ausland. Eine solche Großfunkstation für den internationalen Funkverkehr arbeitet in Nauen bei Berlin; in Deutsch-Altenburg nahe Wien wird eine errichtet. Bis zu ihrer provisorischen Inbetriebnahme 1916 gehen österreichische Funktelegramme über die Küstenfunkstation der *Kriegsmarine* in Pola.

Die Funktechnik hat aber auch elementare militärische Aufgaben. Neben Pola besitzt die *Kriegsmarine* Küstenfunkstationen in Sebenico und Cattaro, um Kontakt zu ihren Schiffen halten zu können. Landfunkstationen bestehen in den wichtigen Städten und Militärstützpunkten der Monarchie, darunter Graz, Trient und Sarajevo. Für den militärischen Funkverkehr der Oberkommandos besteht neben einer kleinen Funkstation im Kriegsministerium eine Landfunkstation mit einem starken Sender am Wiener Laaerberg. Sie ermöglicht der militärischen Führung, fernab der Fronten sozusagen vom Kartentisch aus Krieg zu führen. Per Funk ergehen Operationsbefehle an die Fronttruppen und in umgekehrter Richtung Lagemeldungen von den Truppen an die Kommandeure. An den eigentlichen Fronten gesellt sich zum elektrischen Telegrafen und dem Telefon das Feldfunkgerät. Seine unbestreitbaren Vorzüge liegen darin, dass es keiner Masten und Kabel bedarf, die mühsam aufgestellt und gezogen werden müssen und gegebenenfalls vom Gegner einfach zerstört werden können. Funkverbindungen sind leicht einzurichten, doch schwer zu unterbrechen. Die deutschen Firmen *Telefunken* und *Siemens & Halske* bieten eine breite Palette an Funkstationen kleiner und mittlerer Reichweite für Heereseinheiten an, von der schweren Feldstation über die Packsattelstation für die Kavallerie und die tragbaren Stationen für den Schützengraben bis zu den Funkstationen mit Reichweiten von Hunderten Kilometern, wie sie die Kriegsmarine auf ihren Schiffen benötigt.

Abb. 39 · Funk: Befehle aus dem Äther

Als Folge der Verwendung von Funk wird auf allen Seiten versucht, gegnerische Funksprüche abzuhören und auszuwerten. Die Schwierigkeit liegt darin, dass die Funk-

sprüche aus Gründen der Geheimhaltung verschlüsselt werden. Es ist ein Gebot der Stunde, den eigenen Funkverkehr so kompliziert zu verschlüsseln, dass der Gegner die Befehle keinesfalls entziffern kann, und gleichzeitig mit allen Mitteln zu versuchen, die Chiffren des Gegners zu entschlüsseln, um dessen Pläne zu erfahren. Der deutsche General Paul von Hindenburg verdankt seinen legendären Sieg bei Tannenberg im August 1914 nicht zuletzt dem Umstand, dass er aus aufgefangenen russischen Funksprüchen Schlüsse über die gegnerischen Pläne ziehen hat können – mit tödlichen Folgen für die russischen Armeen.

Auf der anderen Seite richtet die Admiralität in London den *Room 40* ein, ein geheimes Zentrum, in dem Dechiffrierspezialisten mithilfe erbeuteter Codebücher deutschen Marine-Funkverkehr entziffern. Dadurch kann die *Royal Navy* alsbald Manöver der deutschen Flotte durchkreuzen. Im Frühjahr 1917 entsendet *Room 40* Lieutenant Nigel de Grey nach Italien, um die italienischen Entzifferer zu unterstützen. Ein halbes Jahr später liest *Room 40* den Funkverkehr deutscher und österreichischer Unterseeboote in der Adria mit. Allerdings dringen auch die Österreicher in italienische Chiffren ein. Der Leiter der *Chiffrierstelle* beim *Evidenzbureau des Generalstabs*, Oberstleutnant Andreas Figl, verbucht einen Entzifferungserfolg, der die italienische Truppenaufstellung weitgehend offenlegt. Im Oktober 1917 beginnt eine deutsch-österreichische Überraschungsoffensive am Isonzo, einem Fluss, an dem in elf Schlachten bereits unzählige Soldaten beider Seiten ihr Leben gelassen haben. Die zwölfte Schlacht bringt einen Durchbruch

Abb. 40 · Chiffrierte Botschaften

für die deutschen und österreichisch-unga-
rischen Truppen. Ein Grund für den Erfolg
mag der Einsatz von Giftgas sein, ein anderer die Funkentschlüsselung. Nach Kriegsende kommt eine italienische Kommission
im Zuge einer Untersuchung der schweren
Niederlage zu folgendem ernüchternden

Ergebnis: Die Österreicher hätten alle wichtigen italienischen Funksprüche mitlesen
können, nachdem es ihnen gelungen ist,
fast alle Schlüssel zu knacken. Der teuer
erkaufte Sieg kann die Niederlage und den
Zusammenbruch der Habsburgermonarchie letztlich jedoch auch nicht abwenden.

Republik.
Kampf um die Wähler

Die Macht der Prozentzahlen

D as Kriegsende bringt den Zusammenbruch der Habsburgermonarchie, die eine Reihe kleiner Nachfolgestaaten hinterlässt; einer davon ist Österreich. Zweifel bestehen an seiner wirtschaftlichen Überlebensfähigkeit. Die Gründer proklamieren deshalb eine Republik *Deutschösterreich*, die Teil der Deutschen Republik, der demokratischen Nachfolgerin des deutschen Kaiserreiches, sein soll. Die Siegermächte des Weltkriegs verwehren sich jedoch vehement gegen einen Anschluss Österreichs an Deutschland.

In manchen Bundesländern finden trotzdem Volksabstimmungen über eine allfällige Abspaltung statt. Die Vorarlberger sprechen sich zu 80 Prozent für einen Anschluss Vorarlbergs an die Schweiz aus; 98 Prozent der Tiroler und 99 Prozent der Salzburger stimmen für einen Anschluss ihres Bundeslands an Deutschland. Die drei Abstimmungen bleiben aber ohne Folgen. In Kraft tritt hingegen das Ergebnis der von den Siegermächten initiierten Abstimmung bezüglich der Zugehörigkeit Südkärntens: Fast 60 Prozent der Südkärntner, darunter viele Kärntner Slowenen, bekennen sich zu Österreich, rund 40 Prozent votieren für einen Anschluss an Jugoslawien. Damit bleibt das Gebiet bei Österreich. Ödenburg fällt samt Umland jedoch an Ungarn, nachdem nur 35 Prozent der Bewohner dieser Region für Österreich gestimmt haben, aber 65 Prozent für Ungarn. Die Ergebnisse dieser Abstimmungen sind heftig umstritten, doch das Mehrheitsvotum entscheidet, es regiert der Prozentsatz.

Die junge Republik liegt darnieder. Eine der dringlichsten Herausforderungen ist die Schaffung angemessener Verwaltungsstrukturen. Grundlage dafür ist eine amtliche Statistik, basierend auf der Erfassung aller Staatsbürger. Eine Volkszählung ist unverzichtbar angesichts der gravierenden Umwälzungen in der Bevölkerungszusammensetzung. Es gilt Gefallene, Gefangene, aber auch Altösterreicher zu erfassen, also ehemalige Bürger der Monarchie, die nunmehr einem fremden Staat angehören. An diesem Chaos scheitert letztlich das Unternehmen Volkszählung. Ungeklärte Rechtsfragen bezüglich der Staatsbürgerschaft von Altösterreichern lassen gültige Zählungsergebnisse ebenso wenig zu wie der Umstand, dass nur in Gebieten gezählt werden kann, in denen eine österreichische Verwaltungshoheit besteht. In den strittigen Teilen Südkärntens und der Südsteiermark wie auch

Abb. 41 · Volkszählung 1934: 6,7 Millionen Österreicher

im nachmaligen Burgenland kann anfangs gar nicht gezählt werden.

Durch eine Neuordnung der Verwaltungsbehörden wird die *Statistische Zentralkommission* durch das österreichische *Bundesamt für Statistik* abgelöst. Dem neuen Bundesamt ist die dringliche Aufgabe gestellt, eine ordentliche Volkszählung durchzuführen, die zunächst für 1921 angesetzt, dann aber auf 1923 verschoben wird. Man reduziert den Umfang der zu erhebenden Merkmale, um möglichst rasch zu Ergebnissen zu kommen. Doch wegen der knappen finanziellen Mittel des jungen Staates bleibt die Erhebung samt Auswertung Stückwerk. Ein Ziel kann jedenfalls erreicht werden: Entsprechend der erhobenen Zahl an Bundesbürgern lässt sich die Mandatszahl von Parlamentsabgeordneten festlegen; dies ist nicht unwesentlich in der neu geborenen Republik.

1934 findet die nächste Volkszählung statt. Es ist die seit Langem nötige umfassende Bestandsaufnahme der österreichischen Bevölkerung. Zur Abwicklung der umfangreichen Aufgabe kommen technisch weiterentwickelte Lochkarten-Sortier- und Tabelliermaschinen der Firmen *Hollerith* und *Powers* zum Einsatz. Hunderte Hilfskräfte werden für die Auswertung eingestellt – Frauen jedoch nur zum Lochen der Lochkarten. Jede Maschine bearbeitet pro Stunde 12 000 bis 16 000 Karten. Ende 1934 ist die Auszählung fertig, einige Monate später liegen die Ergebnisse in ausformulierter Form vor: die Volkszählung weist 6,7 Millionen Österreicher in ihrer Geschlechter- und Altersverteilung sowie ihrer Zugehörigkeit zu Volksgruppen, Berufen und Religionen aus.

Auf diesem Volkszählungsergebnis baut das zentrale österreichische Melderegister auf. Neben Landflucht und Geburtenrückgang ist eines der alarmierendsten Ergebnisse die enorm hohe Arbeitslosenzahl von fast 600 000!

In Wien, Bundeshauptstadt und nunmehr auch eigenständiges Bundesland, regieren die Sozialdemokraten, die hier ihre Vorstellungen vom modernen Sozialstaat verwirklichen. Zur Linderung von Not und Elend schafft man ein dichtes Netz an Sozialeinrichtungen und beginnt, große Wohnhausanlagen, genannt Gemeindebauten, zu errichten. Fundament dieser modernen Sozialpolitik sind umfassende bevölkerungsstatistische Erhebungen. Einer der Berater der Stadtregierung ist Otto Neurath, ein Wiener Philosoph, Ökonom und Volksbildner. Neurath gründet 1924 ein *Museum für Siedlung und Städtebau*, erweitert dieses ein Jahr später und benennt es in *Gesellschafts- und Wirtschaftsmuseum* um. Zweck dieses Museums ist es, im volksbildnerischen Auftrag zeitgeschichtliche, politische, wirtschaftliche und gesellschaftliche Themen aufzubereiten und der Öffentlichkeit in leicht verständlicher Weise zu präsentieren. 1930 erscheint unter dem Titel *Gesellschaft und Wirtschaft* eine Sammlung von Bildstatistiken zu Bevölkerungsentwicklung und Wirtschaftsleistung der Regionen der Welt seit Anbeginn der Zivilisation. Für die eingängige Darstellung der Ergebnisse entwickelt Neurath gemeinsam mit dem Grafiker Gerd Arntz die *Wiener Methode der Bildstatistik*, die statistische Größen durch einfache Strichzeichnungen ausdrückt. Das Verfahren setzt sich international durch und wird später *International System of Typographic Picture Education (Isotype)* genannt. Neurath selbst geht, wie viele andere Sozialreformer, nach Errichtung des autoritären Ständestaates in Österreich ins Exil. Das *Gesellschafts- und Wirtschaftsmuseum* wird geschlossen.

Wieder Weltanschluss

Die allmähliche Wiederbelebung der internationalen Wirtschaftsbeziehungen verleiht den überkommenen nachrichtentechnischen Verbindungen neue Bedeutung. Die bislang dem Militär unterstehenden Funkstationen am Wiener Laaerberg und in Deutsch-Altenburg werden jetzt zivil, wenn auch unter staatlicher Kontrolle von der Telegrafenverwaltung betrieben. Jener obliegt es auch, eine Konzession für den funktelegrafischen Korrespondenzverkehr zu verleihen. Die britische Firma *Marconi's Wireless Telegraph Company* erhält den Zuschlag und gründet die *Radio Austria AG*. Mit *Marconi*-Funkgeräten besorgt die neue Gesellschaft ab 1924 in enger Zusammenarbeit mit dem *Haupttelegrafenamt* in Wien und unter dessen ständiger Kontrolle den drahtlosen Telegrafendienst Österreichs mit dem Ausland – zunächst mit London und Berlin, später mit vielen Städten auch in Übersee. In der Betriebszentrale in der Wiener Innenstadt werden Telegramme via Funk – *Radiogramme* genannt – schnellstmöglich in alle Welt übermittelt. Nach den Jahren von Isolation und Blockade ist Österreich wieder an die weite Welt angeschlossen.

Neben der Wiederherstellung internationaler Beziehungen gehört es zu den Problemen des jungen Staates, die alten Strukturen den neuen Gegebenheiten anzupassen. Wie die gesamte Staatsverwaltung muss auch der Postapparat aus der Zeit der Habsburgermonarchie auf die Verhältnisse der kleinen Republik reduziert werden. Personal wird abgebaut, Postämter werden geschlossen, die Technik wird modernisiert. In Wien werden zur Rationalisierung der Postabfertigung Stempelmaschinen und ein Förderbandsystem für die Briefsortierung eingerichtet. Um den Zustelldienst zu beschleunigen, werden im Stadtzentrum Hausbriefkästen montiert. Obwohl sich die Inlandsgebühren für Briefe, Postkarten und Drucksachen drastisch erhöhen, wächst das jährliche Postaufkommen an. Erst in den Jahren der Wirtschaftskrise ab 1929 ist ein Rückgang zu verzeichnen. In den Städten erfolgt die allmähliche Motorisierung der Brief- und Paketzustellung. Bald sind Kraftfahrzeuge aber auch bei der Landpost üblich. In gut besuchten Fremdenverkehrsorten werden Postdienste erweitert und neue Postämter eingerichtet. In diese Gebiete führen bald auch Postautobuslinien.

Angesichts der einsetzenden Motorisierung der Gesellschaft widmet sich die österreichische Regierung dem Ausbau von wichtigen Bundesstraßen sowie prestigeträchtigen Bauprojekten wie der *Wiener Höhenstraße* oder der *Großglockner-Hochalpenstraße*. Diese Panoramastraßen, die sich durch schöne Landschaftskulissen schlängeln, sollen den Fremdenverkehr ankurbeln. Da sich nur wenige Österreicher eines der teuren Autos leisten können, sind hier zunächst vor allem Autobusse unter-

Abb. 42 · Im Autobus über Panoramastraßen

wegs – oft Busse der österreichischen Post. Es entsteht sogar ein Kulturfilm mit dem Titel *Im Postkraftwagen durch Österreichs Alpenwelt*, der im In- und Ausland für das Reiseland Österreich wie für die Post als Reiseveranstalter Werbung machen soll.

Mit dem Flugzeug etabliert sich ein neues Verkehrsmittel. Es ist deutlich schneller als die Eisenbahn, kann aber jeweils kaum mehr als ein Dutzend Passagiere transportieren. Fluggesellschaften entstehen. 1923 nimmt die *Österreichische Luftverkehrs AG (ÖLAG)* den Betrieb auf, drei Jahre später die deutsche *Luft-Hansa*. Die ÖLAG errichtet ein Streckennetz, das Wien mit österreichischen Landeshauptstädten, zunehmend aber auch mit europäischen Städten verbindet. Auch hier bekommt Österreich zunehmend wieder Weltanschluss. Angesichts des immer dichteren Routennetzes im Luftraum sorgen Funknavigationssysteme dafür, dass die Flugzeuge auf unsichtbaren Linien sicher über den Himmel geleitet werden, auch nachts. Der Pilot vernimmt in seinem Kopfhörer Signalfolgen, die von Funkstationen am Boden ausgesendet werden, sogenannte *Funkfeuer*. Ein beständiges Summen zeigt ihm an, dass er sich auf dem richtigen Leitstrahl befindet; weicht er vom richtigen Kurs ab, ändert sich der Ton.

Das Flugzeug ist aber nicht unangefochten in den Lüften. Nachdem Transatlantikreisen für wohlhabende Passagiere bislang von Schiffsreedereien angeboten worden sind, treten jetzt Luftschifffahrtsunternehmen als Anbieter hinzu. Die *Deutsche Luft-schiffahrts-Aktiengesellschaft (DELAG)* stellt 1928 das Luftschiff *LZ 127 Graf Zeppelin* in Dienst, das eine mehr als hundert Stunden dauernde erste Atlantiküberquerung absolviert. 1931 nimmt das Luftschiff einen regelmäßigen Linienverkehr zwischen Deutschland und Brasilien auf. Luftschiffe sind Flugzeugen an Reichweite und Schiffen an Geschwindigkeit überlegen. Obgleich ihre Passagiere aus Gründen der Gewichts- und Platzeinsparung relativ spartanisch untergebracht sind, gelten sie als luxuriöses Verkehrsmittel. Da aber nur wenige Menschen an Bord Platz finden, erwirtschaftet der Passagiertransport Verluste, die durch Erlöse aus der Beförderung von Luftpost ausgeglichen werden. Briefe, Postkarten, Drucksachen und Pakete können alsbald auch bei österreichischen Postämtern als Flugpost aufgegeben werden. Mit deutschen Luftschiffen gelangen die Luftpostsendungen bis Südamerika, mittels Katapult-Flugzeugen, die von Atlantikdampfern aus starten, in die USA.

Aufmärsche und Massenfeiern

Trotz der Jahre der Not und der Entbehrungen bieten sich allmählich wieder Gelegenheiten zum Feiern. Mit dem per Beschluss des Nationalrats zum Staatsfeiertag erklärten 1. Mai hat die Arbeiterschaft in Österreich offiziell ihren Festtag zugestanden bekommen. Die Sozialdemokraten begehen den Feiertag durch Theater- und Konzertveranstaltungen sowie durch Umzüge in den Wiener Bezirken. Wie schon

vor dem Weltkrieg zieht die Arbeiterschaft geschlossen und unter roten Fahnen über die Ringstraße in den Prater. Im Lauf der Jahre werden Sportveranstaltungen fixer Bestandteil des Festprogramms: ein Fußballturnier und ein Schwimmturnier. Im Gegensatz zum bürgerlichen Leistungssport, der von kommerziellen Interessen geprägt ist und in dem Kampfgeist und Siegeswille zählen, stellt die Arbeitersportbewegung Sportkameradschaft und Gesundheit in den Vordergrund.

Unter diesem Motto werden sogar eigene Olympiaden veranstaltet. An der ersten *Arbeiterolympiade* des Jahres 1925 nehmen rund 100 000 Sportler teil. Die Winterbewerbe finden im deutschen Riesengebirge, die Sommerbewerbe in Frankfurt am Main statt. Das Reglement schreibt vor, dass sich die Athleten an gemeinsamen Massenfreiübungen beteiligen müssen, die zur Stärkung der internationalen Solidarität durchgeführt werden.

Im Sommer 1929 findet in Wien das größte Jugendtreffen der sozialistischen Bewegung statt, an dem sich rund 50 000 junge Menschen aus vielen Ländern Europas beteiligen. Das am Heldenplatz feierlich eröffnete Treffen umfasst Ansprachen, Vorträge über Wien und seine sozialpolitischen Leistungen, Führungen durch die Stadt sowie diverse Feiern, Theateraufführungen, Konzerte und natürlich ein großes Sportfest. 1931 findet die zweite *Arbeiterolympiade* statt, und zwar in Österreich. Die Winterbewerbe werden am Semmering ausgetragen, die Sommerbewerbe in Wien, vor allem im neu erbauten Praterstadion. Die sozialdemokratische Wiener Stadtregierung hat das repräsentative Stadion extra dafür errichten

Abb. 43 · Olympiade der Arbeiter

lassen. An dieser größten jemals in Wien abgehaltenen Sportveranstaltung nehmen 25 000 Sportler aus 27 Ländern teil, davon 1500 Athleten aus Österreich. Aus den Bewerben geht Österreich mit 60 Goldmedaillen als erfolgreichste Nation hervor. Im Jahr darauf findet erstmals im Anschluss an die Maikundgebung im Praterstadion ein riesiges Sportfest statt.

Die späten 1920er- und frühen 1930er-Jahre sind eine Ära der organisierten Menschenmassen. Die politischen Aufmärsche, Paraden und Massenversammlungen spiegeln den Versuch der Parteien wider, den öffentlichen Raum durch Anhänger zu besetzen, um weithin sichtbar Macht zu demonstrieren.

Die ideologische Konfrontation verschärft sich durch Aufmärsche bewaffneter Formationen: deutschnationale *Frontkämpfer*, austrofaschistische *Heimwehren* sowie der *Republikanische Schutzbund* ringen um die Hoheit über die Straße. Bei diesen Kundgebungen kommt es immer wieder zu Zusammenstößen, die Verletzte und Tote hinterlassen.

1933 schaltet Bundeskanzler Dollfuß das Parlament aus und verbietet unter anderem die Maiaufmärsche der Sozialdemokraten. Den Arbeitern bleibt, sich in losen Gruppen zu »Massenspaziergängen« am Ring zusammenzufinden. Die Zugänge zur Innenstadt versperren Soldaten des Bundesheeres mit Maschinengewehren und Stacheldrahtverhauen. Das obligatorische Sportfest mit 10 000 Aktiven und 60 000 Zuschauern findet zwar statt, wird aber polizeilicher Aufsicht unterstellt. Es ist das letzte große Arbeitersportfest in Österreich.

Die Anordnung von Dollfuß, den sozial-demokratischen *Schutzbund* zu entwaffnen, führt im Februar 1934 zu tagelangen Gefechten zwischen den Arbeiterformationen und dem Bundesheer. Dollfuß proklamiert in der Folge den autoritären *Ständestaat* und beendet damit auch formell die Ära der Republik. Er inszeniert den neuen Staat zunehmend durch Aufmärsche und Appelle uniformierter Formationen, wodurch sein faschistischer Charakter immer offensichtlicher wird. Der 1. Mai wird kurzerhand zu einem Feiertag des *Ständestaats* umfunktioniert; ein Etikettenschwindel, dessen sich auch das NS-Regime in Deutschland bedient, um die Arbeiterschaft für sich zu gewinnen.

Kampf der Bücher

Da sich die einstige Residenzstadt Wien zur Hauptstadt des Kleinstaates Österreich verwandelt, stellt die vormalige *Hofbibliothek* die Sammeltätigkeit vielsprachiger Literatur aus Ländern der ehemaligen Monarchie ein. Sie beschränkt sich fortan auf deutsche Publikationen. Der Direktor der Bibliothek, der Historiker Josef Donabaum, vollzieht 1920 die Umbenennung der *Hofbibliothek* in *Nationalbibliothek* nicht ohne Widerstand. Kritiker wie er meinen, es existiere keine österreichische Nation, und die Bezeichnung Nationalbibliothek könne dem angestrebten Anschluss an Deutschland im Wege stehen. Die Republik *Deutschösterreich* versteht sich bekanntlich als Teil der *Deutschen Republik*. Wohl mit Blick auf deutschsprachige Minderheiten in

anderen Nachfolgestaaten der Monarchie, spricht Donabaum der Bibliothek dennoch eine nationale Aufgabe zu: nämlich die nationale Literatur für jene deutschen »Stämme« zu sammeln, die jetzt unter »fremdnationale Herrschaft« gekommen sind. Schließlich reklamiert die Republik *Deutschösterreich* das zu Ungarn gehörende Burgenland für sich, die deutschsprachig besiedelten Gebiete in der nunmehrigen Tschechoslowakei, das von Italien beanspruchte Südtirol sowie Südkärntner und südsteirische Gebiete, die von Jugoslawien gefordert werden.

Die zeitgenössische Literatur bleibt nicht unbeeindruckt von den Irritationen rund um die neue österreichische Republik, die unter anderem in einer gewissen Nostalgie gegenüber der untergegangenen Monarchie zum Ausdruck kommt. Selbst kritische Autoren wie Joseph Roth sind davor nicht gefeit. In seinem Roman *Radetzkymarsch* beschreibt Roth eine drei Generationen umfassende Familiensaga, die vor dem Hintergrund des Zerfalls der Habsburgermonarchie spielt. Neben Kritik an den gesellschaftlichen Verhältnissen schimmert zwischen den Zeilen der Verlust von Heimat durch, wie Roth im Vorabdruck in der *Frankfurter Zeitung* eingesteht: »Ein grausamer Wille der Geschichte hat mein altes Vaterland, die österreichisch-ungarische Monarchie, zertrümmert. Ich habe es geliebt, dieses Vaterland, das mir erlaubte, ein Patriot und ein Weltbürger zugleich zu sein, ein Österreicher und ein Deutscher unter allen österreichischen Völkern.«

Es ist vielleicht seine jüdische Herkunft, die Roth den Verlust eines Vaterlands betrauern lässt, das zweifelsohne nicht zu den besten Vaterländern gezählt, ihm aber zumindest eine Karriere als Schriftsteller ermöglicht hat. Dies gilt in gewisser Weise auch für Stefan Zweig, der 20 Jahre nach Kriegsende rückblickend die untergegangene *Welt von gestern* beschreibt, die Zeit seiner Kindheit in der Monarchie als eine Zeit der Ordnung und Strenge, aber auch als eine Zeit ohne Hast. Eine Zeit, die dennoch in die Massenhysterie des Ersten Weltkriegs geführt hat. Als Verfechter der Völkerverständigung registriert er in der Republiksära Zeichen der Hoffnung in Kunst und Literatur. Doch sieht er, wie Roth, auch die Bedrohung des aufkommenden Faschismus samt der Gefahr eines neuerlichen Krieges. Darin liegt vielleicht die eigentliche Erklärung für die nostalgische Rückgewandtheit.

Der Weltkrieg ist zu Ende, doch in manchen Kreisen noch nicht aufgegeben. Der Revanchismus dieser Tage spiegelt sich in einer vorrangig in Deutschland vor sich gehenden literarischen Kriegsnachbereitung.

Der ehemalige deutsche Frontoffizier Ernst Jünger glorifiziert das Kriegserlebnis in seinen zwischen 1920 und 1925 erscheinenden Büchern *In Stahlgewittern*, *Der Kampf als inneres Erlebnis*, *Sturm*, *Feuer und Blut* oder *Das Wäldchen 125*. In diesen Büchern wird dem Kampf um seiner selbst willen gehuldigt, wird das Kämpfen geradezu zum Lebenssinn stilisiert.

Im Gegensatz dazu demaskiert Erich Maria Remarque in seinem 1929 erscheinenden Roman *Im Westen nichts Neues* diesen Weltkriegsmythos. Remarque legt die Grausamkeit des modernen Krieges frei, das hohle Pathos der Propagandaphrasen und die Sinnlosigkeit des millionenfachen

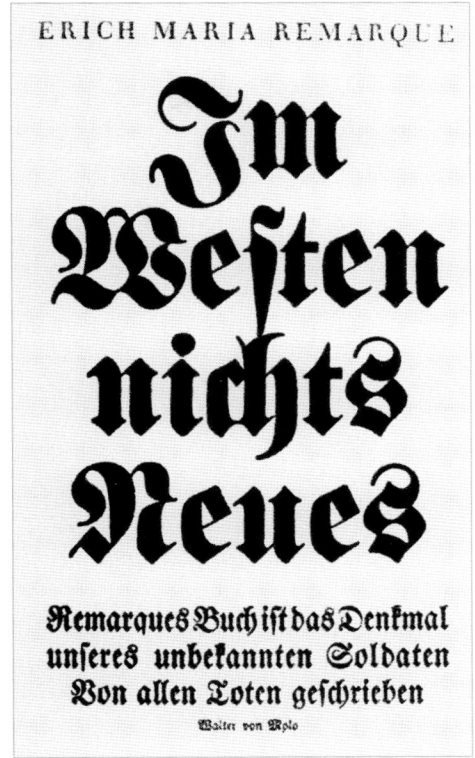

Abb. 44 · Bekenntnis über eine Generation, die vom Krieg zerstört wurde

Sterbens an den Fronten. Das Buch wird ein Bestseller. In einem nachfolgenden Roman mit dem Titel *Der Weg zurück* beschreibt Remarque das Schicksal jener Generationen der Frontsoldaten, die von den Schulbänken weg rekrutiert worden sind und außer Kämpfen nichts gelernt haben. Es geht darin aber auch um ihre psychischen Schwierigkeiten, nach Kriegsende einen Weg zurück in ein ziviles bürgerliches Dasein zu finden.

Von militärischen und faschistischen Kreisen werden Autoren wie Remarque erbittert bekämpft, stehen ihre pazifistischen Ideen doch der angestrebten Wiederaufrüstung und einer Revanche für die erlittene Niederlage entgegen.

Pazifismus bildet auch ein zentrales Element der sozialdemokratischen Bildungs- und Kulturarbeit. Die sozialistische Gesellschaftsvision zeichnet eine egalitäre und vor allem friedliche Gesellschaft. Die Menschen sollen durch Bildung immun werden gegen die Gifte der Kriegstreiber. Laut einem Beschluss einer *Arbeiterbildungskonferenz* von 1928 wird das Buch als wesentlichstes Instrument sozialistischer Bildungsarbeit anerkannt. Dies führt zur Forcierung der Arbeiterbüchereien, vor allem in den neu errichteten Wiener Gemeindebauten. In der Folge sind zahllose Bibliothekare und Bibliothekarinnen in mehr als 60 Arbeiterbüchereien in Wien unentgeltlich tätig. Im Jahr 1932 werden dort mehr als zwei Millionen Buchentlehnungen erfasst.

Im *Karl-Marx-Hof*, einem Prunkstück des sozialen Wohnbaus, arbeitet die Psychologin Marie Jahoda nebenamtlich als Bibliothekarin in der angeschlossenen Arbeiterbibliothek. Darüber hinaus ist sie in der *Wirtschaftspsychologischen Forschungsstelle* tätig, die von ihrem Ehemann Paul Felix Lazarsfeld geleitet wird. Das Institut beschäftigt sich im Zuge einer Studie Anfang der 1930er-Jahre mit den Folgen der Arbeitslosigkeit – und im Zuge dessen auch mit der Bedeutung von Büchern. Diese Studie über *Die Arbeitslosen von Marienthal* wertet Statistiken aus, analysiert Dokumente und stützt sich auf Beobachtungen und Befragungen durch die Forscher vor Ort. Auf Erhebungsbögen werden die untersuchten Familien und ihre Lebensgeschichten erfasst, es werden konkrete Zeitverwendungsbögen angelegt, aber auch die eingenommenen Mahlzeiten notiert und Schüleraufsätze sowie Bücherei-Entlehnungsunterlagen ausgewertet. Ein bemerkenswertes Ergebnis dieser Studie besagt, dass Menschen, die lange arbeitslos sind, in Lethargie verfallen und trotz der vielen Zeit, über die sie verfügen, anspruchsvolle Beschäftigungen wie das Lesen aufgeben. So stellt man fest, dass zwischen 1929 und 1931 mit zunehmender Arbeitslosigkeit die Zahl der in der Marienthaler Arbeiterbibliothek entlehnten Bücher um fast die Hälfte sinkt, obwohl die anfangs noch eingehobene Entlehngebühr gänzlich abgeschafft wird.

Wenig später ist mit den Arbeiterbibliotheken aber ohnehin Schluss. Im autoritären *Ständestaat* werden zur Bekämpfung der sozialdemokratischen Bildungsbewegung nicht nur Parteiorganisationen verboten, sondern gezielt auch Arbeiterbibliotheken geplündert und geschlossen.

Medienlenkung in der Dollfuß-Diktatur

Eine der augenscheinlichsten Neuerungen im öffentlichen Raum ist das Wahlplakat, das während der Wahlkämpfe der politischen Parteien als eine Art Galerie der Straße zentrale Bedeutung erhält, in der sich die Parteien zur Schau stellen und um die Gunst der Wähler werben. Angelehnt an die hetzerische Weltkriegspropaganda, zeigen die Plakate zumeist dramatisierte Szenen, karikaturhaft und den Gegner verunglimpfend. Stilisierte Erretterfiguren werden hassenswerten, monströsen Feindbildern gegenübergestellt. Die *Christlichsoziale Partei* warnt vor linken »Brandstiftern« und »Bombenlegern«, die Sozialdemokraten vor einem neuerlichen Krieg, vor Sozialabbau und Knechtung. Zunehmende Bedeutung erhalten in den 1930er-Jahren die Parteisymbole für die Plakate – die drei Pfeile der Sozialdemokraten, Hammer und Sichel der Kommunisten, das Kruckenkreuz des *Ständestaates* oder das nationalsozialistische Hakenkreuz. Der Wahlkampf stellt sich als erbitterter Kampf um die Straße in Worten und Bildern dar. Doch als der Parlamentarismus 1933 mit der Ausschaltung des Parlaments endet, wird der Kampf um die Straße als echter Straßenkampf ausgetragen. Im Februar 1934 kommt es zu blutigen Häuserkämpfen zwischen Einheiten des Bundesheeres und sozialdemokratischen Arbeitern.

In der Medienlandschaft spiegeln sich die politischen Turbulenzen der Zeit. Bundeskanzler Dollfuß lässt kommunistische, sozialdemokratische und nationalsozialistische Zeitungen, in denen Kritik an der Regierung geübt wird, verbieten, um den Einfluss der Parteien zu brechen. Gleichzeitig mit der Zerschlagung der freien Presselandschaft versucht er, ein autoritär organisiertes Mediensystem zu errichten, das sich auf regierungstreue Zeitungen, einen amtlichen Rundfunk, eine amtliche Nachrichtenagentur und eine ebenso inspirierte Wochenschau stützt. Dollfuß will die Bevölkerung durch vaterländische Propaganda für sich und seine Einheitspartei *Vaterländische Front* gewinnen. Die *Amtliche Nachrichtenstelle (ANA)* sorgt dafür, dass politische Nachrichten in der richtigen Do-

sierung und mit der erwünschten Tendenz an die Zeitungen gelangen. Die *Amtliche Nachrichtenstelle* gewährleistet überdies, dass Reden des autoritär regierenden Bundeskanzlers unverfälscht abgedruckt werden, da diese nur über sie erhältlich sind. Seit Hitlers Machtübernahme in Deutschland muss sich die Regierung Dollfuß auch gegen die gezielte Desinformationspolitik wehren, die das vom NS-Regime gelenkte *Deutsche Nachrichtenbüro (DNB)* in Berlin betreibt. Um einem *Anschluss Österreichs* den Weg zu bereiten, verbreitet es Gräuelmeldungen in der internationalen Presse, die die »Befreiung der österreichischen Bevölkerung vom Dollfußregime« und einen *Anschluss Österreichs* an Deutschland fordern. Auf deutsche NS-Blätter, die ebenfalls den Anschluss fordern, reagiert Dollfuß' Nachfolger Kurt Schuschnigg mit Einfuhrverboten besagter Blätter, doch wird er 1936 von Hitler gezwungen, diese Verbote wieder aufzuheben.

Neben der kontrollierten Presse kann sich das Regime des *Ständestaats* auf das jüngste unter den Massenmedien stützen: den Rundfunk. Seit 1924 sendet in Wien die *Radio-Verkehrs-AG (RAVAG)*. Zur Versorgung des gesamten Staatsgebietes zentral von Wien aus mit Programm entsteht im Laufe der Jahre ein österreichweites Sendernetz, bestehend aus Sendern in den Landeshauptstädten, die durch Kabel miteinander verbunden sind. Das von Wien ausgesandte Funksignal kann auf diese Weise gleichzeitig auch von den lokalen Rundfunksendern in ihren Regionen ausgestrahlt werden.

Was das Programm betrifft, so dominiert anspruchsvolle Kultur konservativer

Abb. 45 · Dollfuß: Rundfunk als Regierungssprachrohr

Prägung. Der Wiener Statistiker Paul Felix Lazarsfeld führt 1931/32 erstmals in Österreich eine groß angelegte Hörerumfrage durch, für die über 100 000 Fragebögen über Trafiken ausgegeben, in Radiozeitschriften beigelegt oder an die Abonnenten versandt werden. Ein Drittel davon kommt retour und fließt in die Auswertung ein. Die Studie ergibt, dass die Hörer weniger Opern und ernste Musik wollen als leichte Unterhaltungsmusik, *Wiener Abende* und Lustspiele. Zwar unterscheiden sich die Programmwünsche nach Geschlecht, Wohnort und verschiedenen Alters- und Berufsgruppen mehr oder weniger deutlich voneinander, doch zeigen sie insgesamt das Bedürfnis nach unbeschwerter Unterhaltung in schweren Zeiten.

Neben ihrem Musik- und Kulturprogramm sendet die *RAVAG* an Nachrichten nur ausgesuchte Meldungen, die sie von der *Amtlichen Nachrichtenstelle (ANA)* bezieht. Wenig überraschend erweist sie sich in den politischen Krisen als treues Regierungssprachrohr: Als im Februar 1934 Polizei und Militär gegen bewaffnete Arbeiter vorgehen, sendet sie eine Rede von Dollfuß, in der jener das Standrecht verkündet. Im Mai 1934 verkündet Dollfuß via Radiomikrofon die neue Verfassung des autoritären *Ständestaates*. Auf die von München aus über die Grenzen nach Österreich gesendete Anschlusspropaganda des NS-Regimes reagiert die *RAVAG* mit patriotischem Gegenprogramm. Wie bedeutsam der Rundfunk für die Politik generell geworden ist, zeigt sich im Juli 1934. Putschende österreichische Nationalsozialisten bringen neben dem Bundeskanzleramt das *RAVAG*-Gebäude gewaltsam unter ihre Kontrolle und senden von hier aus die Botschaft in den Äther, die österreichische Regierung sei gestürzt. Doch der Putsch, bei dem Dollfuß ermordet wird, scheitert.

Auf die Initiative von Bundeskanzler Dollfuß geht auch die Wochenschau *Österreich in Bild und Ton* zurück, die seit 1933 besteht. Wie die anderen regierungsnahen Medien soll auch sie die österreichische Führung unterstützen, in der Bevölkerung vaterländisches Gedankengut verbreiten und im Hinblick auf das Ausland Werbung für Österreich als Fremdenverkehrsland machen. Zu sehen sind demgemäß idyllische Beiträge zu Österreichs Tradition, Brauchtum, Kunst oder Sport, aber auch geschickte Handwerker, bodenständige Bauern in schöner Landschaft oder die Fertigung heimischer Produkte, verbunden mit dem Aufruf: »Kauft österreichische Waren!« Gezeigt werden vaterländische und kirchliche Veranstaltungen mit Fahnenweihen, Feldmessen oder Gedenkfeiern. Die immer wiederkehrenden Sujets wie Ansprachen von Politikern oder Paraden uniformierter Soldaten geraten allerdings ihrer Langweiligkeit wegen sogar in den eigenen Reihen in die Kritik.

Die strikte Unterdrückung von Gewaltszenen durch die Zensur führt überdies dazu, dass ausländische Wochenschauen es ablehnen, Aufnahmen der österreichischen Wochenschau von den Februarkämpfen zu übernehmen, da sie sie viel zu harmlos anmuten.

Schaustücke der Moral und Unmoral

Die politische Zerrissenheit zeigt sich auch auf den Bühnen. Der Bogen des dramatischen Schaffens spannt sich von christlichen Moralstücken bis zu kommunistischer Gesellschaftskritik. Auf Betreiben von Max Reinhardt und Hugo von Hofmannsthal werden 1920 die *Salzburger Festspiele* als Freilichtspiele auf dem Salzburger Domplatz ins Leben gerufen. Gespielt wird Hofmannsthals *Jedermann* unter der Regie von Reinhardt.

Die Hauptfigur dieses christlichen Moralstücks, der wohlhabende und nicht sehr großzügige Jedermann, wird vom Tod aufgesucht, der ihn vor das göttliche Gericht holen will. Jedermann hat Angst und bittet seine Freunde, ihn bei diesem schweren Gang zu begleiten, doch lehnen alle ab, als sie hören, dass es ins Jenseits geht. Jedermann will wenigstens sein Geld mitnehmen, doch erscheint ihm Mammon und verweigert ihm diesen Wunsch. Lediglich eine gebrechliche Alte, die sich als seine guten Taten vorstellt, ist bereit, mit ihm zu gehen. Schwächlich, weil lange vernachlässigt, will sie ihre Schwester, Jedermanns Glauben, um Unterstützung bitten. Und tatsächlich wird Jedermann vom Glauben wieder zu Gott geführt, sodass er zuletzt beruhigt sterben und seine Seele vor dem Zugriff des Teufels retten kann.

In den folgenden Jahren werden in Salzburg neben dem *Jedermann* auch Konzerte gegeben und Opern von Mozart aufgeführt. Dabei genießen die Festspiele die Unterstützung des offiziellen Österreich. Im *Großen Salzburger Welttheater* will sich das zum

Kleinstaat reduzierte Land der Welt zumindest als Kulturgroßmacht präsentieren. Im Sommer 1925 werden die *Salzburger Festspiele* erstmals von der österreichischen *RAVAG* an die Radiohörer zu Hause übertragen. In der Folge übertragen auch immer mehr ausländische Rundfunksender aus Salzburg.

Abb. 46 · Via Radio in die Welt: Salzburger Festspiele

Ganz anders die moralische Botschaft des deutschen Dramatikers Bertolt Brecht, der sich vom überkommenen bürgerlichen Theater abzugrenzen versucht. Seine Stücke folgen marxistischen Ideen, sie wollen nicht das Individuum bessern, sondern es zum Reflektieren der gesellschaftlichen Verhältnisse bewegen, um die Gesellschaft insgesamt zu verändern. 1928 wird im Berliner *Theater am Schiffbauerdamm* die *Dreigroschenoper* uraufgeführt. Es geht dabei um den Kampf zwischen dem Londoner Bettlerkönig Jonathan Peachum, der Bettler für sich arbeiten lässt und erpresst, und dem Gauner Mackie Messer, der gute Be-

ziehungen zum Londoner Polizeichef pflegt und am Ende, schon unter dem Galgen stehend, begnadigt und sogar geadelt wird. Das Stück ist eine fundamentale Kritik an der kapitalistischen Gesellschaft und ihrer Unmoral in derber Sprache. Doch es trifft den Nerv der Zeit im von Krisen gezeichneten Berlin und wird zum größten Theatererfolg der Weimarer Republik. Bald folgen Aufführungen in Wien, Prag und Budapest. Manche der von Kurt Weill komponierten Lieder wie *Die Moritat von Mackie Messer* werden auf Schellackplatten vertrieben und zu weltberühmten Schlagern.

Mit Hitlers Machtergreifung im Jänner 1933 endet die Zeit offener Kritik auf deutschen Bühnen abrupt. Die Polizei unterbricht eine laufende Aufführung eines Brecht-Stückes, die Veranstalter werden wegen Hochverrats angeklagt. Brecht selbst flüchtet ins Exil.

Große Konkurrenz erwächst dem Theater indessen im Kino. Aus der einstigen anrüchigen Schaubude ist eine populäre Institution geworden, die sich, als Teil einer prosperierenden Filmindustrie, in riesigen Kinopalästen präsentiert. In Berlin entsteht der *Ufa-Palast* mit 1700, später mehr als 2000 Sitzplätzen. Auf den Kinoleinwänden sind viele anspruchslose Filme zu sehen, die den Kinozuschauern erschwingliche Zerstreuung bescheren. Doch kommen in der demokratischen Ära der Weimarer Republik auch Filme in die Kinos, die das Publikum aufrütteln sollen. Im Auftrag des Sowjetstaates dreht der russische Regisseur Sergej Eisenstein den Revolutionsfilm *Panzerkreuzer Potemkin*. Das Thema des Films ist die *Russische Revolution*, ausgelöst von Matrosen des Kriegsschiffs *Potemkin*, die gegen die zaristische Obrigkeit aufbegehren. In Berlin wird der Film 1926 aufgeführt – allerdings erst, nachdem das deutsche *Reichswehrministerium* eine Zensurierung erwirkt hat, im Zuge derer eine Szene herausgeschnitten wird, in der Offiziere über Bord geworfen werden. Ein ähnliches Schicksal erleidet die Verfilmung von Erich Maria Remarques Roman *Im Westen* *nichts Neues*, die 1930 in die Kinos kommt. Der unter der Regie von Lewis Milestone entstandene Hollywood-Film zeigt die Grausamkeit der Schützengräben an der Westfront des Weltkrieges. In Wien und in Berlin werden Filmvorführungen jedoch durch faschistische Störtrupps abgewürgt, die dieses pazifistische Plädoyer gegen den Krieg als »vaterlandslose« Propaganda bekämpfen. Da wie dort wird daraufhin von

Abb. 47 · Filmprojektor mit Plattenteller

den Behörden die Aufführung des Films verboten. In Berlin wird das Verbot später wieder aufgehoben, Voraussetzung dafür ist aber wieder ein Zensurschnitt. Danach fehlt die Szene, die den Soldaten Paul Bäumer nachdenklich und schuldbewusst zeigt, nachdem er in einem Granattrichter den französischen Soldaten Duval getötet hat.

Auch technisch macht der Film dieser Tage einen wichtigen Entwicklungsschritt. Als die amerikanische Filmfirma *Warner Brothers* 1927 mit *The Jazz Singer* einen ersten Tonfilm herausbringt, endet die Ära des Stummfilms. Doch kommt der Ton noch von einer Schallplatte und wird den stummen Filmbildern während der Kinovorführung zugespielt. Beim *Fox-Movietone*-System der amerikanischen Filmfirma *Fox*, das zur selben Zeit herauskommt, ist der Ton als Lichtspur direkt auf den Filmstreifen kopiert. Im selben Jahr wie der *Jazz Singer* kommt der Fox-Film *Sunrise* heraus, dessen Tonspur jedoch hauptsächlich Musik, Geräusche und einige wenige gesprochene Worte bietet. Doch die Entwicklung des Tonfilms schreitet voran. Gesprochene Dialoge sind bald unverzichtbar, der Stummfilm verschwindet. Die Filme großer Hollywood-Studios gehen, mit entsprechender Sprachsynchronisation versehen, um die Welt. Die amerikanische Filmindustrie erlebt ihre Goldene Ära in einer Zeit, die wirtschaftlich alles andere als ein goldenes Zeitalter darstellt. Die berührenden Leinwandgeschichten von Liebe und Glück sind wohl deshalb so gefragt, weil sie die Zuschauer in vielen Ländern aus der oft harten Realität der Weltwirtschaftskrise entfliehen lassen.

Für diese Realitätsflucht bietet sich auch in Wien ein eindringliches Beispiel. In den Tagen der Straßenkämpfe im Februar 1934 schreiben Walter Reisch und der Regisseur Willi Forst in einem Wiener Hotel am Drehbuch für den Operettenfilm *Maskerade*. Die Dreharbeiten zu dieser Liebesgeschichte beginnen noch im selben Monat in den Wiener *Rosenhügel-Studios*. Der Tag der Berliner Filmpremiere ist der Tag, an dem Bundeskanzler Dollfuß ermordet wird, weshalb die Premiere in Wien um einen Monat verschoben wird. Der Erfolg des Films ist dennoch groß, in Deutschland wie in Österreich. Im nationalsozialistischen Deutschland muss allerdings der Name des jüdischen Drehbuchautors Walter Reisch ungenannt bleiben; ein böses Vorzeichen auf das, was noch kommen wird.

Die Menschen wollen verdrängen – die harten Jahre des Krieges, die Not im Gefolge der Wirtschaftskrise, aber auch die unerbittlichen politischen Auseinandersetzungen auf den Straßen. Das Bedürfnis nach leichtem Amüsement führt in den Großstädten zu einer Blüte der Revuen. Auch *Big Bands* und *Jazz* nach amerikanischem Vorbild finden Anklang. Die wiedergewonnene Lebensfreude spiegelt sich in vollen Tanzpalästen; neue Tänze wie der *Charleston* kommen in Mode. Die amerikanische Tänzerin Josephine Baker begeistert ihr Publikum, erhält aber ihrer gewagten Bühnenkostüme wegen Auftrittsverbote in katholisch geprägten Städten wie Wien, Prag, Budapest und München. In Berlin hingegen ist sie in einer Revue mit *Weintraubs Syncopators* zu sehen – dem bald begehrtesten Berliner Revueorchester. Die erfolgreichen

Abb. 48 · Josephine Baker: Auftrittsverbot in Wien, Budapest, Prag und München

Syncopators treten mit berühmten Schlagern wie *Am Sonntag will mein Süßer mit mir segeln geh'n* auf vielen Bühnen Europas auf, machen Plattenaufnahmen und absolvieren dank ihrer Popularität sogar einen Auftritt im deutschen Kinofilm *Der blaue Engel*. Via Grammofon und Schellackplatten gelangt ihre Musik in manch bürgerliches Wohnzimmer.

1933 enden jedoch dieserart Vergnügungen. Vom NS-Regime wird die moderne Schlagermusik als sogenannte »Negermusik« verboten, »nicht arische« Künstler wie die *Syncopators* erhalten Auftrittsverbot.

Nationalsozialismus.
Diktatur der Medien

Das Epos vom Dritten Reich

Anfang 1933 kommt in Deutschland Hitlers *NSDAP (Nationalsozialistische Deutsche Arbeiterpartei)* an die Macht. Das programmatische Ziel dieser Partei ist die Wiederauflage des Weltkrieges, um die deutsche Niederlage von 1918 zu revidieren. Als die wichtigsten Mittel zur geistigen Mobilisierung der Bevölkerung werden Presse, Rundfunk und Wochenschau einem *Ministerium für Volksaufklärung und Propaganda* unterstellt, das von Joseph Goebbels geleitet wird. In Goebbels' Vorstellung von Berichterstattung hat Wahrheit keinen Platz; Journalismus bedeutet ihm lediglich Propaganda im Dienst des beispiellosen Eroberungs- und Vernichtungskrieges, den das Regime plant. Oppositionelle Äußerungen werden verfolgt und brutal unterdrückt. Schon bald nach Hitlers Ernennung zum Reichskanzler im Jänner 1933 ergeht ein Verbot kommunistischer und sozialdemokratischer Zeitungen. Missliebige Redakteure werden verhaftet und in Gefängnisse oder Konzentrationslager verschleppt, misshandelt, manche ermordet.

Um im Pressewesen tätig sein zu können, muss man Mitglied der *Reichspressekammer* werden – einer Standesvertretung, die dem Propagandaministerium untersteht. Die Mitgliedschaft wird vielen Personen jedoch verweigert. Ein *Schriftleitergesetz* legt fest, wer Journalist, also *Schriftleiter*, werden darf. Menschen jüdischer Herkunft und politisch verdächtige Personen sind selbstverständlich von vornherein ausgeschlossen.

Die gesamte Presse wird gleichgeschaltet, die Zeitungen werden der Kontrolle eines *Reichspressechefs* unterworfen, der seinerseits Propagandaminister Goebbels untersteht. Im Zuge von Pressekonferenzen ergehen Sprachregelungen und Anweisungen an die Journalisten, was gedruckt werden darf und was nicht, und was gedruckt werden muss. Auf diese Weise wird die öffentliche Meinung zielstrebig manipuliert. Die deutschen Überfälle auf andere Länder müssen in den Zeitungen als gerechtfertigt dargestellt und die Kriegsgegner als »jüdische Plutokraten und Bolschewisten« verteufelt werden.

Als führendes Hetzblatt und Sprachrohr des Regimes fungiert das Parteiorgan der *NSDAP*, der *Völkische Beobachter*. Die in mehreren lokalen Ausgaben erscheinende Tageszeitung erreicht während des Krieges eine Gesamtauflage von 1,7 Millionen Exemplaren.

Propagandistisch nicht weniger bedeutend sind die Reden des *Führers* Adolf Hitler. Dass Hitler seine Hetzreden vor Tausenden von Menschen halten kann, verdankt er zuallererst der deutschen Firma *Siemens*, die spezielle Lautsprecherwagen für das Beschallen großer Plätze entwickelt hat. Seit Hitlers Partei an der Macht ist, kann sie sich allerdings auch auf den *Reichsrundfunk* stützen, die größte je dagewesene Beschallungsanlage. Hitlers Reden werden über den Rundfunk übertragen und erreichen die Menschen bis in die abgelegensten Dörfer hinein. In Betrieben und Fabriken gibt es Gemeinschaftsempfänger, wo im Kollektiv gelauscht wird. Und um jeden Haushalt zu erreichen, hat das Regime die deutsche Radioindustrie verpflichtet, einheitliche, billige *Volksempfänger* auf den Markt zu bringen. Jeder Bürger soll sich ein derartiges

Abb. 49 · Volksempfänger: »Ganz Deutschland hört den Führer«

Radiogerät leisten können. Vordergründig als Maßnahme zur Steigerung des Lebensstandards angepriesen, steckt dahinter das nüchterne Kalkül, dass kein *Volksgenosse* den Propagandaparolen entgehen soll.

Als im September 1939 deutsche Truppen ohne vorherige Kriegserklärung Polen überfallen, hält Hitler eine fadenscheinige Rechtfertigungsrede vor dem *Reichstag*, die im Rundfunk ausgestrahlt wird. Darin heißt es, dass nunmehr von deutscher Seite zurückgeschossen werde, nachdem zuvor polnische Einheiten angegriffen hätten. Das ist schlichtweg gelogen. In Wahrheit hat das NS-Regime einige Grenzzwischenfälle inszeniert, um einen Vorwand für den Angriff zu bekommen. So hat tags zuvor eine Gruppe von *SS*-Leuten, als polnische Freischärler verkleidet, den nahe der Grenze liegenden deutschen Rundfunksender *Gleiwitz* überfallen, die Mitarbeiter gefesselt und folgende fingierte Botschaft abgestrahlt: »Achtung! Achtung! Hier ist Gleiwitz. Der Sender befindet sich in polnischer Hand …«

Der Kriegsausbruch 1939 lässt zunächst die Zahl der angemeldeten Radiogeräte in die Höhe schnellen. Gebannt lauschen die Menschen an den Lautsprechern, wenn der tägliche *Wehrmachtsbericht* nach der Einleitungsphrase »Das Oberkommando der Wehrmacht gibt bekannt« Ereignisse von den Fronten verlauten lässt. In *Sondermeldungen*, die mit klassischer Fanfarenmusik eingeleitet werden, informiert das *Oberkommando der Wehrmacht* über besondere militärische Erfolge. Da wie dort geht es jedoch weniger um Information als darum, die Zuhörer in die große Aufgabe, die der Krieg an der Heimatfront wie an den Kriegsfronten stellt, einzubinden. Pathetischer Musik kommt diesbezüglich eine tragende Rolle zu. Das Regime lässt eigens mitreißende Lieder für bestimmte Waffengattungen oder auch Feldzüge komponieren. Das Lied zum Überfall auf die Sowjetunion etwa trägt den Titel *Von Finnland bis zum Schwarzen Meer* und mündet in den verhängnisvollen Refrain: »Führer befiehl, wir folgen dir!« Solche Lieder haben den Zweck, die Soldaten zu begeistern, ihnen das Kämpfen und Sterben zu erleichtern. Eine Brücke zwischen Front und Heimat zu bilden, ist die Aufgabe der Sendung *Wunschkonzert für die Wehrmacht*, die vom *Reichsrundfunk* regelmäßig ausgestrahlt wird. Sie übermittelt Musikwünsche zwischen den Frontsoldaten und den Angehörigen daheim und schafft so für kurze Zeit ein Gefühl des Beisammenseins.

Trotz der zentralen Lenkung läuft bei der deutschen Musikpropaganda allerdings auch manches schief. 1941 spielt der *Wehrmachtssender Belgrad* erstmals ein weithin unbekanntes, von Lale Andersen gesungenes *Lied eines jungen Wachtpostens*. Das Lied mit dem Refrain »Wie einst Lili Marleen« hat unerwartet großen Erfolg, weil es – ungewollt – eine sentimentale Friedenssehnsucht zum Ausdruck bringt. Propagandaminister Goebbels lässt es als nicht heroisch genug verbieten. Proteste der Hörer erzwingen jedoch, dass es wieder gespielt wird. Außerdem kommt das Lied auch beim Gegner gut an und ist deshalb bald auch in englischen Versionen auf Sendern der Alliierten zu hören. An deutsche Soldaten richtet sich eine in England aufgenommene deutsche Propagandaversion mit neuem Text, gesungen von der deutsch-jüdischen Emigrantin Lucie Mannheim:

»Der Führer ist ein Schinder, das seh'n
  wir hier genau,
Zu Waisen macht er Kinder, zur Witwe
  jede Frau.
Und wer an allem schuld ist, den – will
  ich an der Laterne seh'n.
Hängt ihn an die Laterne! Deine Lili
  Marleen.«

Das Abhören ausländischer Rundfunkprogramme wie die der *British Broadcasting Corporation (BBC)* ist im *Dritten Reich* freilich unter Androhung der Todesstrafe untersagt. Mutige Zeitgenossen hören dennoch gelegentlich *Feindsender*, auf der Suche nach einem Stück Wahrheit über die Kriegslage inmitten der allgegenwärtigen Lügen.

Das Regime bedient sich natürlich auch der modernen Bildmedien zu Propagandazwecken. Der bayrische Pressefotograf Heinrich Hoffmann produziert als Hitlers Leibfotograf verklärende Fotobände wie den mit dem bezeichnenden Titel *Ein Volk ehrt seinen Führer*. Hitlers Leibkameramann Walter Frentz sorgt für entsprechende Filmaufnahmen, die Hitlers Rolle als Befreier und Erlöser im Kino inszenieren. Dokumentarfilme wie *Hitlers Einzug in Wien* stellen den *Anschluss Österreichs* im Jahr 1938 als Befreiung unterdrückter Deutscher dar. Unter der Aufsicht des Propagandaministers entsteht allwöchentlich die *Deutsche Wochenschau*, die Motive deutscher *Volksgemeinschaft* bringt: deutsche Ordnung und Kultur, fleißige Bauern und Arbeiter sowie – nach Kriegsbeginn – unbesiegbare Soldaten an allen Fronten. Die Wochenschau zeichnet ein deutsches

Heldenepos einer in den Fabriken Schulter an Schulter schaffenden Arbeiterschaft und einer an den Fronten von Sieg zu Sieg stürmenden Armee. Wanderkinos tragen dieses heroisierende Epos bis in die letzten Winkel des Reiches, an den Fronten spielen Soldatenkinos. Die Menschen sollen an das Epos glauben und es dadurch allmählich wahr werden lassen.

Aufgenommen werden die Bilder von Angehörigen der sogenannten *Propaganda-Kompanien*. Dabei handelt es sich zumeist um regimetreue Fotografen und Kameraleute, die die Uniform der *deutschen Wehrmacht* tragen und der militärischen Befehlsgewalt unterliegen. Deutsche Gefallene an den Fronten aufzunehmen, ist ihnen untersagt, ebenso Niederlagen und Kriegsgräuel. Die offizielle Berichterstattung meidet solche Sujets, um keine unliebsamen Belege für das Uneingestehbare zu schaffen. Nur die privaten Erinnerungsfotos mancher deutscher Soldaten halten – verbotenerweise – die Ermordung von Zivilisten fest, die vor allem in Osteuropa millionenfach geschieht. Der Massenmord an den europäischen Juden in den Vernichtungslagern findet fast gänzlich abseits der Kameras statt. Nichts und niemand soll später bezeugen können, dass er stattgefunden hat.

Bücherverbrennung und Bücherraub

Adolf Hitler legt seine Vision vom *Dritten Reich* in dem Buch *Mein Kampf* dar. Wie in einer Bibel beschreibt er seine politische Offenbarung als eine Art Glaubensbekenntnis. Demnach verkörpere der nordische *Arier* die Kultur tragende Rasse und der *Jude* das personifizierte Böse, das danach trachte, den *Arier* zu eliminieren. Diesem obskuren Denken entspringt letztlich der Plan der sogenannten »Endlösung der Judenfrage« – des Massenmordes an den europäischen Juden. Ein weiteres programmatisches Element in *Mein Kampf* ist die »Eroberung von Lebensraum für das deutsche Volk«. Ein barbarisch geführter Krieg soll in Osteuropa am Ende durch Umsiedlung und systematische Ausrottung ganzer Völker Platz schaffen für deutsche Siedler.

Im Zentralverlag der *NSDAP* erschienen, erreicht *Mein Kampf* enorm hohe Auflagen, wohl vor allem auch deshalb, weil das Buch in großer Zahl verschenkt wird. In Standesämtern wird es frisch Getrauten anstelle der Bibel mit auf ihren Lebensweg gegeben. Bald sind Millionen Exemplare in Umlauf, in vielen Büchereien zählt *Mein Kampf* zu den am meisten nachgefragten Büchern. Nach dem Krieg zählt es zu den am wenigsten gelesenen Büchern.

Ideen, die den Vorstellungen der Nationalsozialisten widersprechen, werden brutal unterdrückt. Jeder im *Dritten Reich* tätige Schriftsteller muss der *Reichsschrifttumskammer* angehören. Regimegegner und *Juden* sind natürlich auch hier von einer Mitgliedschaft ausgeschlossen, was einem Berufsverbot gleichkommt. Im *Börsenblatt des deutschen Buchhandels* werden Listen verfemter Bücher und Autoren abgedruckt. Aus den Bibliotheken, die unter der Kontrolle des *Reichsministeriums für Wissenschaft, Erziehung und Volksbildung* stehen, wird

Abb. 50 · Bücherverbrennung: »Wider den undeutschen Geist«

oppositionelles – »zersetzendes« – Schrifttum entfernt. In vielen Universitätsstädten werden Scheiterhaufen errichtet, auf denen Professoren, Studenten und SA-Leute unter Verlesung von sogenannten »Feuersprüchen« Werke von Remarque, Marx, Kästner, Freud und vielen anderen verbrennen. Nach dem *Anschluss* 1938 wiederholt sich dieses abstoßende Spektakel, das unter der Parole »Wider den undeutschen Geist« steht, in Salzburg. Bücher aus der Feder jüdischer Autoren werden vernichtet, um den Geist des Judentums auszulöschen; später trifft die Auslöschung die Autoren selbst, wenn sie nicht rechtzeitig das Land verlassen können. Viele renommierte deutsche und österreichische Schriftsteller gelangen zwar ins sichere Exil, doch wählen einige von ih-

nen, so Stefan Zweig, noch dort den Freitod. Als Schreibende, die im fremden Land nicht mehr in ihrer Muttersprache schreiben können, haben sie ihre Existenzgrundlage, manche auch ihren Lebenssinn verloren. Manch anderer wie der junge österreichische Arbeiterdichter Jura Soyfer stirbt als Häftling in einem deutschen Konzentrationslager. Zu Soyfers Vermächtnis zählt der Text des *Dachauliedes*, den er während seiner Haft gedichtet hat. Der Refrain ist eine Anspielung auf den zynischen Spruch, der am Lagertor prangt: »Denn Arbeit, denn Arbeit macht frei.«

Neben der systematischen Vernichtung von Literatur organisiert das Hitlerregime auch einen Bücherraub von immensen Ausmaßen. Zwangsweise aufgelösten Verlagen, Buchhandlungen oder Institutionen wie der *Israelitischen Kultusgemeinde* werden ihre Buchbestände abgepresst. Die *Geheime Staatspolizei (Gestapo)* beschlagnahmt im Zuge der Deportationen von Juden unzählige private Büchersammlungen. Eine beim Propagandaministerium eingerichtete *Bücherverwertungsstelle*, die eine Niederlassung in Wien betreibt, sorgt für die Verteilung des Raubguts unter den deutschen Bibliotheken. In den von der *Wehrmacht* besetzten Gebieten sind spezielle *Einsatzgruppen* in Sachen Bücherraub unterwegs. Sie requirieren vermeintlich Wertvolles und brennen als geistig minderwertig angesehene polnische und russische Bibliotheken einfach nieder. Die Wiener Nationalbibliothek, die nach Berlin und München drittgrößte Bibliothek im *Deutschen Reich*, übernimmt zahlreiche requirierte Buchbestände aus dem Gebiet des ehemaligen Österreich, während des Krieges auch aus dem Raum des besetzten Jugoslawien und aus Italien. Wertvolle Bücher werden allerdings auch für eine künftige *Führerbibliothek*, die ein in Linz geplantes *Führermuseum* ergänzen soll, beschlagnahmt. Für dieses *Führermuseum*, in dem Gemälde deutscher Meister aus allen Epochen zu sehen sein sollen, werden während des Krieges im Übrigen auch zahlreiche Gemälde aus Kunstsammlungen in den besetzten Gebieten wie auch aus dem Privatbesitz deportierter Juden geraubt.

Deutsche Dramatik

Die Kunst des *Dritten Reiches* beschwört ein Idealbild des deutschen Menschen und bekämpft moderne, vor allem jüdische Einflüsse als »entartet«. 1937 ist in München die Ausstellung *Entartete Kunst* zu sehen, die anschließend auf Tournee durch die großen Städte im Reichsgebiet geht. Nach dem *Anschluss Österreichs* 1938 kommt sie auch nach Wien und Salzburg. Sie umfasst Hunderte Kunstwerke der Moderne, von bedeutenden Künstlern verschiedenster moderner Richtungen vom Impressionismus bis zum Dadaismus. Viele der gezeigten Werke sind in Museen einfach beschlagnahmt worden. Die Exponate werden in der Ausstellung jedoch Zeichnungen von geistig behinderten und Fotos von verkrüppelten Menschen gegenübergestellt, um sie als krankhaft zu brandmarken. Im Gegensatz dazu zeigt das *Haus der Deutschen Kunst* in München ab 1937 jährlich die *Große Deutsche Kunstausstellung*, die vom Regime anerkanntes deutsches Kunstschaffen ausstellt. Bilder des »neuen, artreinen Menschen« bilden das zentrale Thema. Der nationalsozialistischen Idealfigur des *Ariers*, die, obgleich seltsam steril, rassische Überlegenheit suggerieren soll, steht die abstoßend gezeichnete Figur des *ewigen Juden* gegenüber. Eine 1937 eröffnete Wanderausstellung, die jüdisches Leben und jüdische Kultur auf das Widerlichste diffamiert, wird zunächst in München gezeigt und ist im Herbst 1938 auch in Wien zu sehen. Tausende Besucher strömen Tag für Tag in die Ausstellung, deren Zweck es ist, die Bevölkerung geistig auf die Vertreibung jüdischer Mitbürger vorzubereiten.

Abb. 51 · Hass-Kino für den Holocaust

Diese Hetze setzt sich auf der Filmleinwand fort. Unter der Leitung von Fritz Hippler, dem Leiter der *Abteilung Film* im Propagandaministerium, wird 1940 der Dokumentarfilm *Der Ewige Jude* produziert. Gedreht im ärmlichen Ghetto von Łódź, zeigt der Film ausgezehrte und heruntergekommene jüdische Ghettobewohner. Er wirbt aber keineswegs um Mitgefühl, vielmehr setzt er Juden mit Ratten gleich, welche sich als Schädlinge über die ganze Welt verbreitet hätten. Die Zuschauer sollen davon überzeugt werden, dass Juden als parasitäre Schädlinge erbarmungslos auszurotten seien. Am Ende des Films steht der Ausschnitt einer Rede Hitlers im *Reichstag* vom Jänner 1939, worin er offen die »Vernichtung der jüdischen Rasse in Europa« ankündigt.

Wie alle Massenmedien dient auch der Film im *Dritten Reich* der Propaganda. Eine *Filmprüfstelle* sorgt dafür, dass nichts Verfängliches über die Leinwände des Reiches flimmert, und ein eigens eingesetzter *Reichsfilmdramaturg* hat die Aufgabe, dafür zu sorgen, dass solche Filme erst gar nicht gedreht werden. Unter diesen Umständen wirken Filmfirmen wie die *Universum-Film AG (Ufa)* in Berlin als willige Helfer. Das zeigt sich an Veit Harlans antisemitischem Spielfilm *Jud Süß*, der ebenfalls als mentale Vorbereitung der Bevölkerung auf den anlaufenden *Holocaust* gesehen werden muss.

Die jüdische Hauptfigur Joseph Süß Oppenheimer erscheint als unmoralischer Machtmensch, der eine junge deutsche Schönheit namens Dorothea begehrt und sie, als sie bereits mit einem anderen verheiratet ist, vergewaltigt. Die geschändete Dorothea nimmt sich das Leben. Jud Süß erhält am Ende die gerechte Strafe, den Tod.

Besonders perfide an diesem Film ist, dass die im 18. Jahrhundert spielende Handlung die *Nürnberger Gesetze* der Nationalsozialisten aus dem Jahr 1935, die Geschlechtsverkehr zwischen *Ariern* und *Juden* als »Rassenschande« bezeichnen und dafür schwere Zuchthausstrafen androhen, vorwegzunehmen und zu legitimieren scheint. Die Hauptrolle in diesem Film, den Joseph Süß Oppenheimer, spielt der Wiener Ferdinand Marian, widerwillig zwar und unter Druck des Propagandaministers, doch er spielt sie letztlich für den Lohn des Erfolgs.

Ähnliches gilt für die ebenfalls aus Wien stammende Paula Wessely, die 1941 die Hauptrolle in *Heimkehr* spielt, einer Produktion der *Wien Film*. *Heimkehr* erzählt vom schweren Los der *Volksdeutschen* im sogenannten *Warthegau*, einem ehemals deutschen Gebiet, das nach den Friedensverträgen von Versailles an Polen gefallen ist. Der Film zeigt, wie die ansässigen Deutschen von der polnischen Obrigkeit drangsaliert und vom polnischen Mob immer wieder tätlich angegriffen werden; es gibt Tote und Verletzte. Man sperrt sie ins Gefängnis, wo sie nur knapp ihrer Ermordung entgehen. Erst die im September 1939 in Polen einfallende deutsche *Wehrmacht* befreit sie von ihrem schweren Los. Hitlers Ausrottungskrieg wird kurzerhand zu einem Befreiungskrieg umgedeutet.

Denselben Propagandaauftrag hat das von dem Offizier Kurt Hesse verfasste Flüchtlingsdrama *Der Weg nach Lowicz*. Es handelt ebenfalls von den Leiden *Volksdeutscher* im *Warthegau*.

Die Söhne zweier Nachbarsfamilien treffen einander, einer ist nach Deutschland abgewandert und ist nun deutscher Offizier; der andere ist polnischer Offizier und sieht sich mit Kriegsausbruch gezwungen, gegen seine *Volksgenossen* zu kämpfen. Doch er entscheidet sich dafür, nicht auf seine deutschen Brüder zu schießen, er fällt. Die Rahmenhandlung zeigt Flüchtlingselend und Misshandlungen der deutschstämmigen Flüchtlinge durch polnische Soldaten, um den Überfall der deutschen *Wehrmacht* auf Polen zu rechtfertigen.

Im gelenkten Theaterbetrieb überwacht ein *Reichsdramaturg* als oberster Zensor Spielpläne und Inszenierungen. Kritisches Theater wird eliminiert. Regisseure wie der Österreicher Max Reinhardt, ehemals Leiter des *Deutschen Theaters* in Berlin, dürfen ihrer jüdischen Herkunft wegen nicht mehr

arbeiten und gehen ins Exil. Bertolt Brechts Antikriegsdrama *Mutter Courage und ihre Kinder* entsteht in Schweden und wird 1941 in Zürich uraufgeführt. Brechts Drama, das im *Dreißigjährigen Krieg* spielt, erzählt die Geschichte der Marketenderin Mutter Courage, die am Krieg verdienen will und dafür mit dem Leben ihrer drei Kinder bezahlt. Das Stück muss 1941 als strikte Warnung vor dem Krieg verstanden werden, weshalb es auf deutschen Bühnen nicht aufgeführt werden darf. Aber auch deutsche Klassiker wie Schillers Drama *Wilhelm Tell* geraten in Verruf. Wohl wegen der Rechtfertigung des Tyrannenmords wird das Stück auf Anweisung Hitlers 1941 vorsorglich verboten.

Viele deutsche und österreichische Film- und Theaterleute – Regisseure, Schauspieler, Sänger und Musiker – arrangieren sich mit dem Regime, um ihre Engagements nicht zu verlieren. Manche machen im *Dritten Reich* Karriere, während viele ihrer jüdischen Kollegen in Konzentrationslagern sterben. Nur wenige prominente Schauspieler tun es Marlene Dietrich gleich, entziehen sich dem Propagandaauftrag und verlassen Deutschland. Manche zerbrechen. Der Schauspieler Joachim Gottschalk, der vom Regime unter Druck gesetzt wird, sich von seiner jüdischen Frau scheiden zu lassen (und sie dadurch der Deportation preiszugeben), begeht mit ihr und dem gemeinsamen Sohn Selbstmord. Andere versuchen, in politisch unverfänglich scheinenden Produktionen unterzukommen, um der Frage nach Kollaboration zu entgehen. Schließlich produziert Goebbels' Traumfabrik neben prononcierten Propagandafilmen zahlreiche unverbindliche Spielfilme. Doch ist deren Bedeutung für die verbrecherischen Ziele des Regimes nicht geringer. Ganz im Gegenteil erhalten Filme, die Glückseligkeit vorgaukeln und der Zerstreuung des Zuschauervolks dienen, umso mehr Bedeutung, je bedrückender die Kriegswirklichkeit wird. Filme wie die *Ufa*-Produktion *Die große Liebe*, die die Romanze zwischen einem Jagdflieger und einer Varieté-Sängerin erzählt, fordern zudem unerbittlich Gefolgschaft ein. Pflichterfüllung sei wichtiger als jedes private Glück, mehr noch, die wahre Liebe zeige sich erst in Entbehrung und Verzicht. Der Film erscheint 1942, zu einer Zeit, als die deutschen Städte bereits schwer bombardiert und Tausende Zivilisten, oft Frauen und Kinder, von herabstürzenden Trümmern erschlagen werden, in den Kellern ersticken oder verbrennen. Der Film zeigt dies ansatzweise auch, allerdings des dramatischen Effekts wegen, nicht, um den Krieg an sich anzuklagen. Zweifellos helfen solche Filme, das alltägliche Leiden des Bombenkrieges zu ertragen, und verlängern dadurch das tagtägliche Sterben. Zarah Leander spielt in *Die große Liebe* die weibliche Hauptrolle und singt populäre Schlager wie »Davon geht die Welt nicht unter« oder »Ich weiß, es wird einmal ein Wunder gescheh'n«. Ob mit dem Wunder Hitlers geheime *Wunderwaffen* gemeint sind, die das Kriegsglück im letzten Moment noch wenden sollen? Das Filmende zeigt jedenfalls das Liebespaar vereint in den Himmel blickend, wo deutsche Bomber wie Racheengel auf dem Weg zu ihrem Einsatzziel vorüberziehen.

Rituale der Kriegsreligion

Hitler ist überzeugt von der Wirkung des Schauerlebnisses, besonders bei dramatischen Inszenierungen wie in der Oper. Die Bayreuther Festspiele, wo alljährlich das mittelalterliche *Nibelungen*-Epos in der Opernfassung Richard Wagners aufgeführt wird, bieten opulentes Germanentum nach seinem Geschmack. Kein Wunder, dass Bayreuth zu einer Kultstätte des Regimes wird, das sich bei den Festspielen versammelt. Hitlers Bewunderung für die Monumentalität von Wagners Musik sowie das Pathos vor pompöser Kulisse haben allerdings weniger künstlerische als praktische Gründe. Er bedient sich Wagnerscher Bühnendramaturgie bei den Nürnberger *Reichsparteitagen*, um aller Welt, vor allem aber dem deutschen Volk selbst, ein eindringliches Bild von Macht und Größe der nationalsozialistischen Bewegung zu vermitteln. Er setzt auf die Wirkung von Fanfaren oder Fahneneinzügen sowie auf nächtliche Feuerspiele, Fackelzüge, Paraden und Appelle von unüberschaubaren Kolonnen Uniformierter. Der Architekt Albert Speer entwirft für den *Reichsparteitag* eine archaische Tempelanlage inmitten eines riesigen Aufmarschgeländes. Von einem erhabenen steinernen Podium aus spricht der *Führer* als eine Art moderner Prophet zu dem in Reih und Glied angetretenen Parteivolk. Die aufpeitschenden Reden wie auch die martialischen Rituale beschwören Einheit, Gehorsam und Opferbereitschaft. Inszeniert wird dabei eine Art Erlösungsgeschichte von Aufstieg, Kampf und Sieg des *Dritten Reiches*, deren siegreiches *Finale* freilich erst durch den Krieg zu schreiben ist. Der

Abb. 52 · Reichsparteitag: Das deutsche Volk beim Führer-Appell

Ablauf des Parteitags folgt einem genauen Programm, das Hitler als unabänderlichen Ritus über seinen Tod hinaus festschreiben will, um auch die nächsten Generationen im Bann seiner Kriegsreligion zu halten. Die Regisseurin Leni Riefenstahl verfilmt den Parteitag von 1934 unter dem Titel *Triumph des Willens*. Der Film soll Millionen Kinobesuchern im ganzen Reichsgebiet die Botschaft übermitteln, dass das *Volk* nun vor seinem *Führer* angetreten sei, bereit, alle Befehle auszuführen.

In den Jahren vor Kriegsausbruch gibt sich das Regime mitunter aber auch kultiviert. Im August 1936 eröffnet Adolf Hitler im neu errichteten Berliner Olympiastadion die Olympischen Sommerspiele. 100 000 Zuschauer sind dabei, als ein Läufer das olympische Feuer in die Arena bringt. Der Zweck dieses Fests ist es, der internationalen Öffentlichkeit Friedfertigkeit und Völkerfreundschaft vorzugaukeln, um ungestört weiter aufrüsten zu können. Für die Dauer der Spiele setzt man sogar die Schikanen gegen die jüdische Bevölkerung aus. Als großes, völkerverbindendes Sportfest werden die olympischen Bewerbe erstmals durch den Rundfunk in alle Welt übertragen. Darüber hinaus nimmt das reichsdeutsche Fernsehen seinen bescheidenen Betrieb auf und überträgt vom Stadion in 25 öffentliche *Fernsehstuben* in Berlin. *Fest der Völker* und *Fest der Schönheit* sind die programmatischen Titel der beiden Kinofilme, die Leni Riefenstahl über die Olympiade für Millionen von Kinozuschauern dreht. Dabei setzt sie das Idealbild germanischer Menschen mit athletischen Schauspielern in Szene. Die Intention des Regimes, durch

die sportlichen Bewerbe die Überlegenheit der arischen Herrenrasse zu demonstrieren, wird jedoch von dem afroamerikanischen Leichtathleten Jesse Owens durchkreuzt. Owens arriviert mit vier Goldmedaillen zum erfolgreichsten Athleten der Spiele und zum Publikumsliebling.

Wie kaum je zuvor sind große Feierlichkeiten Staatsinszenierungen, die den Zweck haben, das Leben der *Volksgenossen* zu lenken. Getreu dem Grundsatz, eingesessene Rituale mit eigenen Inhalten zu füllen, übernehmen die Nationalsozialisten alte kirchliche, aber auch sozialistische Festanlässe, die den Jahres- und Lebenslauf der Menschen gliedern. Die christliche Firmung Jugendlicher beispielsweise, die vom Sozialismus zu *Jugendweihen* umgemünzt worden ist, also zu einer freidenkerisch inspirierten, feierlichen Übernahme Jugendlicher in die Welt der Erwachsenen, wird im Nationalsozialismus durch die *Jugendleite* ersetzt, die die junge Generation für die militärischen Ziele des Staates verpflichtet. Aus der Arbeiterbewegung wird der 1. Mai übernommen und als *Tag der nationalen Arbeit* zu einem militärischen Appell der Arbeiterschaft für die anstehenden Rüstungsaufgaben umfunktioniert. Für die Bauern wird Anfang Oktober am Bückeberg ein *Reichserntedankfest* gefeiert, das ländliches Brauchtum dem kriegswichtigen Ziel nationaler Selbstversorgung unterstellt. Die *Wehrmacht* zelebriert Aufopferungsbereitschaft am *Heldengedenktag*, den das Regime an die Stelle des während der Republik gefeierten *Volkstrauertags* gesetzt hat; das Gedenken der Weltkriegstoten weicht der Heldenverehrung für den nächsten

Krieg! Diese minutiös inszenierten Massenveranstaltungen sollen die Menschen in den Jahreslauf einer rassisch bedingten und damit unauflöslichen Volksgemeinschaft einbinden, in eine Gemeinschaft, die den Strapazen des angestrebten Totalen Krieges standzuhalten hat. Hitlers 50. Geburtstag wird im April 1939 mit einer stundenlang dauernden Militärparade gefeiert. Das *Dritte Reich* marschiert, es ist kriegsbereit, so lautet jetzt die Botschaft.

Ferngelenkter Krieg

Der Überfall auf Polen durch die *deutsche Wehrmacht* markiert nicht nur den Beginn des Zweiten Weltkriegs, sondern auch eine neue Ära der Kriegsführung. Im sogenannten *Blitzkrieg* werden Flugzeugformationen in der Luft und Panzerverbände am Boden überfallsartig eingesetzt, um gegnerische Truppen einzukesseln, von ihrem Nachschub abzuschneiden und zu vernichten. Möglich wird diese Strategie durch ein ausgedehntes Kabel- und Funknetzwerk, errichtet von speziellen *Nachrichtentruppen*, das die beweglich operierenden Einheiten von rückwärtigen Kommanden aus zu dirigieren erlaubt. Panzer und Flugzeuge sind zudem mit Sprechfunkgeräten ausgestattet. Dadurch können sich die Besatzungen untereinander verständigen und sogar noch während eines Gefechts Formationen bilden. Der Funk auf *Ultrakurzwelle (UKW)* macht es möglich, dass viele Funkgespräche nah nebeneinander geführt werden, ohne einander zu stören. Es ist eine vollkommen neuartige Form der Kriegsmaschinerie, die

hier Gestalt annimmt, eine wie nie zuvor auf mediale Instrumente gestützte Kriegsmaschinerie.

Als im September 1939 deutsche Flugzeugverbände militärische wie zivile Ziele in Polen bombardieren, tun sie dies nach Analyse spezieller Aufklärungsfotografien, die von Kameras aus Aufklärungsflugzeugen stammen. Die anvisierten Ziele sind bereits zuvor am Schreibtisch in den Luftaufnahmen als lohnend ausgewählt und markiert worden. Das Gleiche gilt für den Angriff auf Großbritannien 1940, wo die Bombardierung sich ebenfalls auf die fotografische Luftaufklärung stützt, die schon im Voraus die Ziele erfasst hat. Darüber hinaus bedient sich die Kriegsmaschinerie jetzt auch virtueller Landmarken zur Orientierung. Von Großsendern ausgesandte Funksignaltöne, die die Piloten über Kopfhörer vernehmen, bringen die Bomber auch im Dunkel der Nacht ohne jeglichen Sichtkontakt an ihr Ziel. Der Krieg erhält dadurch irreale Züge, wenngleich Tod und Zerstörung, die die Bomberangriffe hinterlassen, überaus real sind. Im Gegenzug benutzt die britische *Royal Air Force* Radarstationen an der britischen Küste, um einfliegende Bomberverbände frühzeitig – auch nachts – auf Radarschirmen zu entdecken. Am Land sind zudem Aussichtsposten stationiert, die den Himmel nach feindlichen Flugzeugen absuchen und jede Sichtung sofort weitermelden. Im *Fighter Command* werden sämtliche Angaben gesammelt und auf großen Kartentischen mit kleinen Holzmodellen nachgestellt. Wie in einem riesigen Brettspiel dirigiert der Kommandant anhand dieses Lageszenarios die Angriffe seiner

Abb. 53 · Brettspiel um Leben und Tod

Jagdflugzeuge auf die identifizierten deutschen Bomberformationen.

Auch der Seekrieg vollzieht sich als eine Art Brettspiel, bei dem echte Schiffe ohne Rücksicht auf Besatzungen oder Passagiere versenkt werden, um die britische Bevölkerung auszuhungern. Der deutsche *Oberbefehlshaber der U-Boote* lässt dazu in seinem Hauptquartier die Bewegungen entdeckter alliierter Schiffskonvois aus Nordamerika

Abb. 54 · Krieg am Kartentisch

auf Seekarten, die nach Planquadraten gegliedert sind, nachzeichnen. Die Kursrou-
ten werden dann an die auf See lauernden
U-Boote gefunkt, mit dem Auftrag, möglichst viele der Frachtschiffe zu versenken.
Um das zu verhindern, sammelt man im
Submarine Tracking Room in London auf
ähnlichen Atlantikkarten alle Informationen über die Bewegungen georteter deutscher U-Boote, um die Schiffskonvois an
ihnen vorbeizuschleusen.

Eine Möglichkeit, die deutschen U-Boote
in den unüberschaubaren Weiten der Ozea-
ne zu orten, besteht darin, ihren Funkverkehr mit der *Seekriegsleitung* in Deutschland
abzuhören, der immer auch Positionsanga-
ben enthält. Die Funksprüche sind jedoch

verschlüsselt. Dies erfolgt mit der Chiff-
riermaschine *Enigma*, bei der der Klartext
wie bei einer Schreibmaschine eingetippt
wird. Die Maschine wandelt die Buchstaben mithilfe dreier elektrisch verschalteter
Walzen in Chiffren um. Die Chiffren werden gefunkt und beim Empfänger mit einer
Enigma, die exakt gleich eingestellt ist, wieder entziffert. Um die Funkschlüssel der
deutschen U-Boote zu brechen, betreiben
die Briten in Bletchley Park ein geheimes
Entschlüsselungszentrum. Zum Durchspielen der astronomisch hohen Zahl an Ver-
schlüsselungsmöglichkeiten, die die *Enigma*
eröffnet, bedarf es enormer Rechenkapazi-
täten. Man entwickelt deshalb, auf die Vorarbeiten des britischen Mathematikers Alan

Mathison Turing aufbauend, den aus zahllosen Elektronenröhren bestehenden Großrechner *Colossus*. Im Dezember 1943 ist *Colossus* betriebsbereit. Mit seiner Hilfe lassen sich verschlüsselte deutsche Funksprüche knacken. Die einstige Wundermaschine *Enigma* ist damit entzaubert. Zunehmend leichter lokalisierbar, werden die deutschen U-Boote im Atlantik nun selbst zu den Gejagten.

Im Sommer 1941 erfolgt der deutsche Überfall auf die Sowjetunion mit dem Ziel, die Landkarte Europas neu zu zeichnen und Lebensraum für das *deutsche Volk* zu erobern. Auf abstrakten Karten geplant, wird der gigantische Feldzug auch von Lagekarten aus geführt. Es handelt sich dabei um eine Militäroperation, die sich über Tausende Kilometer erstreckt. Auf der ganzen Breite müssen *Nachrichtentruppen* die rasch anwachsenden Distanzen zwischen den vormarschierenden Verbänden und den Kommanden im Hinterland überbrücken. Dafür werden unzählige Kilometer an Leitungen für den Telefon-, Telegrafen- und Fernschreibbetrieb gezogen, über die die Führung von *Wehrmacht* und *SS* die Kampfhandlungen, aber auch den *Holocaust* aus der Ferne lenken kann.

Es ist ein grausamer Krieg mit unsagbar vielen Opfern. Zunächst wird der *Blitzkrieg* Millionen von russischen Soldaten, aber auch ganzen russischen Städten wie Leningrad zum Verhängnis. Im Zuge des raschen Vormarsches deutscher Armeen werden Hunderttausende Rotarmisten eingekesselt und, als *Untermenschen*, erbarmungslos dem Hungertod preisgegeben. Dasselbe Schicksal erwartet rund eine Million Leningrader, die gezielt von jeglichem Lebensmittelnachschub abgeschnitten werden. Bald zeigt sich, dass auch die eigenen Soldaten nicht mit Nachsicht rechnen können. Hitler, der selbst das Elend des Sterbens an der Front meidet, opfert, wenn es ihm nötig erscheint, ganze Armeen mitleidlos. Er tut dies vom Kartentisch aus, per Fernschreiber, in seinem *Führerhauptquartier* in der ostpreußischen Bunkeranlage *Wolfsschanze* sitzend. Als im Winter 1941 / 42 vor Moskau deutsche Soldaten in ihren Stellungen erfrieren, verweigert er dem Kommandeur den rettenden Rückzugsbefehl mit dem Argument, weit hinter der Front sehe man die Dinge klarer als vorne vor Ort. Im Jahr darauf untersagt er der bei Stalingrad kämpfenden 6. Armee den Rückzug und liefert sie der Einkesselung durch russische Truppen aus; eine Entscheidung, für die nahezu alle deutschen Soldaten im Kessel oder in der anschließenden Gefangenschaft mit ihrem Leben bezahlen.

Keine Post aus Stalingrad

Während des Krieges ziehen Millionen von Soldaten an die Fronten, wodurch der private Postverkehr gegenüber der Zeit vor dem Krieg stark zunimmt. Die *Deutsche Reichspost* hat die Aufgabe, die Verbindung zwischen den Soldaten und ihren Angehörigen daheim aufrechtzuerhalten. Die Angehörigen wollen wissen, wie es ihren Söhnen, Ehemännern oder Vätern geht – ob sie gesund oder überhaupt noch am Leben sind. Eine intakte Postverbindung gilt als unverzichtbar, um das Aufkommen von Kriegsmüdigkeit in der Bevölkerung zu vermeiden. Die Post bringt aber auch schlechte Nachrichten wie die amtliche Todesnachricht, die – »in stolzer Trauer« – mitteilt, wenn der Betreffende »für Führer, Volk und Vaterland gefallen« ist.

Die Post hat im *Dritten Reich* überdies noch weitergehende Propagandaaufgaben zu erfüllen. Als der deutsche *Blitzkrieg* im russischen Winter zum Stehen kommt, beginnen Organisationen wie das von Propagandaminister Goebbels geleitete *Winterhilfswerk* warme Kleidung für die frierenden Soldaten an der Front zu sammeln. Die *Reichspost* sorgt für die Zustellung der Gaben. Die Botschaft lautet: Die Heimat lässt ihre Soldaten nicht im Stich! In Wahrheit ist die Versorgung völlig unzureichend, doch das erfährt niemand. In weiterer Folge lässt das Regime vor Weihnachten durch Parteiorganisationen Päckchen mit *Liebesgaben aus der Heimat* an die Front senden. Darin enthalten sind Rauchwaren, Süßigkeiten, Bücher, Bleistifte oder Notizbücher. Um das Versenden von Päckchen besser zu organisieren, werden für bestimmte Regionen des *Dritten Reiches* sogenannte *Päckchenleitzahlen* eingeführt. Man legt 24 *Päckchenleitgebiete* fest, durchnummeriert von 1 bis 24, die im Wesentlichen den *Gauen* entsprechen. Die *Alpen- und Donau-Reichsgaue*, wie Österreich jetzt heißt, bekommen eine einzige Leitzahl, nämlich 12. Später werden für den Paket- und Briefverkehr 32 Leitgebiete mit entsprechenden *Leitzahlen* festgelegt. Die *Alpen- und Donau-Reichsgaue* werden jetzt unterteilt, die östlichen Teile erhalten die Nummer 12a, die westlichen 12b. Es sind dies die Vorläufer der späteren *Postleitzahlen*.

Weil die Truppenstandorte sich verändern und geheim gehalten werden, sind die an den Fronten eingesetzten Verbände nur durch Feldpostnummern adressierbar. Die Nummern entsprechen Feldpostämtern, die mit den Truppen mitziehen. Die *Feldpostprüfstelle des Oberkommandos der Wehrmacht* sorgt für die Zensur der Post. Wie schon im Ersten Weltkrieg werden Karten und Briefe gelesen, anstößige Passagen geschwärzt. Militärische Fakten zu erwähnen, ist streng verboten, um Spionage vorzubeugen. Untersagt sind auch kriegs- und regimekritische Äußerungen, die als »Wehrkraftzersetzung« gelten. Darauf steht Zuchthaus, in schweren Fällen sogar die Hinrichtung. Die Wahrheit lässt sich – wenn überhaupt – nur zwischen den Zeilen mitteilen. Wie bereits im Ersten Weltkrieg werden die zensurierten Briefe analysiert, um Rückschlüsse auf die Stimmungslage unter den Soldaten ziehen zu können. Neben Anhaltspunkten für die »Haltung« der Soldaten sucht man nach Hinweisen auf »Disziplin«, »Geheimhaltung«, »Zersetzung« oder »Spionage und Sabotage«. Dramatische Ergebnisse liefert die Zensurierung der Feldpost aus Stalingrad, wo die 6. deutsche Armee Ende 1942 von russischen Truppen eingekesselt wird. Klingen die Briefe, die die Soldaten zu Beginn der Einkesselung ihren Angehörigen daheim schicken, noch recht zuversichtlich, mitunter sogar überheblich, so ändert sich dies in den folgenden Wochen. Die Briefe machen deutlich, dass sich viele Soldaten nun ihres nahenden Todes gewiss sind. Die Zensoren registrieren neben schweren Vorwürfen gegen Hitler und die Wehrmachtführung einen alarmierenden Anstieg an Abschiedsbriefen. Um diese bedrückenden

Abb. 55 · Brief von daheim

Nachrichten von der Zivilbevölkerung fern-zuhalten, lässt Propagandaminister Goebbels die letzten aus Stalingrad eintreffenden Postsäcke kurzerhand aus dem Verkehr ziehen.

Streng kontrolliert wird auch die Post von Gefangenen, die gemäß der Genfer Konvention regelmäßig Briefe und Karten gebührenfrei schicken und empfangen dürfen. Dies gilt formell auch für Häftlinge in Konzentrationslagern. In den meisten Lagern stehen dafür vorgedruckte Postkarten, Briefbögen und Kuverts bereit. Eine *Lagerpostprüfstelle* der *SS* ist für die Zensur zuständig. Tatsächlich ist der Postverkehr in den Lagern aber eine Farce und dient nur der Täuschung ausländischer Hilfsorganisationen wie dem *Internationalen Roten Kreuz*. Jüdischen Häftlingen wird oft monatelang verwehrt, einen Brief oder eine Karte zu schreiben. Dies, wie auch die willkürliche Vernichtung von Post durch die Lagerleitung, soll ihnen immer wieder bewusst machen, dass sie ihre Bürgerrechte verloren haben. Umgekehrt nutzt die *SS* in infamer Weise eingehende Post, um noch nicht deportierte Angehörige von Häftlingen aufzuspüren.

Buchhalter des Todes

Es ist von Anfang an ein vordringliches Ziel des Regimes, die gesamte Bevölkerung verwaltungstechnisch zu erfassen. Die Erfassung beginnt mit der Volkszählung 1933. Zwei Jahre später eingeführte *Arbeitsbücher* sollen den Arbeitsämtern eine planvolle Verteilung der Arbeitskräfte auf

weite Sicht ermöglichen. Eine *Volkskartei* soll die Rekrutierung von Dienstpflichtigen erleichtern, ein verschärftes Einwohnermeldewesen den Zugriff auf die Bürger. Zur Erstellung aller möglichen statistischen Daten bedient man sich der Lochkartentechnik der *Deutschen Hollerithmaschinen AG (Dehomag)*. Eine für 1938 vorgesehene Volkszählung wird um ein Jahr verschoben, weil das Regime neu hinzukommende Länder berücksichtigen will.

Schon seit geraumer Zeit verfolgt man den Plan eines Anschlusses Österreichs. Der österreichische Bundeskanzler Kurt Schuschnigg will dem im letzten Moment eine Volksabstimmung über die Unabhängigkeit Österreichs entgegensetzen, wird aber kurz vor ihrer Abhaltung von Hitler gezwungen, sie abzusagen. Es folgen der Einmarsch deutscher Truppen im März 1938 und im April eine von den Nationalsozialisten organisierte Volksabstimmung über die Vereinigung Österreichs mit Deutschland. Angesichts des großen Propagandaaufwands und des hohen psychischen Drucks auf die Bevölkerung stimmen, nicht unerwartet, 99,73 Prozent der Österreicher und 99,01 Prozent der Deutschen dafür. Juden und Regimegegner sind von der Abstimmung ausgeschlossen.

Mit dem *Anschluss Österreichs* wird das *Bundesamt für Statistik* zum *Österreichischen Statistischen Landesamt*, das den zuständigen Reichsbehörden in Berlin untersteht. Ab Juni 1939, als sogar der Name *Österreich* verboten wird, firmiert es unter *Statistisches Amt für die Gaue der Ostmark*. Unter seiner Mitwirkung findet im Mai 1939 die aufgeschobene Volkszählung im gesamten *Dritten Reich* statt, die einen Überblick über die Zahl der *Reichsbürger* gibt. Damit

Abb. 56 · Gleise in den Tod

kann das Regime seine Arbeits- und Rüstungsprogramme planen, aber auch die Verfolgung jüdischer Reichsangehöriger. Als Leiter eines *Referats für Judenangelegenheiten und Räumung* im *Reichssicherheitshauptamt* der *SS* forciert Adolf Eichmann die Auswanderung jüdischer Bürger – zunächst nur aus Wien. Die Volkszählung verschafft ihm effiziente Arbeitsunterlagen, denn sie notiert nicht nur die üblichen demografischen Merkmale und Wohnverhältnisse, sondern auch die »blutmäßige Abstammung« der 80 Millionen Einwohner des *Dritten Reiches*. Auf gesondert auszufüllenden Bögen weist sie Menschen der Kategorien »Rasse-Juden« und »Mischlinge« aus. Auf dieser Grundlage lässt Eichmann später Namenslisten für die Deportation der im Reich verbliebenen Juden erstellen.

In weiterer Folge werden unter seiner Leitung Juden aus vielen Ländern Europas zu ihrer Ermordung in die Vernichtungslager im Osten transportiert.

Eine wesentliche Voraussetzung des Eroberungs- und Ausrottungskrieges bildet die *Deutsche Reichsbahn*. Auf ihrem weitverzweigten Schienennetz sowie auf eroberten oder neu verlegten Strängen werden Soldaten wie auch Waffen und Munition an die ausgedehnte *Ostfront* transportiert, um die gigantischen Schlachten in Gang zu halten. Andererseits wendet die *Reichsbahn* enorme Kapazitäten für die Verschleppung von Zwangsarbeitern aus Osteuropa in die deutschen Rüstungsfabriken wie auch für die Deportation der europäischen Juden in die Vernichtungslager auf. Die *Räder rollen*

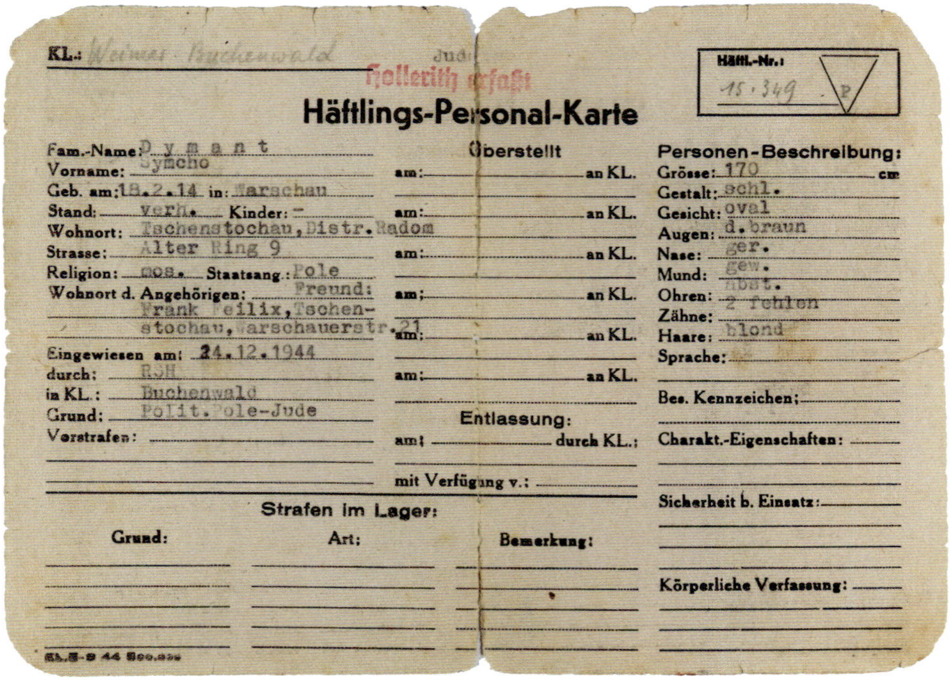

KL.: *Weimar Buchenwald* jude
Hollerith erfaßt

Häftlings-Personal-Karte

Häftl.-Nr.: 15.349 P

Fam.-Name: Dymant
Vorname: Symcho
Geb. am: 18.2.14 in: Warschau
Stand: verh. Kinder: –
Wohnort: Tschenstochau, Distr. Radom
Strasse: Alter Ring 9
Religion: mos. Staatsang: Pole
Wohnort d. Angehörigen: Freund:
Frank Feilix, Tschen-stochau, warschauerstr. 21
Eingewiesen am: 24.12.1944
durch: RSH
in KL.: Buchenwald
Grund: Polit. Pole-Jude
Vorstrafen:

Überstellt am: an KL.

Personen-Beschreibung:
Grösse: 170 cm
Gestalt: schl.
Gesicht: oval
Augen: d. braun
Nase: ger.
Mund: gew.
Ohren: abst.
Zähne: 2 fehlen
Haare: blond
Sprache:
Bes. Kennzeichen:
Charakt.-Eigenschaften:
Sicherheit b. Einsatz:
Körperliche Verfassung:

Entlassung: am: durch KL.:
mit Verfügung v.:

Strafen im Lager:
Grund: Art: Bemerkung:

Abb. 57 · »Hollerith erfaßt«

für den Sieg wie auch für den Völkermord am europäischen Judentum. Zur optimalen Auslastung der Deportationszüge legt die SS jeweils vorweg Listen an, die festhalten, wie viele Juden wo ausgehoben, festgenommen und zu den Bahnsteigen gebracht werden. Die *Reichsbahn* stellt Lokomotiven und Viehwaggons in entsprechender Menge bei und erstellt minutiöse Fahrpläne in den Tod. Im Vernichtungslager Treblinka etwa laufen Züge pünktlich um 12.10 Uhr ein, damit bis zum Abend rund 2000 Menschen vergast und verbrannt werden können. In den Lagern setzt sich die Bürokratie des Todes fort. Für den Arbeitseinsatz vorgesehene Häftlinge werden in Häftlingskarteien geführt, die jeden Häftling auf eine Num-

mer reduzieren. Sterbelisten verzeichnen die Todesfälle samt gefälschter Todesursache. In den Reihen der SS kursiert eine simple Rechnung: Die optimale Lebensdauer eines gesunden Häftlings betrage wenige Monate; dann sei er so geschwächt, dass seine Versorgung mehr koste, als er durch Zwangsarbeit erbringe. Dies sei der günstigste Zeitpunkt, ihn zu töten.

Zur administrativen Abwicklung des Massenmords bedient sich die SS der modernen *Dehomag*-Lochkartentechnik. Nach Kriegsende greifen auch die alliierten Besatzer zur Verwaltung der Deutschen auf diese Lochkarten zurück. Schließlich liegen die meisten Daten auf Lochkarten vor – mit Ausnahme jener der ermordeten KZ-Insassen, die von der *SS* als belastendes Beweismaterial vorsorglich vernichtet wurden.

Die *Wehrmacht* betreibt zur Verarbeitung von Rohstoff-, Geräte- und Musterungsstatistiken eine Abteilung *Maschinelles Berichtswesen*, die 1942 dem Planungsamt von Rüstungsminister Albert Speer unterstellt wird. Im *Totalen Krieg* soll sie Produktion und Verteilung von Munition, Ersatzteilen und Waffen, aber auch von Rekruten steuern. Alle im *Deutschen Reich* Beschäftigten inklusive der Millionen Zwangsarbeiter werden auf Lochkarten erfasst, um sie möglichst effizient in der Rüstungsindustrie einsetzen zu können.

Die Aufgabe des *Reichsnährstands* ist es in analoger Weise, die landwirtschaftliche Produktion zu verwalten und zu steigern. Schließlich gilt es, Deutschland von Lebensmittelimporten unabhängig zu machen, was erheblicher Einschnitte bedarf. Bereits vor Kriegsausbruch hat man deshalb zur Lebensmittelrationierung Bezugskarten an die Bevölkerung ausgegeben. In Geschäften und Gaststätten sind neben dem regulären Preis auch die nötigen Kartenabschnitte zu entrichten. Aber trotz Rationierung und rücksichtsloser Ausplünderung der von der *Wehrmacht* besetzten Länder herrscht den ganzen Krieg hindurch Mangel – etwa an Fett und Hülsenfrüchten. Zu Kriegsende 1945 kommt es in manchen deutschen Städten sogar zu Plünderungen von Geschäften.

Wegen der schlechten Versorgungslage muss die Rationierung über das Kriegsende hinaus beibehalten werden. In Wien, wo der Hunger besonders groß ist, lässt die *Alliierte Militärregierung* die Bestände aller verfügbaren Lebensmittel erheben, um die Zuteilung zentral zu regeln. Wegen der knappen Mengen gesteht man Normalverbrauchern täglich ganze 833 Kalorien zu, Angestellten 970, Arbeitern 1315 und Schwerarbeitern 1620. Es sind wahre Hungerrationen. Nur langsam bessert sich die Versorgungslage, erst 1948 kann die Lebensmittelbewirtschaftung in Österreich gänzlich aufgehoben werden.

Wirtschaftswunder. Amerikanisierung

Moderne Netzwerke

Zu einem Leitbegriff der Nachkriegszeit wird »Amerika«. Dieser Begriff steht für Demokratie und Wohlstand und für den wirtschaftlichen Wiederaufbau Österreichs durch Gelder aus dem amerikanischen *European Recovery Program* (*ERP*). Die überaus großzügige Wirtschaftshilfe der Amerikaner ist freilich nicht ganz uneigennützig. Sie bezweckt, die vom Krieg gezeichneten Länder Westeuropas wirtschaftlich wieder aufzubauen und in einen ideologischen Westblock mit den USA einzubinden. In Österreich stehen Großprojekte – unter anderem in den Bereichen Energieversorgung, Eisenbahn, Autobahn oder Post – im Fokus der Förderungen. Der dahinterstehende Plan ist, die Infrastruktur des Landes zu modernisieren und auszubauen, damit sich um sie herum eine private Wirtschaft entfalten kann.

Flankierend dazu zeigt die staatliche *Austria Wochenschau* die entsprechenden Aufnahmen, die den Österreichern vor Augen führen, dass der Wiederaufbau unaufhaltsam voranschreitet. Fabriken, Kraftwerke, Stromleitungen, Eisenbahnstrecken und Straßennetze sind bevorzugte Sujets, in denen sich der von Pioniergeist durchdrungene Aufbauwille zeigt. Der österreichische Phönix steigt zur hellen Freude des Kinopublikums aus dem Schutt des Zweiten Weltkrieges. Die Wochenschau dient als Projektionsfläche, auf der sich hervorragend demonstrieren lässt, wie schnell alles wieder ersteht und wie einmütig die Nation dabei ans Werk geht. Der Mythos des Wiederaufbaus speist sich über weite Strecken aus den erhebenden Bildern, die er selbst produziert.

Wegen der steigenden Wirtschaftskorrespondenz erhält in diesen Jahren des *Wirtschaftswunders* die Post wieder zunehmend Bedeutung. Das größte Postamt Österreichs, das Postamt am Westbahnhof, bearbeitet Ende der 1950er-Jahre täglich mehr als 50 000 Pakete, 600 000 Briefsendungen für Wien, ebenso viele für die Bundesländer, 150 000 für das Ausland, 40 000 Flugpostbriefe und zahllose Massensendungen. In der Zeit vor Weihnachten steigen diese Zahlen bis auf das Zehnfache an. Zahlreiche Bedienstete sind mit der Sortierung der Briefe und Pakete beschäftigt, da es keine Maschine gibt, die Handschriften lesen kann. Im Hinblick auf eine künftige vollautomatische Sortierung werden 1965 *Postleitzahlen* eingeführt, denn Ziffern sind eher maschinenlesbar als ausgeschriebene Adressen. Der vierstellige Zifferncode steht für eine genaue Verortung: Die erste Ziffer, also die Tausenderstelle, bezeichnet die *Leitzone*, die meistens einem Bundesland entspricht; beispielsweise steht 1 für Wien, 9 für Kärnten und Osttirol. Die zweite Ziffer bezeichnet eines der *Leitgebiete*, in die die betreffende Zone unterteilt ist. Jedes Leitgebiet wird von *Leitstrecken* durchzogen, die in der dritten Ziffer zum Ausdruck kommen. Zuletzt folgt in der vierten Ziffer der *Leitort*, also das Bestimmungspostamt.

Zunehmende Verbreitung erfährt auch das Telefon, wenngleich es zunächst vorwiegend in Büros und nur in geringem Maße in Privathaushalte einzieht. Seit Jahren wird an der Vollautomatisierung des Telefonbetriebs gearbeitet. Ende 1963 existieren rund 570 000 überwiegend automatisierte Hauptanschlüsse. Die betreffenden Teilnehmer können direkt, ohne zwischengeschaltete Telefonvermittlung, eine Verbindung zum

Abb. 58 · Direktwahl per Wählscheibe

gewünschten Gesprächspartner herstellen. Zu diesem Zweck verfügen die neuen Telefonapparate über eine Wählscheibe. Das »Fräulein vom Amt«, das bislang in der Vermittlungszentrale die gewünschte Verbindung hergestellt hat, wird obsolet. Gilt die Direktwähloption zunächst nur innerhalb Österreichs, so kommen nach und nach auswärtige Gebiete hinzu, allen voran die Schweiz und die Bundesrepublik Deutschland. Die Automatisierung erfolgt auch im Fernschreibverkehr. Die neuen Fernschreiber verfügen nunmehr ebenfalls über eine Wählscheibe, mit deren Hilfe man, wie beim Telefon, direkt über eine gewählte Nummer mit dem Adressaten in Verbindung treten kann. Steht die Verbindung, kann man ihm eine Textbotschaft übermitteln. Die Fernschreiber mit ihren schreibmaschinenartigen Tastaturen finden sich vor allem in Büros von Unternehmen, werden aber auch von der *Post- und Telegraphenverwaltung* zur Abwicklung des internationalen Telegrammverkehrs herangezogen.

Die steigenden Nutzungszahlen machen leistungsstarke Leitungen notwendig. Dahingehend werden unterirdische Koaxialkabel verlegt und oberirdisch Richtfunkstrecken gebaut. Für die Richtfunkstrecken reihen sich auf hoch gelegenen Bergkuppen errichtete Relaisstationen aneinander. Über sie können von Station zu Station via Funk Ferngespräche über große Distanzen übertragen werden. Für den internationalen Nachrichtentransfer steht bald auch die Satellitenübertragung zur Verfügung. An der 1965 gegründeten Vereinigung von Fernmeldeverwaltungen namens *Intelsat (International Telecommunications Satellite Organization)* ist Österreich von Anfang an beteiligt. Mit *Intelsat I*, genannt *Early Bird*, schickt *Intelsat* einen geostationären Satelliten ins All, der 35 000 Kilometer über dem

Abb. 59 · Autoreise

Äquator steht und der Übertragung von Te-
lefongesprächen über Großdistanzen dient.

Der einsetzende Wirtschaftsaufschwung,
das sogenannte *Wirtschaftswunder*, zeigt
sich auch im zunehmenden Straßenverkehr.
In den ländlichen Gebieten Österreichs dominiert noch der Autobus, vor allem im
Fremdenverkehr. Die Busfahrten führen
über die beeindruckende *Hochalpenstraße*
auf den Großglockner, zum imposanten
Wasserkraftwerk Kaprun, zu den Olympischen Winterspielen in Innsbruck 1964
oder an die Adriastrände Italiens und Ju-
goslawiens. Mit steigendem Wohlstand der
Österreicher wächst jedoch auch der Indivi-
dualverkehr. Nach amerikanischem Vorbild

wird das eigene Auto zum Statussymbol.
Das Auto eröffnet die Freiheit, im Urlaub
seine eigenen Wege unabhängig von Bus-
routen oder Eisenbahntrassen zu suchen.
Dahingehend wird die Südautobahn gebaut, die den Traum vom Italienurlaub ein
gehöriges Stück näher rückt. Die bereits bestehende Westautobahn nach Deutschland
wird ausgebaut. Bei der Autobahnplanung
werden Rasthäuser und Tankstellen, wie
sie für Autoreisen in regelmäßigen Abständen nötig sind, vorgesehen. Unverzichtbar
sind Autoatlanten und Reisehandbücher
wie *Autorama*, die mit ihren Straßenkarten
das immer dichter werdende Straßennetz
überschaubar und benutzbar machen. Ein
grafisches Kamerasymbol auf den Karten

markiert überdies Aussichtspunkte, an denen sich ein kurzer Halt zum Fotografieren lohnt.

Die Amateurfotografie zählt ebenfalls zur modernen, »amerikanischen« Lebensweise. Sie erlaubt den Menschen der Wirtschaftswunderzeit das Erreichte – das Haus, die Familie, den Urlaub mit dem Auto – gebührend und zunehmend in Farbe im Bild zu verewigen. Die privaten Aufnahmen fungieren sozusagen als unwiderlegbare Beweisstücke, dass man es geschafft hat. Am Kameramarkt verbreitet sich eine von dem amerikanischen Physiker Edwin Herbert Land konzipierte Kamera, die Positivbilder umgehend und selbsttätig entwickelt. Der dazugehörige Packfilm, der in die Kamera eingelegt wird, besteht aus Stapeln von Fotopapier samt einer Paste, die die für die Entwicklung nötigen Chemikalien enthält. Wird ein Bild nach der Belichtung aus der Kamera gezogen, läuft es zwischen zwei Walzen hindurch, wobei sich die Paste automatisch zwischen Positiv und Negativ verteilt. Nach einer halben bis eineinhalb Minuten Wartezeit kann das fertig entwickelte Positivbild vom Negativ abgezogen werden. Mit dieser Kamera hat man Schnappschüsse sofort in Händen. »Snap it … see it!« lautet der Werbeslogan der Firma, die die Kamera auf den Markt bringt. Ihr Name – *Polaroid* – wird zum Synonym für Sofortbildkameras.

Fenster zur westlichen Welt

In Deutschland erscheinen Fotoillustrierte wie *Quick*, *Stern* oder *Bunte*. Ihr Vorbild ist das überaus erfolgreiche New Yorker Magazin *Life*, das allwöchentlich vielen Millionen Lesern einen Blick in die fernsten Teile der Welt bietet. Die abgedruckten Fotoreportagen stammen von renommierten Fotografen wie dem Franzosen Henri Cartier-Bresson, einem Mitbegründer der legendären Fotoagentur *Magnum*. Cartier-Bressons fotografisches Credo ist das des entscheidenden Augenblicks: Es gelte, mit dem Druck auf den Auslöser jenen Augenblick zu erwischen, in dem sich das betreffende Ereignis in seiner ganzen Charakteristik offenbare.

Neben ambitionierten Fotoreportagen aus aller Welt zeigt *Life* jedoch auch den alltäglichen *American Way of Life* in Artikeln und Berichten über das Leben in den USA. Durch seine ganz- und doppelseitigen, vielfach farbigen Inserate für Autos, Zigaretten, Spirituosen, Fotokameras, Fernsehgeräte, Kühlschränke usw. fungiert das Magazin aber geradezu als ein Schaufenster in die bunte Welt des Konsums. *Life* spiegelt den Lebensstil der weißen Mittelklasse wider, einen auf Wohlstand basierenden Lebensstil, der durch die deutschen Illustrierten in Deutschland wie auch in Österreich verbreitet wird. Der *American Way of Life* kommt im Nachkriegseuropa gut an. Speziell bei den von Diktatur und Krieg ausgezehrten Menschen fällt der Samen auf fruchtbaren Boden. Inspiriert von den bunten Bildern der Werbung träumen sie den amerikanischen Traum von einem Auto und einem eigenen Haus mit Garten, einer modernen Kücheneinrichtung sowie einem Wohnzimmer mit einem der statusträchtigen Fernsehgeräte. In den USA sind um 1950 bereits Millionen Fernsehgeräte in Betrieb und die Geräteverkaufskurve weist weiterhin steil

nach oben, denn verkauft wird zu käufer-
freundlichen Ratenkonditionen.

Amerika ist das Fernsehland Nummer eins.
Ein den gesamten amerikanischen Kontinent durchquerendes Richtfunknetz erlaubt
Fernsehprogramme an Dutzende Millionen
Amerikaner von der West- bis zur Ostküs-
te zu übertragen. Die Sendung *See it now*
von Edward R. Murrow, seines Zeichens
Vizepräsident der New Yorker Fernsehge-
sellschaft *CBS (Columbia Broadcasting System)*, zeigt Aufnahmen, die Fernsehreporter
in aller Herren Länder gemacht haben: Aus
England kommen Fernsehbilder von Pre-
mierminister Churchill, aus den USA von
Präsident Truman und seinem Widersacher
General MacArthur sowie von dem Präsi-
dentschaftsanwärter Taft auf einer seiner
Wahlreisen. Bilder einer Blutspenderin sind
zu sehen, deren Blut in einer Flasche nach
Korea transportiert wird, wo es auf einem
Verbandsplatz einem Verwundeten das Leben rettet. Aus Korea stammen weiters Aufnahmen von einer Front, die US-Soldaten
in den Schützengräben zeigen, Kaugummi
kauend, würfelnd und immer gefechts-
bereit. Aus Europa sind schließlich Bilder
von General Eisenhower zu sehen, der in
Bremerhaven eingetroffene amerikanische
Truppen begrüßt.

Wie ein Fenster zur Welt lässt das Fernsehen die Zuschauer an jeden Ort der Welt
blicken, wenngleich der gewährte Blick zumeist ein Blick aus westlicher Sicht ist. Es
ist klar, wem die Rolle des Guten im *Kalten
Krieg* zukommt und wem die des Bösen.
Mithilfe des Fernsehens soll die amerikanische Weltsicht nach Europa exportiert werden, um die Westeuropäer von den Ideen

der freien Welt zu überzeugen und sie den
Einflüssen des Kommunismus zu entziehen.
Die Auswahl scheint nicht allzu schwierig: Während das kommunistische Gesell-
schaftsmodell *Gleichheit für alle* verspricht,
lockt das amerikanische mit *Wohlstand für
alle*. Der US-Senator Carl E. Mundt erklärt
jedenfalls vor dem Kongress, die beste Möglichkeit, den *Kalten Krieg* zu beenden, sei,
ihn zu gewinnen. Und die beste Waffe dafür
bilde das Fernsehen!

Seitens der USA entstehen visionäre Pläne
eines transatlantischen Zusammenschlusses
der Fernsehnetze. Man will im Zuge eines
Projekts mit dem Titel *NARCOM (North
Atlantic Relais Communications)* ein Richt-
funkfernsehnetz zwischen Nordamerika
und Europa errichten: Von den USA über
Kanada nach Neufundland, Grönland, Is-
land, die Färöer- und Shetland-Inseln nach
Großbritannien soll sich diese Fernsehader
der westlichen Welt erstrecken. Man expe-
rimentiert außerdem mit Flugzeugen und
schwimmenden Relaisstationen im Atlantik. Auf der anderen Seite des Atlantiks versuchen die Briten, ein europäisches Fern-
sehnetz aufzubauen und in absehbarer Zeit
den Anschluss an Amerika herzustellen.

Aktueller Anlass sind die Feierlichkeiten
anlässlich der Krönung der britischen Königin, die man auf den europäischen Kontinent übertragen will. Man bindet dazu die
Fernsehnetze einiger europäischer Staaten
zum Zwecke des Programmaustauschs aneinander. Dies ist die Geburtsstunde der
Eurovision. Das Herzstück des Netzes bildet das bundesdeutsche Netz, wo von Nord
nach Süd und von Ost nach West alle Linien
zusammenlaufen. Als im Juni 1953 die Krö-

Abb. 60 · Fenster zur Welt

nungsfeierlichkeiten stattfinden, verfolgen zahlreiche Fernsehkameras der *British Broadcasting Corporation (BBC)* in London den Festumzug. Über Richtfunk gelangen die Aufnahmen von London über Dover und Calais nach Frankreich, Belgien, Holland und schließlich nach Deutschland, wo das Fernsehen eben erst eingeführt wurde. Private Fernsehzuseher gibt es dort darum noch nicht allzu viele; manch einer kann die Übertragung aber auf großer Leinwand in einem Kinosaal mitverfolgen. Trotzdem bildet die Krönung von Königin Elisabeth II. ein erstes großes Fernsehfest des Westens. Auch die amerikanischen Fernsehzuschauer können die frisch gekrönte Königin bestaunen, wenn auch nicht im Zuge einer Direktübertragung. Die Feierlichkeiten in London werden auf Film aufgenommen, die Filme gelangen per Düsenflugzeug in die USA und werden dort ausgestrahlt. Die Amerikaner bekommen die Krönung also mit Verspätung zu sehen, was durch die

sowieso bestehende Zeitverschiebung nicht als nachteilig empfunden wird.

Kurz darauf beginnt die österreichische *Post- und Telegraphenverwaltung* mit der Planung eines bundesweiten Fernsehsendernetzes. Das Netz soll fürs Erste im Westen bis Salzburg und im Süden bis Graz reichen. Sender stehen alsbald am Wiener Kahlenberg, am Linzer Freinberg, am Grazer Schöckl und am Salzburger Gaisberg. Zwischen den Sendern werden Relaisfunkverbindungen errichtet, um Sendungen gleichzeitig über alle Sender ausstrahlen zu können. Eine Relaisverbindung wird vom Gaisberg auch zum Chiemsee in Bayern eingerichtet, als Anschluss an das Netz der 1954 gegründeten *Eurovision*. Fernsehtechnisch ist Österreich jetzt fest in Westeuropa verankert.

Als glanzvoller Auftakt im Sommer 1955 ist eine Übertragung der *Salzburger Festspiele* geplant, die auch ins Eurovisionsnetz eingespeist werden soll. Österreich empfiehlt sich dem Ausland – wenig überraschend – mit repräsentativer Hochkultur. Die Übertragung kommt aber aus rechtlichen Gründen nicht zustande, da die Künstler hinsichtlich der Fernsehübertragung höhere Gagenforderungen stellen.

Eine zentrale Aufgabe des Fernsehens ist es, das Nationalbewusstsein der Österreicher zu stärken. Dies geschieht etwa durch Übertragungen der Wiedereröffnung des Burgtheaters und der Staatsoper, aber auch von Sportereignissen, gibt es doch vor allem im Wintersport viel Ruhm für Österreich zu ernten. Als Anfang 1956 die Olympischen Winterspiele im italienischen Cortina d'Ampezzo stattfinden, übernimmt das

SONNTAG, 5.FEBER · 12⁰⁰ - 13¹⁵ UHR

Fernsehen

Spezialspringen
OLYMPIADE 1956 Cortina d'Ampezzo

Abb. 61 · Nationale Sportarena Fernsehen

Fernsehen eine Übertragung der *Eurovision* und dehnt damit die Sportarena auf ganz Österreich aus. Zahlreiche Österreicher fiebern vor den Bildschirmen mit Idolen wie Toni Sailer mit. Toni Sailer marschiert an der Spitze, als die österreichische Mannschaft in das Stadion einzieht. Er bleibt auch bei den Schibewerben an der Spitze und trägt die Fahne »über alle Hänge und Pisten«. Toni Sailer viel näher als die unmit-

telbaren Zuschauer auf den Tribünen bewundern zu können, gilt in diesen Tagen als das »Wunder des Fernsehens«; man könnte dieses Wunder auch darin sehen, den Österreichern einen Nationalstolz zu geben, der ihnen lange gefehlt hat.

Da Fernsehgeräte anfangs überaus teuer sind, stehen die ersten Exemplare zunächst vor allem in Gaststätten und Cafés. Viele Gastwirte leisten sich diese Attraktion, um

157

Gäste in ihre Lokale zu locken. Es werden Ankündigungstafeln ausgehängt, wann welche Sendung zu sehen ist; manche Gastwirte lassen in der Umgebung sogar Plakate anschlagen. Doch der Andrang geht bald zurück, denn durch steigende Einkommen und mit fortschreitender Verbilligung der Fernsehgeräte infolge der Massenfertigung können sich immer mehr Zeitgenossen ihr eigenes Gerät leisten. Die von den Händlern gewährten Ratenkonditionen tragen zur Verbreitung bei. Vor allem vor großen Sportfesten verzeichnet der Handel Umsatzrekorde. Allmählich wird das Fernsehgerät zu einem selbstverständlichen Bestandteil des Wohnzimmers. An seinem Programm richtet sich die Feierabendgestaltung aus, die sich zusehends häufiger als früher auf das Zuhause beschränkt – mitunter auch, weil durch die Raten fürs Fernsehgerät das Geld fürs Kino fehlt.

Mit der Verbreitung des Fernsehens setzt sich die täglich ausgestrahlte Fernsehnachrichtensendung *Zeit im Bild* gegen die Kino-Wochenschau durch, doch wie ihr Vorläufer bieten die Fernsehnachrichten ein westliches Bild von der Welt. Es herrscht der *Kalte Krieg* und Österreich, obwohl unabhängig und neutral geworden, sieht seinen Platz im Westen. 1956 sind es Bilder von der brutalen Niederschlagung des Volksaufstands in Ungarn durch sowjetische Truppen, in denen der Bildschirm die Zuschauer zu Augenzeugen der Weltgeschichte macht.

Ab 1960 sind regelmäßig Bilder von John F. Kennedy zu sehen – einer der politischen Lichtgestalten der Epoche. Seine modebewusste Frau Jacqueline arriviert dank ihrer zahlreichen Medienauftritte zu einer repu-

blikanischen »Königin« der westlichen Welt. 1961 ist Wien Schauplatz eines Treffens zwischen Präsident Kennedy und Nikita Chruschtschow, dem Ministerpräsidenten der Sowjetunion. Das österreichische Fernsehen ist dabei – und mit ihm sind es die Zuschauer vor den Bildschirmen. Kennedy wird zum Fernsehstar, an dessen Leben und Wirken viele Millionen Menschen Anteil nehmen. Als er im November 1963 in Dallas einem Schussattentat zum Opfer fällt, zeigt sich die Welt schockiert. Die Begräbnisfeierlichkeiten werden weltweit im Fernsehen übertragen, ein internationales Publikum trauert vor den Bildschirmen.

Das Live-Moment erweist sich als das wichtigste Merkmal des Fernsehens. Es öffnet buchstäblich ein Fenster, das ein Ereignis für ein Millionenpublikum in aller Welt in Echtzeit miterlebbar macht. Als die *NASA* und die *American Telephone & Telegraph Corporation (AT & T)* 1962 den Satelliten *Telstar 1* ins All schießen, können zwischen Nordamerika und Europa erstmals Live-Fernsehbilder übertragen werden. Da sich *Telstar* aber in keiner geostationären Umlaufbahn befindet, kann er die Verbindung nur zehn Minuten lang halten. Sein Nachfolger *Telstar 2* kann im Jahr darauf seiner höheren Umlaufbahn wegen eine 20 Minuten lange Übertragung bieten. Der erste geostationäre Satellit der *NASA* ist *Syncom 3 (Synchronous Orbit Communications Satellite)*. Mit seiner Hilfe wird 1964 die in Tokio stattfindende Olympiade in die USA übertragen. Nach Europa besteht noch keine Satellitenverbindung, weshalb die aufgezeichneten Bilder per Flugzeug nach Hamburg gelangen, wo sie ins Netz der *Eurovision* eingespeist werden. 1965 geht der geostationäre Satellit *Early Bird* in Betrieb, der Fernsehsendungen auf beide Seiten des Atlantiks überträgt. Das Fernsehen lässt die westliche Welt zusammenrücken.

Wiener Dramaturgie

In den Jahren des *Wirtschaftswunders* wird die Vergangenheit in den Hintergrund gedrängt. Die Kriegsgeneration will sich weder den Gräueln des Krieges noch der Frage der Kriegsschuld stellen. Außerdem verlangt der entbehrungsreiche Wiederaufbau den Menschen viel ab. Angesichts dessen spielt das Kino noch eine wichtige Rolle, bietet es seinem Publikum doch die Möglichkeit, vor dem oft harten Alltag in die glückselige Welt der Heimatfilme zu flüchten. In Förster- oder Kaiserfilmen wird ein verklärtes Österreichbild gezeichnet, das nachdrücklich die eigenständige Geschichte und die Eigenstaatlichkeit Österreichs reklamiert, um sich vom *Dritten Reich* und dessen Verbrechen zu distanzieren. Diese Filme zeichnen ein friedliches Bild von Österreich, entnommen oft der als heil angesehenen Zeit der Habsburgermonarchie.

Der Regisseur Ernst Marischka dreht 1955 den Liebesfilm *Sissi*, eine märchenhafte Geschichte, die erzählt, wie die junge Prinzessin Elisabeth aus dem bayrischen Possenhofen zur österreichischen Kaiserin aufsteigt. Die weibliche Hauptrolle spielt die erst 17-jährige Romy Schneider, für die die Rolle den internationalen Durchbruch bringt. Die männliche Hauptrolle, Kaiser Franz Joseph, spielt Karlheinz Böhm. Gemeinsam verkörpern die beiden Hauptdarsteller ein Leinwand-Traumpaar. Wegen des riesigen Erfolgs wird der Film zur Trilogie erweitert: Es folgen 1956 *Sissi – die junge Kaiserin* und 1957 *Sissi – Schicksalsjahre einer Kaiserin*.

Die junge Generation, die gegen ihre Elterngeneration aufbegehrt, gibt sich mit Fernsehheim und Heimatfilm jedoch nicht zufrieden. Sie sucht neue Vorbilder, vor allem in amerikanischen Filmen, revoltierende Typen wie den jungen James Dean, der in Filmen wie *Jenseits von Eden* zu sehen ist. Elia Kazans Film basiert auf dem gleichnamigen Buch von John Steinbeck und behandelt den Niedergang einer amerikanischen Familie. Der Vater erzieht seine beiden Zwillingssöhne streng religiös, jedoch ohne menschliche Wärme. Die Mutter hat die Familie verlassen und wird totgesagt; tatsächlich betreibt sie in der Stadt ein Bordell. Cal, einer der beiden Söhne, ringt vergebens um die Anerkennung des Vaters, der zweite, Aron, meldet sich freiwillig zum Kriegsdienst im Ersten Weltkrieg, als er die Wahrheit über seine Mutter erfährt. Der Vater bricht am Ende mit einem Schlaganfall zusammen.

Es mag James Deans eigene schwierige Biografie sein, die ihn in solchen Rollen so überzeugend macht. Doch liegt der Erfolg seiner Filme wohl auch in den Biografien zahlloser Nachkriegsjugendlicher, die einen tiefen Bruch zu ihrer Elterngeneration verspüren und sich in Filmen wie diesen wiedererkennen. Das Kino ist fixer Bestandteil der Jugendkultur, zumindest noch einige Jahre lang, denn allmählich setzt durch den Aufstieg des Fernsehens ein Kinosterben ein.

Die großen österreichischen Bühnen stehen ebenfalls im Zeichen der Pflege des

Abb. 62 · Der junge Wilde, James Dean

Nationalbewusstseins, wenngleich auf gehobenem bürgerlichen Niveau. Der österreichische Kleinstaat will sich einmal mehr als Kulturgroßmacht präsentieren, um sich nach außen einen respektablen Platz unter den Staaten zu sichern und um im Inneren die anfangs nicht unumstrittene Nationalidentität zu stärken. Im September 1955 wird das Burgtheater bezeichnenderweise mit Franz Grillparzers *König Ottokars Glück und Ende* wiedereröffnet, einem gleichermaßen moralisierenden wie patriotischen Stück. »Es ist ein gutes Land,« heißt es darin über Österreich, »wohl wert, dass sich ein Fürst sein unterwinde!«

Für kritische Bühnenstücke, die den Eindruck trüben, besteht wenig Bedarf. Die Parole lautet *Österreich* und meint damit vor allem ein von kommunistischen Einflüssen befreites Österreich. Zur Erfüllung dieser Aufgabe greift man mitunter auf Persönlichkeiten aus der NS-Zeit zurück. Die Staatsoper gibt anlässlich ihrer Wiedereröffnung im November 1955 Ludwig van Beethovens *Fidelio*. Es ist nicht zufällig Beethovens Befreiungsoper, fällt die Wiedereröffnung doch mit dem Abzug der alliierten Besatzungsmächte zusammen. Dirigent ist Karl Böhm, der im *Dritten Reich* Karriere gemacht hat. Dasselbe gilt für Herbert von Karajan, der nunmehr die *Salzburger Festspiele* leitet, die jedes Jahr wieder mit Hoffmannsthals christlichem Moralstück *Jedermann* eröffnet werden. Die *Salzburger Festspiele* sind bald auch Aushängeschild für den Fremdenverkehr, der Devisen bringen soll. Der *Österreichische Rundfunk* überträgt sie wie schon vor dem Krieg als rot-weiß-rotes Werbeprogramm in viele Länder der Welt.

In Wien wirkt zwischen 1957 und 1965 ein beratendes Kollegium aus Theaterleuten, Theaterdirektoren und Theaterwissenschaftlern. Das Kollegium, genannt *Wiener Dramaturgie*, bestimmt Festwochenprogramm und Spielpläne der Großbühnen im Sinne der österreichischen Regierung. Kritisches, linkes Theater findet kaum statt. Die Literaturkritiker Hans Weigel und Friedrich Torberg setzen jahrelang einen Boykott der Dramen des Kommunisten Bertolt Brecht durch. Als der Volkstheaterdirektor Leon Epp 1963 trotzdem Brechts *Mutter Courage und ihre Kinder* aufführen lässt, ist in der Presse von einer »Blockadebrecher«-Premiere die Rede. Nach 13 Jahren des Boykotts wird Brecht wieder an einem der großen Theater in Österreich gespielt. Für dieses Umdenken dürfte aber vor allem Brechts internationaler Erfolg verantwortlich sein. Jedenfalls werden seine Stücke drei Jahre später sogar im Burgtheater wieder aufgeführt, obwohl Direktor Ernst Haeussermann dies einst ausgeschlossen hatte.

Wellen der Entrüstung schlägt auch das Erstlingswerk eines jungen deutschen Lektors namens Rolf Hochhuth. Das Drama *Der Stellvertreter*, ein »christliches Trauerspiel«, beschäftigt sich kritisch mit der Haltung von Papst Pius XII. gegenüber dem *Holocaust*. In dem Drama setzt der fiktive Jesuitenpater Riccardo Fontana den Papst über die massenhafte Deportation und Ermordung von Juden in nationalsozialistischen Konzentrationslagern in Kenntnis und drängt ihn, öffentlich dagegen zu protestieren. Doch der Papst verweigert eine klare Stellungnahme gegen den Nationalsozialismus aus Rücksicht auf die Bedrohung der Kirche durch den atheistischen

Abb. 63 · Heinrich Böll: Literarische Gesellschaftskritik

Kommunismus. Das Drama wird 1963 im Westberliner *Theater der Freien Volksbühne* unter der Regie von Erwin Piscator uraufgeführt. Der Aufführung folgen heftige öffentliche Kontroversen und diplomatische Verwicklungen. Dem Bühneneklat ist bereits ein Verlagseklat vorangegangen. Hochhuth hat das Drama zunächst einem Verlag des *Bertelsmann*-Konzerns anvertraut, der den Druck jedoch aus Rücksicht auf seine katholische Leserschaft eingestellt hat. Das Buch kommt deshalb erst zur Zeit seiner Uraufführung beim *Rowohlt*-Verlag heraus. Nicht weniger kontroversiell wird das Stück im

katholisch geprägten Wien aufgenommen. Bei der österreichischen Erstaufführung im *Volkstheater* kommt es im Zuschauerraum zu Tumulten und Handgreiflichkeiten. Das renommierte *Burgtheater* hat eine Aufführung abgelehnt.

Mit dem in der *Wirtschaftswunderzeit* herrschenden Zeitgeist setzt sich auch der Schriftsteller Heinrich Böll kritisch auseinander. 1963 erscheint sein Roman *Ansichten eines Clowns* im Verlag *Kiepenheuer & Witsch*. Schon der Vorabdruck in der *Süddeutschen Zeitung* hat wegen des Vorwurfs antikatholischer Tendenz heftige öffentliche Diskussionen ausgelöst. Die Hauptfigur Hans Schnier, Sohn aus einer Industriellendynastie, hat sich von den Werten seiner Familie abgewendet und verdingt sich als Clown. Er durchlebt eine schmerzliche Trennung von seiner langjährigen Lebensgefährtin Marie Derkum. Sie ist streng katholisch und verlässt ihn, nachdem er sich geweigert hat, im Zuge der Eheschließung zu unterschreiben, die gemeinsamen Kinder im katholischen Sinn zu erziehen. Vor diesem Hintergrund sinniert Schnier über die Menschen seines Umfelds und die Werte der deutschen Nachkriegsgesellschaft. Er beklagt die schlechte Aufarbeitung des Nationalsozialismus ebenso wie den Katholizismus, der unerbittlichen Gehorsam fordert. Durch einen Bühnenunfall verletzt, enttäuscht und durch den Niedergang seiner Karriere weitgehend mittellos, verfällt er dem Alkohol. Er endet als Bettler auf der Treppe des Bonner Bahnhofs, wo er auf die Rückkehr seiner Geliebten wartet.

Die literarische Auseinandersetzung mit Geschichte und Gegenwart reicht freilich über den Kreis bestimmter Eliten nicht hinaus. Der überwiegende Teil der Leser verweigert sich solchen Themen. Der beschwerliche Arbeitsalltag des *Wirtschaftswunders* lässt viele nach leichter Unterhaltung greifen. Verlage wie der Kölner *Bastei Lübbe-Verlag* spezialisieren sich auf populäre Romane im Taschenbuchformat und auf Romanhefte, die in großen Auflagen erscheinen und in Leihbibliotheken in gebrauchter Form für wenig Geld verliehen werden. Die Massenproduktion mit schnell arbeitenden Rotationsdruckmaschinen bildet die Voraussetzung für den Aufstieg des

billigen Taschenbuchs. Der deutsche Verleger Ernst Rowohlt gibt eine Reihe mit dem bezeichnenden Titel *Rowohlts Rotationsromane (rororo)* heraus. Als erschwingliche Taschenbücher erscheinen indes nicht nur die Werke deutscher Autoren. In übersetzter Form verbreiten sich auch Werke westlicher Autoren, die lange Zeit aus dem deutschen Sprachraum verbannt waren. Darunter fallen so prominente Literaten wie der amerikanische Literaturnobelpreisträger Ernest Hemingway.

Im Buchhandel beginnt eine neue Ära, die der Buchgemeinschaften, die in riesigen Auflagen gedruckte Bücher kostengünstig an ihre Mitglieder verkaufen. Die Mitgliederwerbung erfolgt in amerikanischer Manier durch Vertreter an der Haustür. Der Verkauf der Bücher erfolgt über Bestellkataloge. Die Gütersloher *Bertelsmann AG*, die in Deutschland eine Monopolstellung am Sektor Buchgemeinschaften erlangt, betreibt unter anderem auch die österreichische *Buchgemeinschaft Donauland*.

Rock 'n' Roll

Musikalisch ist die Nachkriegszeit durch den deutschsprachigen Schlager geprägt. Es sind simple Lieder von Liebe und Glück, die die Sehnsüchte und Urlaubsträume der Wirtschaftswundergeneration widerspiegeln. Conny Froboess und Peter Kraus gelten als Schlagertraumpaar. Ihrer Popularität als Sänger wegen werden sogar Schlagerfilme mit ihnen gedreht. 1960 entsteht *Conny und Peter machen Musik*. Buchstäblich, kann man sagen – denn die seichte Geschichte, die in einem Hotel am Lago Maggiore spielt, wartet mit Gesangseinlagen der beiden Hauptdarsteller auf.

Durch den Einfluss der amerikanischen Besatzungsmacht gewinnen jedoch auch neue Rhythmen an Bedeutung. Vor allem der *Rock 'n' Roll*, die Musik der amerikanischen Besatzer, findet begeisterte Aufnahme bei Jugendlichen. Von konservativen Kommentatoren wird der neue »Sound« im NS-Jargon bisweilen noch als »Negermusik« abgetan, doch kann das den Siegeszug der Popkultur nicht stoppen. Musiker wie Elvis Presley, die *Rolling Stones* oder die *Beatles* machen Karriere.

Die aus Liverpool stammenden *Beatles* nehmen 1962 ihre erste Schallplatte auf, im Jahr danach folgt die erste Langspielplatte, die bald die britischen Hitlisten anführt. In den nächsten Jahren erklimmt jede einzelne ihrer Singles den Platz an der Spitze. Sie gehen auf Konzerttournee durch Großbritannien, absolvieren Radioauftritte und haben zeitweise sogar eine eigene Sendung bei der *BBC*. Den internationalen Durchbruch bringen Auftritte in Fernsehshows. Ihre Konzerte werden begleitet von Massenhysterie samt Ohnmachtsanfällen vornehmlich im jugendlich-weiblichen Publikum. Die Fans spielen verrückt, sodass die Musiker die Säle oft nur mit Polizeischutz betreten und verlassen können. Es herrscht *Beatlemania*.

Die englischsprachige Popmusik prägt den Alltag der Jugendlichen in vielen Ländern – auch in Österreich und Deutschland. Für manchen Teenager bildet sie den Inbegriff von Freiheit und Freude in einer disziplingläubigen und gefühlskalten Gesellschaft.

In manchen Lokalen tanzt man ekstatisch *Rock 'n' Roll* und *Twist* zur Musik aus einer *Jukebox*, die gegen Einwurf einer Münze die gewünschte Platte spielt. Die *Jukebox* kommt, wie so vieles in diesen Tagen, aus Amerika und wird durch die Besatzungssoldaten populär gemacht. Weil die neonfarben leuchtenden Musikautomaten zu einem guten Teil von der amerikanischen Firma *Wurlitzer* stammen, werden sie hierzulande schlicht *Wurlitzer* genannt.

Die zunehmende Verbreitung der Schallplatte lässt in weiterer Folge die *Diskothek* entstehen. Das nach der *Disc* – der Schallplatte – benannte Tanzlokal verzichtet gänzlich auf Live-Orchester und bietet stattdessen ausschließlich Musik vom Plattenteller, aufgelegt durch den *Disc Jockey*. Mit zunehmendem Wohlstand kommen Plattenspieler auch im privaten Umfeld in Umlauf, auch batteriebetriebene, tragbare Versionen, sodass die Lieblingsmusik bei Festen daheim und sogar auf Ausflügen gehört werden kann. Plattenfirmen, Rundfunkanstalten sowie Hersteller von Plattenspielern und Radiogeräten formen die moderne Musikindustrie. Diese Industrie entfaltet ein weites Geschäftsfeld, doch lässt sie sich nicht allein kommerziell erklären. Um diesen Erfolg zu verstehen, muss man die Bedeutung der Musik für das Lebensgefühl der Fans erkennen sowie die Rolle der *Popstars*, die die Aufgabe übernehmen, die Gefühle von Millionen in kultureller Hinsicht heimatlos gewordenen Nachkriegsjugendlichen in Worten und Melodien zum Ausdruck zu bringen.

Ausgehend von den USA verbreitet sich mit der sogenannten *Hippie*-Bewegung überdies

Abb. 64 · Lieder für Frieden und Freiheit, Joan Baez und Bob Dylan

eine vollkommen neue Jugendkultur. Sie spiegelt den Protest eines großen Teils der Jugend gegen die reaktionäre Lebensauffassung ihrer Eltern wider. Die USA führen in Südostasien Krieg – zunächst in Korea, dann in Vietnam – und stehen in einem Wettrüsten mit der Sowjetunion, das die Welt immer wieder an den Rand des Atomkriegs bringt. Innenpolitisch kommt rohe Polizeigewalt gegen die Bürgerrechtsbewegung der Afroamerikaner und gegen die Friedensbewegung zum Einsatz. Es ist dieses Klima, in dem die Protestkultur gedeiht. Angesichts des *Kalten Krieges* hoffen die meist langhaarigen *Hippies* auf eine friedlichere Welt und predigen freie Liebe statt Krieg. Sie demonstrieren gegen den Vietnamkrieg und für die Bürgerrechte Schwarzer.

Beim *March on Washington for Jobs and Freedom* im August 1963 versammeln sich 200 000 Menschen vor dem *Lincoln Memorial*. Zentrale Forderung dieser Protestveranstaltung ist eine Beendigung der Rassendiskriminierung. Der schwarze Bürgerrechtler Martin Luther King hält die leidenschaftliche Rede *I have a dream*. Liederschreiber wie Bob Dylan und Joan Baez nehmen an solchen Protestveranstaltungen teil und beziehen in ihren Liedern Stellung. Dylan schreibt ein einfaches Lied zu einer alten Gospel-Melodie, das zum Inbegriff des Protestliedes wird, es heißt *Blowin' In The Wind*:

»How many roads must a man walk
  down

Before you call him a man?
Yes, 'n' how many seas must a white dove
   sail
Before she sleeps in the sand?
Yes, 'n' how many times must the
   cannonballs fly
Before they're forever banned?
The answer, my friend, is blowin' in the
   wind
The answer is blowin' in the wind.«

Einen Höhepunkt dieser Jugendbewegung bildet das dreitägige *Woodstock Music and Art Festival*, zu dem im August 1969 Hunderttausende Fans pilgern. Das Festival, das wegen des unerwartet großen Besucheransturms unter chaotischen Umständen abläuft, steht im Zeichen von Frieden und Freiheit und ist inspiriert durch die Vision einer nichtrassistischen, gewaltlosen Gesellschaft. Neben Liedermachern wie Baez und Dylan treten in Woodstock Rockmusiker wie Jimi Hendrix, Joe Cocker oder Janis Joplin auf, die das visionäre, aber auch von Drogenexzessen geprägte Lebensgefühl verkörpern. Es ist ein gleichermaßen freizügiger wie hemmungsloser Protest gegen den vorherrschenden Zeitgeist des *Kalten Krieges*, der wenig Raum lässt für *Flower-Power*.

Kalter Rechnerkrieg

D as offizielle Amerika ist ein kühl kalkulierendes Amerika, das seinen technologischen Vorsprung einzusetzen weiß, um die führende Position unter den Nationen zu wahren. Den technologischen Fortschritt verdankt es nicht zuletzt dem Zwei-

ten Weltkrieg, sei es im Falle der von den Nazis erbeuteten Raketentechnologie eines Wernher von Braun oder der im Kriegsverlauf entwickelten Computertechnologie. Im Auftrag der *US Army* ist an der Universität von Pennsylvania der Großrechner *ENIAC (Electronic Numerical Integrator and Calculator)* entstanden. Dieser riesige vollelektronische Röhrenrechner, der einen Raum von zehn mal 17 Metern Fläche einnimmt und 30 Tonnen wiegt, schafft Tausende Additionen in der Sekunde und ist für Berechnungen im Zusammenhang mit der Entwicklung der Atombombe in Los Alamos benutzt worden. Er bleibt auch nach Kriegsende im *Kalten Krieg* mit der Sowjetunion militärischen Nutzungen vorbehalten. Bis 1955 liefert *ENIAC* ballistische Tabellen für Geschosse. Für die aufwendige Berechnung der Flugbahn eines Projektils, das 60 Sekunden lang fliegt, hat ein versierter Fachmann an einem Tischrechner bislang 20 Stunden gebraucht. *ENIAC* benötigt dafür lediglich 30 Sekunden.

Von der amerikanischen Firma *Remington Rand* wird ab 1951 mit dem *UNIVAC I (Universal Automatic Computer)* ein zimmergroßer und tonnenschwerer Röhrenrechner gebaut. Abnehmer sind Behörden wie das *United States Census Bureau*, die *US Air Force*, die *US Army*, die *US Navy*, die *Atomic Energy Commission (AEC)*, aber auch die Fernsehstation *CBS (Columbia Broadcasting System)*. Letztere prognostiziert damit den Ausgang der Präsidentschaftswahlen. Das *Bureau of the Census* bedient sich eines *UNIVAC*-Rechners zur Abwicklung der aufwendigen Volkszählung. Und da immer mehr Bürgerdaten in elektronischer Form in Datenbanken vorliegen, entwickeln das *Bureau of the Budget* und das *Bureau of the Census* den ehrgeizigen Plan, Datenbestände von 20 Ministerien in Computern zu zentralisieren. Sämtliche Daten würden dadurch rasch verfügbar und vielfältig miteinander verknüpfbar. Das künftige bundesweite Datenzentrum solle staatlichen wie privaten Interessenten Auskunft geben. Dagegen erhebt sich jedoch Protest: eine solche nationale Datenbank wäre kein Gewinn im Sinne der Informationsfreiheit, heißt es, eher eine Bedrohung der individuellen Privatsphäre. Aus Furcht vor einem allwissenden *Big Brother* – George Orwells Schreckensvision *1984* ist erst kürzlich erschienen – wird das Projekt fallen gelassen.

Der amerikanische Konzern *IBM (International Business Machines Corporation)* produziert ebenfalls erfolgreich Großrechner und liefert darüber hinaus mit dem *Tele-Processing* eine zukunftsweisende Technik für den Datentransfer über Telefonleitung. Damit wird vernetztes Arbeiten an verschiedenen Standorten in Echtzeit möglich. Die *Bank of America* führt von ihrer Zentrale in San Francisco aus auf viele Zweigstellen verstreute Hypothekarkonten. Das Pentagon, das amerikanische Verteidigungsministerium, betreibt damit ein Lagerhaltungssystem für das sogenannte *Medical Depot*. Hinter diesem Begriff verbirgt sich die größte Apotheke der Welt, die mithilfe des neuen Systems den Sanitätsbedarf für alle US-Soldaten zu decken hat. Das Computersystem kontrolliert selbsttätig die Lagerbestände, stellt Bestellungen zusammen und sorgt für rechtzeitiges Wiederauffüllen. Für amerikanische Fluglinien liefert *IBM* das System *SABRE (Semi-Automatic Business-Related*

Environment) zur Verwaltung von Passagierbuchungen, die von verschiedenen Städten aus vorgenommen werden können.

Anfang der 1960er-Jahre wird in der *US Air Force* mithilfe von Großrechnern passendes Personal gesucht. Die Rechner prüfen Kandidaten nach Kriterien wie Geschicklichkeit, geistige Anlagen, Ausbildung, Erfahrung und Eignung und gleichen die Qualifikationen mit den Anforderungen bestimmter militärischer Einheiten ab. Persönliche Präferenzen der Soldaten spielen in diesem maschinellen Auswahlverfahren keine Rolle. Mit dem Personalverwaltungssystem *Persis* überträgt *IBM* dieses Prinzip auf Wirtschaftsbetriebe. Über herkömmliche Lohnbuchhaltung hinaus sieht *Persis* miteinander koppelbare Teildatenbanken vor – eine Personaldatenbank, eine Fähigkeitendatenbank, eine Tätigkeitendatenbank, eine Stellendatenbank und eine Kostenstellendatenbank. Der Arbeitnehmer wird auf die Summe seiner Eigenschaften reduziert. Die Zusammenführung und Verknüpfung vieler solcher Einzeldaten ermöglicht der Unternehmensführung eine effiziente Planung ihrer menschlichen Ressourcen – freilich über die Köpfe der Betroffenen hinweg.

Im *Kalten Krieg* bleibt das Militär einer der Hauptabnehmer für Rechenleistung. Die USA und Kanada errichten eine gemeinsame Luft- und Weltraumüberwachung, genannt *NORAD (North American Aerospace Defense Command)*. Dafür wird auf dem Territorium der USA das Luftraumüberwachungssystem *SAGE (Semiautomatic Ground Environment Air Defense System)* eingerichtet, das auf einem von *IBM* gebau-

Abb. 65 · »Semiautomatic Ground Environment Air Defense System«

ten Großrechner mit 55 000 Elektronenröhren, einem Gewicht von 275 Tonnen und einer Ausdehnung von 2000 Quadratmetern basiert. *SAGE* besteht aus Gefechts- und Leitzentralen, die über die USA verteilt und durch Telefonleitungen miteinander verbunden sind. In den Zentralen gehen laufend Daten ein, gesendet von verschiedenen Radar- oder Wetterstationen, von Schiffen, Flugzeugen und anderen Beobachtungsposten. Die Daten werden auf Radarbildschirmen dargestellt. Jedes Flugobjekt, das auf dem Schirm auftaucht, soll dadurch möglichst rasch identifiziert werden können. Das Bodenpersonal, das an den Schirmen Dienst tut, kann mittels Lichtpistolen, die einfach auf das Flugobjekt am Schirm gerichtet werden, alle darüber verfügbaren Informationen aus der Datenbank abrufen. Da die Verarbeitung der Daten in Echtzeit

erfolgt, können nötigenfalls gleich auch Abwehrwaffen auf Kurs gesetzt werden. Als *SAGE* 1963 voll einsatzbereit ist, ist die Bedrohung durch sowjetische Bomber aber bereits hinter die Bedrohung durch weitaus schneller fliegende Raketen zurückgetreten, für deren Abwehr sich *SAGE* kaum eignet.

Vernetzte Rechner sorgen indes auch für reibungslosen Schiffsverkehr. Ein Radar zeichnet mithilfe drehbarer Antennen Konturen von Küsten oder anderen Schiffen auf einen Bildschirm. Die Handelsschifffahrt nutzt überdies Funknetze zur Navigation, die im Krieg vom US-Militär zur Steuerung von Bomberflugzeugen entwickelt wurden. Dieses Hyperbelnavigationssystem *LORAN (Long Range Navigation)* besteht aus jeweils einem Haupt- und mehreren Nebensendern, die in zeitlich genau festgelegten Abständen Funksignale auf der gleichen

Wellenlänge aussenden. Auf dem auf See befindlichen Schiff misst ein Empfänger die Zeitdifferenz, die zwischen den eintreffenden Signalen besteht. Aus den unterschiedlichen Laufzeiten lässt sich mithilfe von speziellen Seekarten die Schiffsposition bestimmen. Vor dem Hintergrund des *Kalten Krieges* errichtet das US-Militär solche *LORAN*-Senderketten am Nordatlantik, am Mittelmeer und im Fernen Osten.

Der *Kalte Krieg* umschließt den ganzen Globus und dehnt sich letztlich bis ins Weltall aus. Es gelingt der Sowjetunion, mithilfe einer Interkontinentalrakete mit *Sputnik 1* den ersten Satelliten ins All zu schießen. Dies löst in den USA einen Schock aus und die Angst, künftig durch sowjetische Satelliten ausspioniert zu werden. Als Reaktion darauf richten die Amerikaner 1958 die *Advanced Research Project Agency (ARPA)* ein, die die zivile und militärische Forschung – nicht zuletzt die Raumfahrtforschung – vorantreiben soll. In den 1960er-Jahren entsteht ein Computernetzwerk, das *ARPAnet,* das die Universitäten, die für das Verteidigungsministerium forschen, über Telefonleitungen in unmittelbarer Verbindung halten soll. Im *ARPAnet* sind die Rechner trotz unterschiedlicher Betriebssysteme und Programmiersprachen miteinander verbunden, werden aber nicht von einem zentralen Rechner aus kontrolliert. Dadurch bleibt der Betrieb auch dann aufrecht, wenn einzelne Rechner des Netzwerks ausfallen. Das *ARPAnet* ist deswegen für das US-Militär besonders interessant, schließlich könnte es den Nachrichtenverkehr zwischen Kommandostellen auch im Falle eines atomaren Angriffs aufrechterhal-

ten, wenn Teile des Netzes durch feindliche Raketen zerstört würden.

Der Sputnik-Schock führt auch zur Gründung der *NASA (National Aeronautics and Space Administration)*, um beim Rüstungswettlauf im All nicht ins Hintertreffen zu geraten. Die USA beschließen, als erste Nation ein Raumschiff in eine Erdumlaufbahn zu bringen. Doch auch dieses Rennen gewinnen die Sowjets. Im April 1961 umkreist der Kosmonaut Juri Gagarin in einem Raumschiff als erster Mensch die Erde. US-Präsident John F. Kennedy avisiert daraufhin die Landung auf dem Mond. 1965 führen Astronauten unter Führung der *NASA* erstmals Weltraumspaziergänge durch. Eine zentrale Rolle spielt dabei einmal mehr ein *IBM*-Rechner, der für die Kursberechnung und Fernsteuerung des Raumschiffs sorgt. Im *NASA-Space Center* in Houston werden die aus dem Raumschiff kommenden Daten in Echtzeit verarbeitet, Kurskorrekturen und Befehle umgehend zurückgesendet.

Im Juli 1969 folgt schließlich der Höhepunkt. Im Rahmen des *Apollo*-Programms landen Astronauten auf dem Mond. Diesen Wettlauf hat eindeutig Amerika gewonnen. Es ist letztlich aber weniger der Computer als das Fernsehen, das die Mondlandung zu einem Sieg im *Kalten Krieg* macht. Denn erst durch die Übertragung via Fernsehsatelliten wird die Landung der Mondlandefähre *Eagle* zu einem globalen Ereignis. Menschen auf der ganzen Welt verfolgen vor ihren Fernsehschirmen die Schritte der Astronauten und das Aufstellen der US-Flagge mit. In Deutschland und in Österreich bekommt man ein 28 Stunden dauerndes Live-Programm mit wenigen echten Höhepunkten zu sehen.

Digitalisierung.
Einzug des Computers

Kriegsspiele

Angesichts der gegenseitigen Bedrohung durch Atomraketen im *Kalten Krieg* stützen sich beide Supermächte, die USA und die Sowjetunion, auf computer- und satellitengestützte Überwachungssysteme. Diese komplexen Systeme sollen gegnerische Angriffe frühzeitig melden, doch sind sie nicht ohne Fehler, was die Welt mehrfach an den Rand eines vernichtenden Atomkrieges bringt. 1979 meldet das US-amerikanisch-kanadische Luftüberwachungssystem *NORAD* mehr als 200 sowjetische Atomraketen im Anflug auf Nordamerika, kurz danach sind es bereits 2000. Der atomare Vergeltungsschlag bleibt jedoch aus, nachdem die Prüfung weiterer Quellen keine Bestätigung für den angeblichen Angriff erbringt. Offenbar haben nur die Computer verrückt gespielt. 1983 schlägt in einem russischen Bunker für Luftraumüberwachung ein Computer Alarm. Das System meldet zunächst eine, danach vier weitere feindliche Atomraketen im Anflug. Der verantwortliche Offizier Stanislaw Petrow hat nur wenig Zeit, den Vorfall zu überprüfen, bevor das Computersystem automatisch das Befehlsprozedere für den atomaren Gegenschlag in Gang setzt. Dafür steht eine Ar-

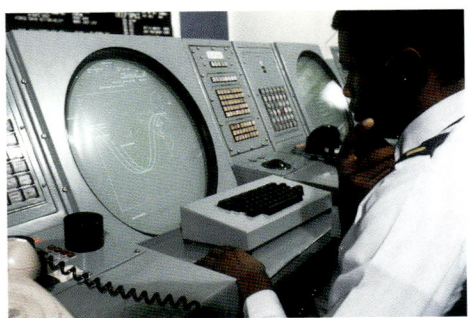

Abb. 66 · NORAD: Atomraketen im Anflug?

mada russischer Atomraketen bereit. Der Offizier glaubt aber nicht an einen derart schwachen Angriff und entscheidet sich für Fehlalarm. Er behält letztlich recht: Ein Satellit hat eine Lichtreflexion fälschlicherweise als Raketenstart interpretiert.

Im selben Jahr erscheint der amerikanische Film *War Games*, der die Verwechselbarkeit von Computerspiel und Computerkrieg thematisiert. Der Film handelt von einem Jugendlichen, der versucht, sich via Telefonleitung in das System eines Computerspielherstellers zu hacken, um die neuesten Spiele auszuprobieren. Als er sich am Ziel glaubt, wählt er aus den angebotenen Inhalten den Titel *Global Thermonuclear War* aus. Er befindet sich jedoch nicht beim Spielehersteller, sondern im *NORAD*-

Computersystem der *U.S. Air Force* und aktiviert unbeabsichtigt die Simulation eines atomaren Angriffs der Sowjetunion auf die USA. Trotz aller Dramatik der folgenden Ereignisse gelingt es am Ende, die fatale Logik des Computersystems, die auf einen vernichtenden Atomkrieg hinausläuft, zu durchbrechen. Der junge *Hacker* lehrt den Computer anhand des simplen Spiels *Tic Tac Toe*, dass es Szenarien gibt, die keinen Sieg zulassen. Nach Durchspielen aller Simulationen des Kriegsverlaufs akzeptiert der Computer diese Erkenntnis und widerruft die getroffenen Vorbereitungen für den Atomkrieg. So leicht lässt sich die fatale Logik der atomaren Bedrohung in der Realität freilich nicht entschärfen.

Ganz im Gegenteil. Die Supermächte treiben ihr brandgefährliches Spiel auf die Spitze. Erdumkreisende Spionagesatelliten bilden die zentralen Elemente des amerikanischen Weltraumrüstungsprogramms *Strategic Defense Initiative (SDI)*, an dem in den 1980er-Jahren unter Präsident Ronald Reagan gearbeitet wird. Im Rahmen von *SDI* soll eine Art Schutzschirm im All errichtet werden, um die USA vor Angriffen sowjetischer Atomraketen zu schützen. Das bezeichnenderweise auch unter dem Filmtitel *Star Wars* geläufige Projekt setzt sich ehrgeizige, um nicht zu sagen illusorische Ziele: Kühnster Science-Fiction gleich, will es Laserkanonen entwickeln, die über viele Kilometer hinweg sowjetische Interkontinentalraketen in der Startphase zerstören können. Sprengköpfe, die es bis in den Weltraum schaffen, sollen durch Laserstrahlen von der Erde zerstört werden, welche mithilfe von Spiegeln im All gebündelt und auf

das Ziel umgelenkt würden. Intelligente Geschosse wären in der Lage, Atomraketen sogar noch im Anflug kurz vor dem Ziel abzuschießen. Um dieserart hochkomplexe Prozesse steuern zu können, will man Höchstleistungscomputer entwickeln. Tatsächlich bleiben die Entwicklungserfolge bescheiden und das Milliardenprogramm wird letzten Endes stark zurückgefahren.

Abb. 67: Sehende Waffen

Real ist die Ausstattung von Spionagesatelliten mit Videokameras, die aktuelle Bilder von feindlichen Militärbasen oder Raketenstellungen liefern. In die Kommandozentralen auf der Erde gefunkt, werden aus solchen Bildern Zielkataloge für Marschflugkörper wie die *Cruise Missiles* erstellt, welche sich selbst ins Ziel lenken. Die *Cruise Missile* verfügt über einen Bordcomputer, in dem digitale Geländekarten sowie das allfällige Angriffsziel gespeichert sind. Wird sie abgefeuert, vermisst sie per Radar-Höhenmessung das überflogene Gebiet. Der Computer vergleicht in Echtzeit die Radarbilder mit den gespeicherten digitalen Geländekarten, bestimmt so die eigene Position, errechnet den weiteren Kurs und gibt die Koordinaten an den *Autopiloten* weiter, um die *Missile* auf Zielkurs zu halten.

Die Computertechnik findet natürlich auch Eingang in den zivilen Verkehr. Um das wachsende Verkehrsaufkommen am Himmel über den Industrieländern zu bewältigen, wird der Luftraum stockwerkartig in Luftkorridore unterteilt. Jedes Flugzeug muss sich auf der vorgegebenen Luftstraße halten, um Kollisionen zu vermeiden. Zur Abwicklung des Flugbetriebs dienen elektronische Leitsysteme auf Flughäfen, die die Luftkorridore verwalten und Starts und Landungen selbst bei schlechter Sicht ermöglichen. Die Piloten steuern nötigenfalls mithilfe von Angaben, die sie von Bildschirmen im Cockpit ablesen, wie Kurs, Entfernungen, Windstärke und Wetterinformationen der Radarstationen. Sie können dadurch Sturmzonen ausweichen, lange bevor Wolken zu sehen sind. Im Gegensatz zum herkömmlichen *Sichtflug* werden große Flugzeuge zumeist im *Instrumentenflug* gesteuert. Die Aufgabe des Piloten reduziert sich dabei zunehmend auf die eines Kontrolleurs. Im Modus *Autopilot* schließlich verarbeitet ein Computer alle möglichen Umweltdaten und hält das Flugzeug ganz ohne menschliches Zutun auf Kurs.

Personal Computer

In der Rechnerentwicklung vollzieht sich in den 1970er-Jahren eine Wende. Die Verwendung von Mikrochips erlaubt es, Rechner zusehends kleiner und billiger zu bauen, letztlich klein und billig genug, um als Tischgerät durchzugehen. Mit dem *Altair 8800* der Firma *Micro Instrumentation Telemetry Systems (MITS)* kommt

Abb. 68: Altair, Computer zum Selberbauen

1974 einer der ersten Heimcomputer auf den Markt. Im Bausatz zum selber Zusammenbauen ist er um 397 Dollar erhältlich, in fertig montiertem Zustand kostet er 695 Dollar. Zwei Studenten namens Bill Gates und Paul Allen entwickeln für den *Altair* die Programmiersprache *Altair BASIC*. 1975 gründen sie die Firma *Microsoft* (für *Microcomputer-Software*). Es sind die Pioniertage am Heimcomputermarkt. Steve Jobs, Steve Wozniak und Ronald Wayne gründen im Jahr darauf die Firma *Apple Computer Company*, die ebenfalls Computer herstellt. Das Modell *Apple I* wird in ein Holzgehäuse eingebaut und in rund zweihundert Exemplaren um je 666,66 US-Dollar verkauft. Es folgt das weitaus professioneller wirkende Modell *Apple II* für knapp 1300 Dollar, das sich in den Folgejahren zwei Millionen Mal verkauft. Dieser Erfolg des *Apple II* bringt sogar den Konzern *IBM* unter Zugzwang. *IBM* entwickelt umgehend einen eigenen – dem *Apple II* nicht unähnlichen – Compu-

Abb. 69: Personal Computer von IBM

ter, der 1981 für knapp 3000 Dollar auf den Markt kommt. Um ihn von den billigeren Heimcomputern abzugrenzen, wird er *Personal Computer* genannt. Mit der enormen Marktmacht von *IBM* im Rücken wird dieser Personal Computer, kurz *PC*, trotz des vergleichsweise hohen Preises ein großer Verkaufserfolg.

Anders als die bisherigen Computerterminals, die noch an einem Zentralrechner gehangen sind, stellt der PC einen eigenständigen, vollwertigen Computer dar. Seine Arbeitsgeschwindigkeit, so wird seitens des Herstellers *IBM* in einer Broschüre hervorgehoben, erlaubt es, pro Sekunde

250 000 Datenübertragungen, Additionen, Subtraktionen oder sonstige Operationen durchzuführen. Über die Verarbeitung von Daten am Computer hinaus bestehe zudem die Möglichkeit, Daten von einem anderen Computer über Telefonleitung abzurufen. Man empfiehlt diese Funktion vor allem leitenden Angestellten, die sich auf diesem Weg Unterlagen aus Unternehmensniederlassungen auf der ganzen Welt holen könnten. Während die frühen Computer durch Eintippen komplizierter Befehle bedient werden und insofern für Uneingeweihte unlösbare Mysterien darstellen, verfügt der Personal Computer von *IBM* zumindest schon über Menüs, in denen die zur Ver-

führung stehenden Operationsbefehle angeführt sind. Der Hersteller bemüht sich zu erklären, dass selbst der völlig Unerfahrene schnell lerne, die gewünschten Befehle über die Tastatur auszuwählen und zu aktivieren. Diese Situation ändert sich grundlegend, als die Firma *Xerox* 1981 bei ihrem Computermodell *Xerox Star* eine revolutionäre Neuerung präsentiert: eine grafisch gestaltete Oberfläche, auf der verschiedene Bildsymbole zu sehen sind, die mithilfe einer sogenannten »Maus« durch Anklicken aktiviert werden. Die Eingabe von abstrakten Kommandozeilen auf der Tastatur ist damit ebenso hinfällig wie das mühsame Erlernen von Befehlen. Die Bedienung des Computers wird weitaus intuitiver und einfacher. Die Firma *Apple* verhilft dieser Art von grafischer Bildschirmoberfläche zu einer weiten Verbreitung. Ihre Computermodelle *Lisa* und *Macintosh* bieten am Bildschirm den sogenannten *Finder* mit eingängigen Bildsymbolen zum Anklicken wie *Schreibtisch* oder *Papierkorb*, die das Arbeiten wesentlich erleichtern. Neue Funktionen wie das Rückgängigmachen einer irrtümlich vollzogenen Aktion dienen ebenfalls dazu, ungeübten Nutzern die Scheu vor dem Computer zu nehmen. *Microsoft* zieht bald darauf mit der grafischen Benutzeroberfläche *Windows* nach.

Dank der einfacheren Bedienung wird der Personal Computer zu einem universellen Gebrauchsgegenstand für jedermann. Funktional repräsentiert er vorrangig noch eine Verwaltungsmaschine, die mithilfe der entsprechenden *Software*-Programme Schreib-, Rechen- und Buchungsmaschinen ersetzt. Er prägt alsbald die Büroarbeits-

plätze und revolutioniert den Bürobetrieb. *Microsoft* vor allem entwickelt die Programme, die nötig sind, um die administrativen Vorgänge vom Verfassen eines Dokuments bis zum Ablegen am PC erledigen zu können. Ehemals papierene Schriftstücke verwandeln sich in elektronische Dateien, wenngleich die Vision vom papierlosen Büro unerfüllt bleibt. Es ist doch sicherer, über eine Papierkopie in einem Ordner zu verfügen, die nicht plötzlich verschwinden kann, was bei den immateriellen Computerdateien nie ganz auszuschließen ist.

1983 bringt *Microsoft* das Textverarbeitungsprogramm *Word* heraus; ein Programm, das nicht nur das Schreiben vereinfacht, sondern den Prozess des Schreibens grundlegend verändert. Das Schreiben an einer Schreibmaschine auf ein Blatt Papier folgt der Logik des Spinnfadens, der Zeile für Zeile weitergesponnen wird. Nachträgliche Korrekturen an vorangegangenen Passagen sind schwierig und haben meist zur Folge, dass ganze Seiten des Textes neu getippt werden müssen. Mit dem PC wird dieses Problem obsolet. In einem *Word-Dokument* können Korrekturen jederzeit und an jeder beliebigen Stelle gemacht werden. Der Text entsteht nicht mehr nur durch das Weiterspinnen der letzten Zeile, er wächst vielmehr in allen seinen Zeilen.

Wie in etlichen Unternehmen der westlichen Welt hält der PC in den 1980er-Jahren auch in Banken Einzug. Bald werden auf PC-Arbeitsplätzen Umsätze eingegeben, Wertpapiere, Devisen und Konten verwaltet. Gleichzeitig ermöglicht die Computerisierung den Banken, neue Dienstleistungen anzubieten. Die Kunden können fortan

Abb. 70 · Geldausgabe rund um die Uhr

mit Wertkarten, die mit Magnetstreifen versehen sind, an entsprechenden Geldausgabeautomaten auch außerhalb der Öffnungszeiten der Bankfiliale Bargeld von ihren Konten beheben. Allmählich richten die Filialen in ihren Foyers Selbstbedienungszonen mit derartigen *Bankomaten* ein, um Personalkosten einzusparen. Auf der Basis des *BTX*-Netzes der *Deutschen Bundespost* bietet die *Deutsche Bank* ihren Kunden zudem die Möglichkeit, via Terminal von auswärts Kontodaten abzurufen und sogar Zahlungen zu erledigen. Der *Bildschirmtext (Btx)* der deutschen Post ist ab 1983 bundesweit in Betrieb, wenn auch nicht allzu erfolgreich. Er funktioniert via Telefonleitung, wird über den Fernsehbildschirm zu Hause oder über einen eigenen Monitor angezeigt und mittels Tastatur oder Fernbedienung bedient. Über *Btx* kann der Benutzer auf Datenbanken von Bank- und Versandhäusern zugreifen, Banküberweisungen oder Bestellungen aus Katalogen durchführen oder Angebote für Pauschalreisen einholen. Mehr ist nicht möglich, was von der jungen, aufstrebenden Computergemeinde scharf kritisiert wird. Dort wünscht man sich vom Monopolisten Post ein Netzwerk, das den

Nutzern Gelegenheit gibt, miteinander zu kommunizieren, was technisch möglich, ökonomisch aber offenbar nicht erwünscht ist. Auch die österreichische Post bietet ihren Kunden einen solchen eingeschränkten *Btx*-Dienst gegen ein monatliches Entgelt. Für die Nutzung des Dienstes hat man sogar ein eigenes Gerät entwickelt, das sogenannte *MUPID (Mehrzweck Universell Programmierbarer Intelligenter Decoder)*, das auch als Heimcomputer genutzt werden kann. Doch auch dieses System bleibt ein Nischenphänomen, bevor es in den 1990er-Jahren durch das *Internet* verdrängt wird, durch ein Netzwerk, das dem Individuum alle Freiheiten verspricht.

Computerbilder

Der Computer findet auch Eingang in die Filmproduktion, was zur Folge hat, dass in das konventionell aufgenommene Filmbild fiktive Elemente in Form von Computeranimationen integriert werden können. 1982 kommt mit *Tron* ein Film in die Kinos, der diese Verschmelzung von Fantastischem und Realistischem widerspiegelt.

Die Handlung von *Tron* spielt bezeichnenderweise im Milieu des Computerspiels. Nach seiner Kündigung bei der Firma *Encom* versucht der Programmierer Kevin Flynn zu beweisen, dass ihm sein Widersacher Ed Dillinger einige Computerspielprogramme gestohlen und diese als Eigenentwicklungen ausgegeben hat. Dabei gerät Flynn in die virtuelle Welt seiner Spiele, wo er andere Programme bekämpfen und gegen sie beste-

Abb. 71 · Film aus dem Computer

hen muss. In dieser Innenwelt des Computers werden harte Rennen auf Lichtmotorrädern gefahren. Am Ende gewinnt Flynn und er wird zurück in die reale Außenwelt geschleudert. Da Flynn nun Beweise für Dillingers Verbrechen vorlegen kann, wird dieser gefeuert und er rückt an dessen Stelle zum Präsidenten der Firma auf.

Obwohl kaum 20 der insgesamt mehr als 90 Filmminuten Computeranimationen sind, stellt *Tron* einen Meilenstein in der Entwicklung des Animationsfilms dar. Das Thema von *Tron*, das Computerspiel, ist ein Thema der Zeit. In kommerziellen US-amerikanischen Spielhallen, sogenannten *Arcades*, tauchen neben den herkömmlichen Spielautomaten zusehends Computerspiel-Automaten auf, die ihrerseits auf den Erfolg des Films reagieren. Eines der frühen Computerspiele ist das 1982 von der US-amerikanischen Firma *Midway* produzierte *Tron*, das auf den gleichnamigen Kinofilm rekurriert. Die Herausforderung besteht bei diesem Spiel darin, mithilfe eines *Joysticks* ein Licht-Motorrad über ein rechteckiges Feld zu steuern und dabei Wände aufzustellen, die die Gegner in Unfälle zwingen.

Die Industrie liefert laufend neue Spiele, die mit fortschreitender Entwicklung von Hard- und Software immer bunter und plastischer werden. Die Spiele sind für Spielhallen-Automaten gedacht, zunehmend aber auch für Heimcomputer. *Atari*, eine Firma, die zunächst in den *Arcades* aktiv ist, beginnt für den Heimmarkt Spielkonsolen mit *Joysticks* herzustellen. Als Monitor dient das Fernsehgerät, an das die Spielkonsole angesteckt werden muss. Mit der Zeit gehen Firmen wie *Atari*, *Amiga* oder *Commodore* zur Herstellung von Heimcomputern über,

die zumeist über Tastatur, Maus und eigenen Bildschirm verfügen. Einige Jahre später kommt auch eine tragbare Variante der Spielkonsole mit Minibildschirm auf den Markt, der *Game Boy* der japanischen Firma *Nintendo*. Das elektronische Spielzeug wird von Kindern in allen Teilen der Welt euphorisch angenommen. Eltern lernen am *Game Boy* zu schätzen, dass er Kinder geraume Zeit zu beschäftigen versteht, und zwar beinahe überall, da er überallhin mitgenommen werden kann. Und die Industrie schließlich verdankt ihm die Ausweitung der Käuferschichten auf Kleinkinder, die besonders verlässliche Kunden darstellen, da ihnen erfahrungsgemäß wenige Wünsche abgeschlagen werden. Rund um die Computerspiele wächst in den folgenden Jahren ein gigantischer Markt heran.

Beim Amateurfilm verläuft die Entwicklung hin zum Digitalen über Zwischenstufen. Zunächst etabliert sich das auf magnetischer Aufzeichnung basierende *Video*. In den 1980er-Jahren erobert der Videorekorder die Haushalte, und zwar ist es das *Video Home System (VHS)*, das sich gegen andere Systeme am Markt durchsetzt. Viele Menschen nutzen ihre Rekorder zum Aufnehmen von Fernsehsendungen, während sie ausgehen. Dies erlaubt es ihnen, eine Sendung anzuschauen, wann immer sie Zeit dazu finden. Sie machen sich dadurch von den vorgegebenen Programmsendezeiten unabhängig. Der Videorekorder ermöglicht es zudem, gekaufte oder geliehene Videofilme anzusehen. In den Städten öffnen *Videotheken*, wo man aus einem mehr oder weniger großen Filmangebot auswählen und das Gewünschte ausleihen kann. Die große

Abb. 72 · Heimkino Videorekorder

die Zuschauertribünen um Millionen Ränge vor den Bildschirmen zu einer globalen Tribüne. Denjenigen, die nicht live vor dem Bildschirm dabei sein können, bietet der Videorekorder Abhilfe, sei es durch Aufnehmen der Sendungen oder durch Zusammenschnitte auf *VHS*. 1994 produziert der Fernsehsender *RTL* anlässlich des ersten Weltmeistertitels von Schumacher eine Videokassette mit dem Titel: »Mein Erfolgsjahr in der Formel 1: mein großer Sieg, die spannendsten Duelle, meine stärksten Rennen«.

Besitzt man neben dem Videorekorder auch eine *Video*-Kamera, so kann man private Freizeiterlebnisse aufzeichnen. Die Videokamera verdrängt dadurch langsam den unter Filmamateuren beliebten Schmalfilm. In den 1990er-Jahren verbreiten sich digitale Videokameras. Das System *Digital Video (DV)* kann sich aufgrund seiner hohen Bildqualität – obwohl für den Amateurmarkt konzipiert – auch im professionellen Bereich etablieren. Digitale Systeme haben bedeutende Vorzüge: Man kann Kopien herstellen, ohne an Bildqualität zu verlieren, und auch die Bildbearbeitung bei der Gestaltung von Filmbeiträgen ist deutlich einfacher als bei früheren Videosystemen. Von den Geräteherstellern werden zahlreiche Modelle von Aufnahmekameras, genannt *Camcorder*, für alle möglichen Anforderungen produziert: Die Bandbreite reicht von kleinen, handlichen Geräten für den privaten Filmemacher bis zu hochwertig ausgestatteten Schulterkameras für den Nachrichtenjournalismus.

Nachfrage hat nicht zuletzt damit zu tun, dass auf diesem Markt, anders als im kontrollierten Fernsehen, auch pornografisches Material zu bekommen ist. Einmal mehr sind es »pikante« Stoffe, die die Verbreitung eines Massenmediums beflügeln.

Video hat allerdings noch eine Patin, und zwar die Fernseharena, in der zur Unterhaltung der Bürger spektakuläre Spiele ausgerichtet werden. Am Sportsektor sind es neben Olympiaden und Weltmeisterschaften unter anderem die Autorennen der *Formel 1*, die in viele Länder der Welt übertragen werden. Unangefochtener Dominator unter den *Formel 1*-Gladiatoren ist der Deutsche Michael Schumacher, der es in seiner Laufbahn zu sieben Weltmeistertiteln bringt. Für diejenigen, die dem Rennzirkus nicht an den Rennstrecken unmittelbar beiwohnen können, erweitert das Fernsehen

Die Digitalisierung erreicht auch die Fotografie, wenngleich die frühen digitalen

Fotokameras ihres hohen Preises wegen zunächst nur in professionellen Bereichen wie der Mode- und Werbefotografie zum Einsatz kommen. In diesen Metiers schätzt man an den digitalen Bildern besonders, dass sie am Bildschirm relativ einfach nachbearbeitet werden können. Schöne Models werden am Computer noch schöner gemacht. Dies ist möglich, da sich digitale Bilder aus einer Vielzahl an Positionspunkten, genannt *Pixel*, zusammensetzen. Jeder einzelne Pixel enthält Informationen über seine Position, seine Helligkeit und seinen Farbwert. Durch spezielle Computerprogramme können diese Werte der *Pixel* beliebig verändert werden. Nach und nach wechseln auch Fotojournalisten zur Digitalkamera. Hier ist der entscheidende Beweggrund, dass sich digitale Aufnahmen von jedem Schauplatz der Welt aus via Satellitenverbindung umgehend an die Redaktionen übermitteln lassen. Das ist ein entscheidender Vorteil gegenüber dem belichteten Film, der oft über lange Transportwege gehen muss, bevor er zur Redaktion gelangt, wo er entwickelt und veröffentlicht werden kann. Aufnahmen von Kriegen oder Katastrophen müssen aber aktuell sein, sonst verlieren sie im harten, schnelllebigen Nachrichtengeschäft ihren Wert.

Mitte der 1990er-Jahre kommen auch digitale Amateurkameras auf den Markt. Eines der ersten erschwinglichen Modelle ist die *Quick Take 100*, ein Modell, das der Zusammenarbeit zwischen der Computerfirma *Apple* und dem Kamerahersteller *Kodak* entstammt. Problematisch ist die begrenzte Speicherkapazität. Mit der *Quick Take 100* lassen sich nur, je nach gewählter Auflösung, zwischen acht und 32 Aufnah-

men machen. Angesichts dieser Einschränkung muss man es sich also noch gut überlegen, welchen Schnappschuss man macht. Dem steht jedoch der gewaltige Vorzug gegenüber, die gemachten Aufnahmen auf den *Apple Macintosh*-Computer verlustfrei überspielen und dort bearbeiten zu können.

Electronic Pop

Der Computer prägt auch die Musik der Zeit. Abgesehen von den vielfältigen Möglichkeiten, die sein Einzug ins Tonstudio für das Musikarrangement bringt, greift er auch unmittelbar ins Musikmachen ein. Die japanische Firma *Yamaha* bringt digitale *Synthesizer* mit Klaviertastatur auf den Markt. Die darauf angeschlagenen Töne entspringen nicht mehr einem physischen Resonanzkörper, sondern einem Computer. Sie verleihen der Popmusik der 1980er-Jahre ihren charakteristischen Klang. Es sind ungewohnte Töne, synthetisch, sphärisch, steril, wobei die künstliche Tonverzerrung durch den Computer charakteristisch für die neue Musikära wird. Einer der Pioniere ist der griechische Komponist Vangelis, der nicht nur Musikalben produziert, sondern auch Filmmusik. Für *Chariots of Fire* erhält er 1982 den Oscar verliehen. Ihm folgen Generationen an Komponisten und Musikern, die sich in den 1980er-Jahren der elektronischen Popmusik verschreiben, wenngleich sich diese in so unterschiedliche Stilrichtungen wie *Synthie Pop*, *Hip Hop* oder *Techno* aufsplittet. Bands wie die erfolgreiche britische Formation *Frankie Goes to Hollywood* prägen den *Sound* der Diskotheken, der als mitreißende Tanzmusik wie auch als ein alles einhüllender Klangteppich dient. Der Umstand, dass *Frankie Goes to Hollywood* 1984 inmitten des *Kalten Krieges* mit *Two Tribes* ein Lied über die Gefahr eines Atomkrieges herausbringen, kann nicht darüber hinwegtäuschen, dass der Botschaft des Liedtexts nicht annähernd die Bedeutung zukommt wie ihrem zwingenden Beat. Die Popmusik der 1980er-Jahre ist für ihr junges Publikum rituelle Tanzmusik und die Diskothek der dazugehörige, laserilluminierte Tanztempel. Diese Entwicklung verweist auf die oft mehrtägigen *Raves*, die Ende der 1980er-Jahre aufkommen, bei denen es nur noch um Tanzekstase zu peitschenden elektronischen Rhythmen geht.

Ein nicht ganz so jugendliches Publikum bedient das *Musical*. Die dominierende Gestalt dieses Metiers ist der britische Komponist Andrew Lloyd Webber. Im Mai 1981 wird im *New London Theatre* sein Musical *Cats* uraufgeführt. Weitgehend identisch inszenierte Aufführungen folgen in anderen Städten – ab Oktober 1982 etwa im *Wintergarden Theatre* in New York. Die deutschsprachige Erstaufführung findet im September 1983 im *Theater an der Wien* statt. *Cats* wird in zahlreiche Sprachen übersetzt und auf der ganzen Welt gespielt. Neben der rührseligen Geschichte, den Katzenkostümen und der Choreografie beeindruckt die Musik von Lloyd Webber, die buchstäblich um die Welt geht und über die Jahre hinweg auf unzähligen Tonträgern abgesetzt wird.

Hierin konstituiert sich die eigentliche Bühne, eine unüberschaubar große, virtuelle Bühne, die ebenfalls auf Computertech-

nik basiert. Denn mit der *CD*, der *Compact Disc*, etabliert sich in den 1980er-Jahren ein digitaler Tonträger. Obgleich anfangs sehr teuer, setzt sich die Silberscheibe gegen die Schallplatte durch. Da sie einen optischen Speicher darstellt und es beim Abspielen durch den *CD-Player* mithilfe eines Lasers zu keinerlei mechanischen Eingriffen kommt, verspricht sie reinsten Klang und unbegrenzte Lebensdauer (was sich später allerdings als falsch herausstellen wird). Verfechter der Schallplatte lehnen diesen »sterilen« Digitalklang ab, dessen Sterilität vielleicht jedoch nur auf das Fehlen des obligatorischen Plattenrauschens zurückgeht. Abgesehen vom reinen Klang hat die CD noch entscheidendere Vorzüge. Sie ist weitaus handlicher und unempfindlicher als die Schallplatte und kann dadurch auch im Auto oder in tragbaren Geräten wie dem 1984 auf den Markt kommenden *Discman* von *Sony*, dem Nachfolger des *Walkman*, gespielt werden. Insofern beerbt die CD auch die Musikkassette, die bislang den Markt der tragbaren Geräte abgedeckt hat.

Es sind die Ziele der internationalen Musikindustrie, *Popsongs* zu *Hits* zu machen, um möglichst viele CDs in den Plattenläden abzusetzen. Dahingehend ist es überaus hilfreich, wenn die betreffenden Lieder in Rundfunkanstalten und in den Diskotheken möglichst oft gespielt werden. Auch Live-Konzerte der Bands dienen dazu, die Bekanntheit ihrer Lieder zu steigern. Da aber die Bands nicht unentwegt auftreten können, beginnt man zu einzelnen Liedern Musikvideos zu produzieren, die von Fernsehanstalten ausgestrahlt werden können. Das hat den Vorteil, dass die Bands in der

Abb. 73 · King of Pop, Michael Jackson

Öffentlichkeit präsent sind, auch wenn sie gerade nicht auftreten, aber auch, dass man sich damit neben dem Radio das reichweitenstarke Medium Fernsehen erschließt; ein vielversprechendes Rezept gegen stagnierende Absatzzahlen. 1981 geht der amerikanische Sender *MTV (Music Television)* auf Sendung, der sich an ein jugendliches Publikum richtet und hauptsächlich *Musikvideos* spielt. Fortan ist das *Musikvideo*, auch *Videoclip* genannt, aus dem Musikgeschäft nicht mehr wegzudenken.

Einer der aufsteigenden Kometen am Pophimmel, die auf *MTV* gespielt und gezeigt werden, ist Michael Jackson. Jacksons Album *Thriller*, das 1982 erscheint, dominiert weltweit die Hitparaden, wird rund 100 Millionen Mal verkauft und reüssiert zum erfolgreichsten Album der Welt. Für den Titelsong *Thriller* wird ein aufwendiges, gut viertelstündiges Musikvideo produziert, das aus guten Gründen als eigenständiger Film betrachtet werden kann. Für die Regie zeichnet der Hollywood-Regisseur John Landis verantwortlich. Er inszeniert das Lied rund um die von Michael Jackson verkörperte Kunstfigur, die nicht bloß singt, in unverwechselbarer Weise tanzt und eine musicalhaft choreografierte Tanznummer eines Zombie-Balletts anführt, sondern gleichzeitig auch die Hauptrolle der horrorfilmartigen Rahmenhandlung spielt. *Thriller* repräsentiert weitaus mehr als nur einen Popsong, *Thriller* ist ein Gesamtkunstwerk der Popkultur, für das das Universalgenie Michael Jackson wie kaum ein anderer Künstler steht.

Das Fernsehforum

In den 1980er-Jahren dominiert das Fernsehen die Medienlandschaft. Über Satelliten werden private Rundfunk- und Fernsehprogramme abgestrahlt, was die in vielen Ländern bestehenden Monopole der nationalen Rundfunkanstalten zu Fall bringt und das Programmangebot mit einem Schlag vervielfacht. Der *Österreichische Rundfunk* muss die Konkurrenz deutscher privatwirtschaftlicher Sendeanstalten in Österreich akzeptieren. Deren Programm gelangt mit dem Kabelfernsehen in die städtischen Haushalte und durch das Satellitenfernsehen über Parabolantennen an Zuschauer am Land. Das Fernsehunterhaltungsprogramm wie auch das Informationsangebot werden dadurch weitaus vielfältiger, wenn auch nicht unbedingt besser.

Neben anderen Massenmedien wie dem Rundfunk oder der Presse übernimmt vor allem das Fernsehen die Rolle des Informationsmediums. Immer mehr Fernsehkanäle bringen immer mehr Nachrichten aus aller Welt, live und rund um die Uhr. Ab 1980 sendet in Atlanta im US-Bundesstaat Georgia mit *Cable News Network (CNN)* der erste reine Nachrichtensender. Der Eigentümer Ted Turner sagt in einer Eröffnungsansprache: »Wir werden erst abschalten, wenn die Welt untergeht.« Ein besonderes Merkmal von *CNN* bilden die sogenannten *Breaking News* – also Unterbrechungen laufender Sendungen für Live-Berichte zu brisanten aktuellen Weltereignissen. Als 1986 die bemannte Raumfähre *Challenger* kurz nach dem Start explodiert, geschieht dies vor den Augen der Weltöffentlichkeit, da *CNN* live überträgt. 1989 sind Fernsehkameras dabei,

Abb. 74 · »Wir werden erst abschalten, wenn die Welt untergeht.«

als in Europa der *Eiserne Vorhang* aufbricht. In Berlin fällt mit der Mauer das Symbol des geteilten Deutschland; *CNN* überträgt die Geschehnisse in alle Welt. Bald zeigt sich, dass mit der Mauer die *DDR* und mit ihr der ganze sogenannte *Ostblock* in sich zusammenbricht. Doch die Fernsehberichterstattung hat mitunter sehr ambivalente Züge. Nicht immer entspricht das, was sie zeigt, der Realität. In Rumänien findet eine Revolution statt, der man später nachsagt, sie sei über weite Strecken für die Fernsehkameras in Szene gesetzt worden. Obwohl das rumänische Fernsehen beinahe die gesamte Zeit des Umsturzes auf Sendung bleibt, dem Rest der Welt die Kampfhandlungen zeigt und sogar Bilder vom kurzen Prozess, den man dem Diktatoren-Ehepaar Ceausescu macht, weiß danach kaum jemand genau, was in diesen Tagen in Bukarest und in anderen rumänischen Städten wirklich geschehen ist.

Zu Beginn der 1990er-Jahre erschüttern Brandanschläge von Rechtsextremisten auf Ausländerwohnhäuser in Ostdeutschland die Weltöffentlichkeit. Das Fernsehen liefert bedrückende Aufnahmen von brennenden Häusern, wild attackierenden Neonazis und ungerührt zuschauenden Anwohnern. Bilder vom »bösen Deutschen« gehen um die Welt. Als Reaktion darauf finden in manchen deutschen Städten Massendemonstrationen für mehr Toleranz und Menschlichkeit statt. In Wien veranstaltet die Organisation *SOS Mitmensch* Anfang 1993 ein *Lichtermeer* als Reaktion auf das ausländerfeindlich inspirierte *Österreich zuerst*-Volksbegehren der FPÖ, das 400 000 Unterzeichner gefunden hat. Hunderttausende Menschen ziehen mit Fackeln über den Ring auf den Wiener Hel-

denplatz, um gegen Rassismus und Fremdenfeindlichkeit zu demonstrieren. Auch diese Bilder laufen über die Bildschirme der Welt.

Anfang der 1990er-Jahre wird der Fernsehschirm auch zum Kriegsschauplatz. Als Folge der irakischen Okkupation Kuwaits betrauen die *Vereinten Nationen* 1991 die USA damit, einen Krieg gegen den Irak zu führen. Der Kriegsbeginn fällt nicht zufällig mit der besten Sendezeit im US-Fernsehen zusammen, *CNN* bringt den amerikanischen Angriff live in die Wohnzimmer der Zuschauer. Doch sind die gezeigten Bilder buchstäblich von ausgesuchter Qualität. Um die amerikanische Bevölkerung nicht zu beunruhigen, lässt der Oberkommandierende General Norman Schwarzkopf die Berichterstattung stark einschränken. Anders als im Vietnamkrieg sollen diesmal keine grauenerregenden Kriegsbilder über den Schirm flimmern. Man will Protest in der Bevölkerung erst gar nicht aufkeimen lassen. Die Medienvertreter erhalten aktuelle Informationen ausschließlich vom Militär; an die eigentlichen Kriegsschauplätze dürfen sie kaum. Interviews mit Soldaten bedürfen der vorherigen Genehmigung der Militärführung und unterliegen der nachträglichen Zensur. Das Manko an Bildern für die Fernsehnachrichten füllen kamerabestückte Lenkwaffen. Ihre Kameraköpfe liefern spektakuläre Aufnahmen vom Anflug auf das Ziel bis zum Augenblick der Detonation. Die Folgen der Bombardierungen – die Zerstörungen und Opfer – sind darin nie zu sehen. Dadurch entsteht ein steriles Kriegsbild, das eher an ein Computerspiel erinnert als an eine kriegerische

Auseinandersetzung. Die blutlose Ästhetik überdeckt den eigentlichen Krieg.

Um dem entgegenzuwirken, hält der Fernsehsender *CNN* ein Reporterteam rund um den Journalisten Peter Arnett in Bagdad. Das Team berichtet von einem Hotel aus über die amerikanischen Luftangriffe aus der Sicht der Opfer – zum Ärger der US-Militärführung. Arnett berichtet etwa von einer bombardierten Milchpulverfabrik, in der Babynahrung hergestellt wird. Er widerlegt damit offizielle US-Stimmen, die von einer Fabrik für chemische und biologische Kampfstoffe sprechen. Aus der Sicht des amerikanischen Verteidigungsministeriums macht sich Arnett dadurch zum »Verräter«, nicht, weil seine Berichte unwahr sind, sondern weil sie dem Gegner dienen.

Der Fernsehschirm wird in dieser Ära überdies zum eigentlichen politischen Forum. Vor allem die aktuelle Berichterstattung prägt das Bild, das sich die Zuschauer von Politik machen. Vom Wahlkampf bis zur Regierungsarbeit werden Politiker von Fernsehkameras begleitet. Wahlkämpfe gipfeln in rhetorischen Auseinandersetzungen der Kandidaten in Fernsehduellen. Das

Aussehen von Kandidaten wird wichtiger als ihr Programm. »Telegenität« ist das Geheimnis. Gewählt werden Kandidaten, die gute Fernsehauftritte absolvieren, also »telegen« sind. Was sie zu sagen haben, geht dabei oft unter.

Diese Entwicklung hin zur »Mediokratie«, also zur Herrschaft der Medien, ist aus demokratischer Sicht nicht unbedenklich. Medienmogule wie der Italiener Silvio Berlusconi, die Radio- und Fernsehstationen sowie Zeitungen besitzen, setzen ihre geballte Medienmacht für die eigene politische Karriere ein, indem sie die öffentliche Meinung in ihrem Land gezielt beeinflussen. Tatsächlich schafft es Berlusconi 1994 erstmals, mit einer eigens gegründeten Partei namens *Forza Italia* die Parlamentswahlen in Italien zu gewinnen und gemeinsam mit zwei rechten Parteien eine Regierung zu bilden. Im Gegenzug ermöglicht ihm das Regierungsamt, seine persönliche Stellung und die seines Firmenimperiums abzusichern. Unter der Regierungszeit von Berlusconi geraten Justiz und Journalismus unter großen politischen Druck, wenn sie gegen ihn Kritik richten oder gar Anklage erheben.

Globalisierung.
Vernetzung der Welt

Das Handy

Im Jahr 1995 erscheint in New York ein Buch mit dem Titel *The Road Ahead*, ein Buch über die Zukunft der Informationsgesellschaft. Es stammt von dem Computerpionier Bill Gates und beschreibt anhand des Aufstiegs seiner Firma *Microsoft* die Vision einer schönen neuen Medienwelt. Geradezu euphorisch prophezeit Gates das allmähliche Zusammenwachsen von Telefon-, Fernseh- und Computernetzen und die Entstehung einer völlig neuen Medienlandschaft. Jedermann werde künftig Zugang zu allen Unterhaltungsangeboten, aber auch allen Bibliotheken und Archiven der Welt haben. Der Zugang erfolge über einen handlich kleinen, drahtlos kommunizierenden PC, der gleichzeitig als Wohnungs- und Autoschlüssel sowie als Kreditkarte oder Personalausweis fungiere. Gates beschreibt eine Welt, in der nahezu alles computergesteuert vor sich geht, in den buntesten Farben – eine Vision, die verdächtig wenige negative Facetten aufweist. Insofern lässt sich der Bestseller durchaus als geschickte Werbeschrift für Unternehmen wie das seine begreifen, die von der Verwirklichung dieser Vision schließlich am meisten profitieren.

Was die technische Entwicklung betrifft, scheint sich die Realität über weite Strecken an die Vision von Gates zu halten. Zunächst etabliert sich die Mobiltelefonie. Sind die Anfänge noch durch schwerfällige Apparate, wenige Teilnehmer und entsprechend hohe Kosten gekennzeichnet, so setzt sich das hierzulande *Handy* genannte Mobiltelefon in den 1990er-Jahren durch. Es verbreitet sich vergleichsweise rasch, was mehrere Ursachen hat. Neben sinkenden Tarifen und Preisen sind es vor allem technische Verbesserungen an den Geräten. Da die zum Telefonieren notwendige Sendeleistung geringer wird, sinkt der Stromverbrauch. Die Akkus der Telefone können kleiner dimensioniert, leichtere Geräte hergestellt werden. Im Unterschied zu den ersten Mobiltelefonen wird das nunmehrige Handy seinem Namen gerecht, es ist tatsächlich handlich und vergleichsweise leicht, kann in die Jackentasche gesteckt und überallhin mitgenommen werden.

Außerdem entstehen in Europa flächendeckende Mobilfunknetze, sodass allmählich auch in ländlichen Regionen mobiles Telefonieren möglich wird. Ein Mobilfunknetz besteht aus zahlreichen nebeneinander liegenden Zellen mit Basisstationen, die laufend Funksignale von jedem in ihrem

Abb.75: Immer und überall erreichbar

Bereich eingeschalteten Mobiltelefon empfangen. In einer zentralen Computeranlage
werden so die aktuellen Aufenthaltsorte aller Teilnehmer registriert. Ein eingehender
Anruf wird von Zelle zu Zelle bis an den
Standort des gewünschten Gesprächspart-
ners weitergeleitet und von der betreffenden Zelle ausgestrahlt. Damit wird ein Teilnehmer sogar unterwegs erreichbar, ob im
Auto, im Zug oder im Flugzeug. Das Handy
bietet zudem mit dem *Short Message Service
(SMS)* die Möglichkeit, getippte Kurznach-
richten zu versenden. Zunächst als umständlich und kindisch diskreditiert, ist die
SMS einige Jahre später aus dem Alltag nicht

mehr wegzudenken. Die Handy-Freiheit hat
allerdings Kehrseiten. Der totalen Erreich-
barkeit kann man kaum mehr entrinnen.
Außerdem ermöglicht das Mobilfunknetz,
das den Aufenthaltsort von jedem Handy zu
jeder Zeit kennt, auch eine räumliche Über-
wachung der Teilnehmer. Es ist deshalb von
entscheidender Bedeutung, wer Zugang zu
diesen Daten bekommt.

Betrieben werden die europäischen Mobilfunknetze zunächst noch durch nationale
Postanstalten. Im Zuge der fortschreitenden
Marktliberalisierung sind es aber zunehmend private Betreiber, die vom Staat Li-
zenzen für die entsprechenden Frequenzen
erwerben. In der Folge werden die verschiedenen Netzwerke auf der Basis eines gemeinsamen Standards mit dem Titel *Global
System for Mobile Communication (GSM)*
zu einem gesamteuropäischen Netz verbunden. Nach der Jahrtausendwende folgt
das *Universal Mobile Telecommunications
System (UMTS)*, das auf neuen Frequenzen
deutlich größere Datenmengen zu übertragen erlaubt. Die *Mobilkom*-Unternehmen
ersteigern nun um Milliardensummen
UMTS-Lizenzen. Dank der höheren Über-
tragungsraten kommt zum *SMS* das *MMS*,
das *Multimedia Messages Service*. Damit
lassen sich Texte, Bilder und Videos ver-
schicken, da das Mobiltelefon nun auch als
Kamera dient.

Neben dem Mobilfunknetz wird auch das
Telefonkabelnetz ausgebaut. Mit dem *Inte-
grated Services Digital Network (ISDN)* wird
in den 1990er-Jahren ein internationaler
Standard für ein digitales Netzwerk etabliert, das verschiedene Inhalte wie Sprache,
Texte, Bilder und sogar Laufbilder übertra-

gen kann. Die *ISDN*-Technik zielt darauf ab, den Konsumenten über die Telefonie hinaus die Weiten des sogenannten *Internet* zu erschließen, das im anbrechenden 21. Jahrhundert ein neues Zeitalter einläutet. Das Internet ist ein globales Netzwerk, das aus unzähligen Computernetzen besteht, aber keiner zentralen Kontrollinstanz unterliegt. Es beruht lediglich auf vereinbarten Standards wie dem *Hypertext Transfer Protocol (HTTP)*, welches die Übertragung von Daten festlegt, der *Hypertext Markup Language (HTML)* für die Darstellung von Inhalten und dem *Uniform Resource Locator (URL)* zur eindeutigen Adressierung einer Webseite. Ein *World Wide Web Consortium* verständigt sich auf solche allgemeingültigen Standards, damit sich einheitliche Strukturen etablieren. Dies ist umso notwendiger, als das Internet rasant wächst. 2001 haben weltweit bereits rund 500 Millionen Menschen Zugang. Es existieren Milliarden Webseiten, zu denen täglich viele hinzukommen, aber auch wieder verschwinden. Von zu Hause oder von Internetcafés aus surfen Nutzer durch die kunterbunte elektronische Landschaft aus Texten, Bildern und Tönen. Im virtuellen Neuland bietet sich ein grenzenloser Raum, zu dem jeder Nutzer gleichberechtigten Zugang erhält.

Vor allem das *E-Mail* entwickelt sich binnen kurzer Zeit zu einem unverzichtbaren Kommunikationsmedium. Jeder Nutzer kann über eine individuelle E-Mail-Adresse elektronische Post empfangen und versenden. Dabei ist es gleichgültig, ob er einen stationären Personal Computer daheim oder im Büro benutzt oder eines der immer leichter und dünner werdenden *Laptops* oder *Tablets*, die in der Art elektronischer Aktentaschen überallhin mitgenommen werden können. E-Mails können zudem jederzeit und von überall abgeschickt und aufgerufen werden, mittlerweile auch von Mobiltelefonen mit *Touchscreen*, *Smartphones* genannt. E-Mails sind preiswert, da die Kosten für Briefpapier und Porto entfallen. Über sie können neben Text auch Bild-, Audio- oder Videodateien übermittelt werden, was zu ihrer rasanten Verbreitung beiträgt. Als schwierig erweist sich hingegen die Wahrung des Briefgeheimnisses. Auch wenn es gesetzlichen Schutz gibt, kann der Mailverkehr an verschiedenen Knotenpunkten leicht kopiert, registriert oder protokolliert werden. Die betroffenen Nutzer erfahren davon in der Regel nichts. Auch hier lauert *Big Brother*.

Abb. 76: *Immer und überall Zugang zum Internet*

Trotzdem sieht der amerikanische Sozialwissenschaftler Howard Rheingold in der modernen Mediengesellschaft neue Möglichkeiten für die politische Kultur. Als Verfechter einer künftigen Internetdemokratie meint er, jeder PC könne künftig als Medienanstalt fungieren, jeder Bürger könne politische Manifeste veröffentlichen, mit jedem anderen Bürger politische Meinungen austauschen. *Chats* würden sich als virtuelle Diskussionsrunden, *Communities* als Bürgerinitiativen etablieren. *Blogs*, könnte man ergänzen, könnten öffentlich geführte Tagebücher mit kritischen Kommentaren zum Zeitgeschehen sein und die Leser auffordern, die Inhalte mit dem Autor zu diskutieren. Doch die hehre Vision vom mündigen Internet-Bürger bekommt im Internet harte Konkurrenz durch die stete Versuchung von Kommerz und Konsum.

Spuren im Netz

Das Internet hat viele Gesichter. Eines davon ist das einer virtuellen *Shopping Mall*, eines Marktplatzes, auf dem Güter und Dienstleistungen umgeschlagen werden. Es verspricht alles und jedes und überschwemmt die *Mailboxes* der Nutzer mit digitalem Werbematerial. Die 1995 von Pierre Omidyar gegründete kalifornische Firma *eBay* entwickelt sich vom virtuellen Flohmarkt zum globalen Online-Shop, in dem Privatpersonen oder Händler gebrauchte wie neue Waren versteigern oder verkaufen. Um das Geschäft gleich *online* abwickeln zu können, stellt das Internet speziell abgesicherte Zahlungssysteme bereit. Der Nutzer muss dazu allerdings seine persönlichen Daten preisgeben, mitunter auch die Kreditkartennummer. Seitens der Firmen wird dieser rasche, bargeldlose Zahlungsverkehr forciert. Banken bewerben überdies das sogenannte *E-Banking*, also das Abwickeln

sämtlicher privater Kontogeschäfte vom eigenen Computer zu Hause aus, weil es ihnen viel kostspieliges Personal in den Filialen erspart. Für die Kunden wird dadurch das Leben bequemer, aber auch riskanter. Denn der Geschäfts- und Geldverkehr im Internet lockt natürlich Kriminelle an, die die Gutgläubigkeit der Menschen ausnutzen, Waren anbieten, Geld kassieren, aber nie liefern. Andere haben es auf die Kontodaten der Nutzer abgesehen, locken sie mit Scheinangeboten in die Falle und plündern, sobald sie dieser Daten habhaft geworden sind, deren Konten. Mitunter folgt dem ersten Schock ein zweiter, wenn sich herausstellt, dass die Bank jegliche Entschädigung mit dem Hinweis darauf verweigert, dass der Nutzer fahrlässig gehandelt habe. Die *Cyber*-Kriminalität wächst rapide an.

Trotzdem zählt der Online-Handel zu den boomenden Branchen. Viele Online-Händler, die ihre Produkte über Internet-Shopping-Portale anbieten, besitzen gar keine Verkaufsfilialen mehr. Die Waren werden online präsentiert, von den Kunden online bestellt und durch Botendienste oder die Post zugestellt, die ihrerseits den Schritt ins Internet vollziehen. Die *Deutsche Post* begründet im Jahr 2000 den Konzern *Deutsche Post World Net*, der Firmen aus dem Transportgeschäft und dem Bereich der Internet-Geschäfte umfasst. Zum Konzern gehört das amerikanische Zustellunternehmen *DHL*, das über eigene Flugzeug- und Fahrzeugflotten in Niederlassungen auf der ganzen Welt verfügt. *DHL* erledigt unter anderem die Abholung und Zustellung online bestellter Waren. Dabei kann der Kunde, der am anderen Ende der Welt eine Ware bestellt, via Internet, auf der Website von

DHL, den Weg seines Poststücks zeitgleich und lückenlos verfolgen.

Die schier grenzenlose Shopping-Freiheit gibt es aber nicht umsonst, der Internet-Shopper bezahlt mit Privatsphäre. Bei seinen Streifzügen durchs Internet hinterlässt er Datenspuren, die seine Vorlieben und Gewohnheiten offenlegen. Unternehmen wie *Google*, gegründet um die Jahrtausendwende in Kalifornien von den jungen Computerwissenschaftlern Larry Page und Sergey Brin, entwickeln sich binnen einiger Jahre zu milliardenschweren Konzernen, weil sie sich darauf spezialisieren, diese begehrten Daten zu sammeln, um sie im großen Stil zu vermarkten. *Google* bietet dazu eine Suchmaschine an, die dem Nutzer hilft, sich in den unendlichen Weiten des Internet zurechtzufinden. Sucht man nach einem bestimmten Schlagwort, wirft die Suchmaschine Listen mit Einträgen aus, die mit dem Thema verwandte Dokumente ausweisen. Durch Eingabe zusätzlicher Suchbegriffe lässt sich die oft sehr umfangreiche Suchliste systematisch eingrenzen. Die gefundenen Dokumente können sodann direkt in der Suchliste angeklickt werden. Die Suchmaschine von *Google* ist nicht die einzige am Markt, aber sie ist so erfolgreich, dass sich der Begriff »googeln« als Synonym für Suchen im Internet etabliert.

Im Gegenzug hilft die erfolgreiche Suchmaschine dem Unternehmen *Google* zu erfahren, wofür sich die Nutzer interessieren. Diese Nutzerinteressen kann *Google* in unterschiedlicher Weise an die Werbewirtschaft verkaufen. Einerseits können Werbetreibende zu allen möglichen Suchbegriffen elektronische Werbebeiträge platzieren. Dabei zahlen die Anbieter *Google* dafür, mit ihren Produkten in den Suchlisten möglichst weit vorne gereiht zu werden. Darüber hinaus können die Anbieter die Nutzer mithilfe von *Google* mit immer konkreterem, auf sie persönlich zugeschnittenem Werbematerial bedenken. Verwendet ein Nutzer ein Mailprogramm wie *Google-*

Abb. 77 · Google Street View: Die ganze Welt fotografieren

Mail, bekommt er aktuelle Urlaubsangebote auf den Bildschirm, sobald er sich in einem Mail des Worts *Urlaub* bedient. Zur Erweiterung seiner Sammlung von Nutzerdaten bietet *Google* über die Suchmaschine hinaus Gratisdienste für E-Mail und Blogs, Landkarten vom ganzen Globus in *Google Earth*, gescannte Bücher in *Google Books*, Sprachübersetzungen, aber auch Spiele und Nachrichten sowie unter dem Titel *YouTube* eine Plattform für Film- und Fernsehausschnitte, Musikclips und selbst gedrehte Videos – allesamt Felder, auf denen reichlich Nutzerdaten geerntet werden können. Angesichts dessen wäre es vielleicht angebrachter, das Wort »googeln« für das umfassende Datensammeln des *Google*-Konzerns selbst zu verwenden.

In *Google Earth* bietet *Google* Bilder des von Satelliten aus fotografierten Globus. Die hoch auflösenden Aufnahmen von der Erdoberfläche ermöglichen es, bis auf die Ebene von Wohnhäusern einzutauchen. Mit dem Projekt *Street View* lässt *Google* systematisch die Straßenzüge der Städte in 360-Grad-Panoramaaufnahmen fotografieren. Mithilfe dieser Aufnahmen kann der Nutzer virtuelle Spaziergänge durch die fotorealistischen Straßen machen. Doch regt sich dagegen Widerstand seitens der betroffenen Bevölkerung. Die Menschen fassen dies als Eingriff in ihre Privatsphäre auf, zumal die Straßenaufnahmen fallweise auch Bewohner zeigen, die zufällig ins Bild geraten sind.

Dienste wie *Google Earth* gewinnen vor allem für den Reiseverkehr Bedeutung. Die Spezifikation *Google Maps* erlaubt es, Ländergrenzen, Straßennetze, aber auch Tankstellen, Raststätten oder Hotels in die Karten einzublenden. In Verbindung mit einem Navigationsgerät verwandeln sich solche Karten zu Online-Reiseführern, die dem Autofahrer die gesamte Strecke bis zum eingegebenen Reiseziel präsentieren. Das System schlägt die optimale Route vor und zeigt diese, Abschnitt für Abschnitt, am Bildschirm an. Der Fahrer braucht nur den Vorgaben zu folgen. Voraussetzung für einen derartigen Online-Reiseführer ist ein Satellitennetz wie das Satellitennavigationssystem *GPS (Global Positioning System)* des US-Militärs, das auch der zivilen Nutzung offensteht. Es besteht ursprünglich aus 24 Satelliten, die sich auf sechs verschiedenen Erdumlaufbahnen in über 20 000 Kilometern Höhe bewegen. Die Satelliten übermitteln stetig Funksignale mit Angaben über ihre Position im Orbit. Aus mindestens drei solcher Funksignale kann ein *GPS*-Empfänger seine aktuelle Position auf der Erde errechnen, mithilfe eines vierten Signals auch die Seehöhe, auf der es sich befindet. Die *GPS*-Geräte zeigen ihre Position auf einige Meter genau in digitalen Karten an – ob auf Bildschirmen von Bordcomputern in Flugzeugen, Schiffen oder Autos, auf Laptops, Tablet-PCs oder auf Mobiltelefonen von Wanderern.

Google besitzt auch das Bildportal *Picasa*, ein Web-Fotoalbum, auf dem Nutzer Freunden und Verwandten private Fotos zeigen können. *Google* sichert sich dabei das Recht, die privaten Bilder für Zwecke der Eigenwerbung benutzen zu können. Mehr nicht – zumindest noch nicht!

Die Firma *Facebook* geht nach Übernahme des Fotoportals *Instagram* einen wesentlichen Schritt weiter. Man kündigt

Abb. 78: GPS: Jeden Punkt der Erde exakt bestimmen

Ende 2012 kurzfristig an, dass sämtliche darauf verfügbaren Privatfotos durch *Facebook* kommerziell verwertet werden sollen. Wer damit nicht einverstanden ist, muss seine Aufnahmen binnen weniger Wochen löschen. *Facebook* rückt damit über Nacht zu einer der größten Bildagenturen auf. Die eigentlichen Urheber der Fotos gehen im Fall, dass eines ihrer Fotos verkauft wird, leer aus.

Anders bei der professionellen, in Seattle ansässigen Bildagentur *Getty Images*, die zu den größten Bildarchiven der Welt zählt: Sie greift zwar ebenfalls auf den riesigen Markt privater Fotos zurück, tut dies aber deutlich defensiver. *Getty Images* schließt eine Kooperation mit dem Fotoportal *Flickr*, wonach dessen Mitglieder ihre Aufnahmen bei *Getty* lizenzieren, also zum Verkauf anbieten können. Mit dem ursprünglichen Gedanken der sozialen Netzwerke, anonymen Nutzern eine Plattform zur Selbstdarstellung im Internet zu bieten, hat freilich auch dies nicht mehr viel zu tun.

Abb. 79: Weltmarke Apple

Allen genannten Internetportalen ist gemeinsam, dass sie gigantische Datenmengen ansammeln. Für die Verarbeitung dieser Daten betreiben Konzerne wie *Google* in aller Welt große Rechenzentren, sogenannte *Server Farmen*, mit *Supercomputern*. Auch *Apple* speichert die Daten seiner Kunden in eigenen Rechenzentren. In den sogenannten *iClouds* werden sämtliche Daten der Benutzer von *Apple*-Geräten wie *iPhones*, *iPods* oder *iPads* abgespeichert. Vordergründig geschieht dies als Dienst am Kunden, faktisch aber, um das wertvolle Datenmaterial zu horten. Die privaten Daten sind das Kapital der Konzerne, mit dem sich die Milliardenumsätze machen lassen. Durch diese Konzentration der Nutzerdaten entsteht jedoch eine weitere, kaum abzuschätzende Gefahr. Nach den Terroranschlägen vom 11. September 2001 hat die US-ame-

rikanische Regierung von George Walker Bush den *Patriot Act* erlassen, ein Gesetz, das es den Behörden unter bestimmten Umständen erlaubt, auf die gesammelten Daten von Firmen wie *Google* zuzugreifen. Sollte dieser Fall eintreten, werden die Bürger also wie kaum je zuvor der Kontrolle durch staatliche Behörden ausgeliefert.

Datenschutz

Staatliche Verwaltungen sind natürlich daran interessiert, durch Nutzung des Internet den Behördenverkehr zu vereinfachen und zu verbilligen. Formulare sollen am Computer zu Hause elektronisch abgerufen, ausgefüllt und via Internet gleich bei der entsprechenden Stelle zur Weiterverarbeitung eingereicht werden. Parteienverkehr auf den Ämtern sowie das Ausstellen von Papieren würden dadurch obsolet, es würde viel Zeit und Personal eingespart. Und die Bürger selbst würden sich viele nervige Behördenwege ersparen. Ein Problem aber bleibt der Datenschutz. Wenn sensible persönliche Daten in zentralen Datenbanken oder auf *Chipcards*, die die Bürger als elektronische Ausweise bei sich tragen, gespeichert werden, droht die Gefahr, dass die Daten in falsche Hände gelangen. Wie will man garantieren, dass die gesammelten Daten geheim bleiben? Wie, dass Datenbanken nicht von Hackern geknackt und die Daten am Schwarzmarkt veräußert werden? Besonders schützenswert sind Gesundheitsdaten. Die Speicherung der gesamten Krankengeschichte eines Menschen auf einer Chipkarte, wie sie in manchen Ländern geplant wird, soll medizinische Doppel- und Fehlbehandlungen vermeiden und öffentliche Mittel sparen helfen. Doch wie soll man verhindern, dass chronisch Kranken Schwierigkeiten bei der Jobsuche entstehen, weil potenzielle Arbeitgeber aus dubiosen Quellen von ihren Krankheiten erfahren haben?

Hinter den Schlagworten *Trojaner* und *Vorratsdatenspeicherung* verbirgt sich das Problem des aktiven Zugriffs des Staates auf persönliche Daten. Unter Ersterem wird eine Software verstanden, die in aller Heimlichkeit auf den Computer eines Verdächtigen geschickt wird, um ihn auszuspionieren. Auch wenn betont wird, dass dies nur zur Terrorismusbekämpfung geschehen dürfe, ermöglicht es den Sicherheitsbehörden doch gravierende Eingriffe in die Privatsphäre von Menschen – und zwar auch

von solchen, die sich später als unschuldig erweisen. Ist es legitim, für mehr Sicherheit die Freiheit des Individuums zu opfern? Dies betrifft auch die *Vorratsdatenspeicherung*, im Zuge derer Internet- und Telekom-Unternehmen die Verkehrsdaten ihrer Kunden für allfällige Zugriffe der Sicherheitsbehörden geraume Zeit aufbewahren müssen. Bei Bedarf können die Behörden dann Kommunikationsmuster verdächtiger Personen bis ins Detail rekonstruieren: Wer steht vorzugsweise mit wem in Kontakt? Abgesehen davon, dass dadurch auch alle zwangsläufig Miterfassten unter Generalverdacht geraten, würde die Durchsetzung derartiger Gesetzesmaßnahmen *Big Brother* sehr viel mächtiger machen.

Probleme des Datenschutzes werfen auch die sozialen Netzwerke wie *Facebook* auf. *Facebook*, 2004 von dem Harvard-Studenten Mark Zuckerberg als eine Art privates Stammbuch im Netz ins Leben gerufen, lädt ein, sich mit seinen Freunden zu vernetzen, mit ihnen zu *chatten* und Fotos oder kurze Videos auszutauschen. Insofern erfüllt es eine soziale Aufgabe, wenn es Menschen zueinanderbringt, die räumlich voneinander getrennt sind. *Facebook* ersetzt ein Stück der verloren gegangenen Familie oder des verstreuten Freundeskreises. Für viele Jugendliche bildet *Facebook* aber auch eine Möglichkeit zur Intensivierung ihrer Sozialkontakte, eine Ebene, auf der das reale Leben kommentiert und illustriert wird. Gegen diese kreative Erweiterung ist nichts einzuwenden, solange sie Ergänzung bleibt und nicht zum Ersatz des echten sozialen Lebens wird. Allerdings sollte man es sich reiflich überlegen, was man im Internet öffentlich macht. Das Veröffentlichen unvorteilhafter Bilder von sich oder anderen oder von wenig schmeichelhaften Kommentaren kann schlimme Folgen zeitigen. Der Ruf ist schnell ruiniert, sei es der eigene oder der anderer. *Cyber-Mobbing* nennt man das systematisch betriebene Demütigen von Personen, wie es tagtäglich in sozialen Netzwerken vorkommt. Derartiges Blamieren vor allen *Facebook*-Freunden kann im Extremfall zum Selbstmord gemobbter Jugendlicher führen, die dem entstehenden Druck nicht standhalten. Aber selbst bei weniger dramatischem Verlauf bleibt das Risiko von Langzeitfolgen. Inhalte aus dem Netz wieder zu löschen, ist schwer möglich; das Internet hat ein langes Gedächtnis. Wenn Betroffene Jahre später im Zuge einer Jobbewerbung abgelehnt werden, erfahren sie nicht, ob der zuständige Personalchef zuvor im Internet nach ihrem Namen gesucht und das unvorteilhafte Material gefunden hat.

Abgesehen davon lauern in sozialen Netzwerken schwer erkennbare Gefahren. Pädophile, mitunter potenzielle Sexualgewalttäter, die nach jungen Opfern suchen, verbergen sich oft hinter falschen Profilen. Es ist deshalb grundsätzlich nicht ratsam, wenn Kinder und Jugendliche Kontakte zu Nutzern unterhalten, die sie nur aus dem Netz kennen, wenn sie Informationen über sich preisgeben, allenfalls Bilder von sich bereitstellen oder gar Treffen zustimmen. Es ist unbestreitbar, dass im Internet dunkle Gefilde existieren, in denen schreckliche Geschäfte mit Kinderpornografie abgewickelt werden. Unzählige einschlägige Bilder und Videos kursieren, die sich an eine anonyme,

überwiegend männliche Nutzergemeinde wenden. Heftige öffentliche Debatten über mögliche Gegenmaßnahmen kreisen um die Frage, ob das Internet deshalb zensuriert werden soll. Doch lässt sich dieser riesige Schattenmarkt mit Zensurmaßnahmen und Verboten überhaupt unterdrücken? Wohl kaum. Wenn es aber von Gesetzes wegen keine Lösung gibt, wie soll man dann persönlich damit umgehen? Soll man seinen Kindern den Zugang zum Internet verwehren, um sie vor den drohenden Gefahren zu bewahren? Nein, kann die Antwort nur lauten, wird der Umgang mit dem Internet künftig doch zu den Grundkenntnissen zählen wie das Schreiben, Lesen und Telefonieren. Kinder, denen es an Internetfitness mangelt, könnten irgendwann eine Art neues Analphabetentum bilden. Ein kategorisches Internetverbot empfiehlt sich umso weniger, als das Netz auch viel Wertvolles zu bieten hat, von dem man Kinder nicht abkoppeln sollte. Das Internet eröffnet ungemein viele Chancen, am sozialen Leben, aber auch am Wissen der Welt teilzuhaben. Noch nie sind so vielen Menschen derart umfangreiche Bildungsgüter offengestanden. Insofern sollten sich Eltern für die Surfgewohnheiten und Netzkontakte ihrer Kinder interessieren und sich bemühen, ihnen einen verantwortungsvollen Umgang mit dem Internet beizubringen. Die Zeiten, da man Kinder in ihren Kinderzimmern in Sicherheit wusste, sind vorbei. Gleichzeitig sind die Chancen, die ihnen das Internet als Tor zur Welt eröffnet, größer denn je.

Digitale Bibliotheken

Die Digitalisierung beginnt dem Individuum das Wissen der Welt zu erschließen. Die nach wie vor wachsende Menge an neu erscheinenden Büchern macht effizientere Katalogisierung erforderlich, weshalb der Zettelkatalog durch den *Online Public Access Catalog (OPAC)* abgelöst wird. Dabei handelt es sich um einen elektronischen Katalog, der via Bildschirm bedient wird. Der über ein PC-Terminal vor Ort und über das Internet zugängliche *OPAC* verspricht Recherchierenden effizientere und raschere Titelsuche. Er bietet zudem unmittelbare Service-Informationen wie etwa den Hinweis, ob ein gesuchtes Buch gerade ausgeliehen oder verfügbar ist. Das ist aber nur eine schmale Facette der digitalen Bibliothek der Zukunft. Schließlich verwandelt sich das Internet selbst zur größten Bibliothek aller Zeiten. Einen nicht unbedeutenden Teil davon bildet die Online-Enzyklopädie *Wikipedia*, die Anfang 2001 vom Amerikaner Jimmy Donal Wales gegründet wird. Ihr Ziel ist es, allen Nutzern kostenlos Artikel zu allen möglichen Themen zu bieten, die von anonymen kompetenten Nutzern honorarfrei verfasst werden. Betreiber ist die *Wikimedia Foundation*, eine nicht auf Profit ausgerichtete Stiftung mit Sitz in den USA. Mittlerweile existieren Millionen *Wikipedia*-Beiträge in allen möglichen Sprachen.

Im Gegensatz dazu geht der Softwarekonzern *Microsoft* mit der multimedialen Enzyklopädie *Encarta* einen kommerziellen Weg. Die mit zigtausenden Artikeln ausgestattete *Encarta* ist zwischen 1993 und 2009 auf CD oder *DVD* erhältlich. Jährlich kommt eine neue Version heraus. Für den Produzenten liegen die Vorteile der elektronischen Enzyklopädie gegenüber der Papierausgabe auf der Hand: Die enormen Papier- und Druckkosten fallen weg und die umfassende Wissenssammlung kann billig hergestellt und einfach aktualisiert werden. Auch für den Besitzer einer *Encarta* bietet sich die Möglichkeit, seine Version über das Internet stetig aktuell zu halten. *Microsoft* kalkuliert mit diesem Update-Geschäft. Durch die regelmäßigen kostenpflichtigen Aktualisierungen kann die elektronische Enzyklopädie sozusagen mehrfach an ein und denselben Käufer gebracht werden. Gedruckte Enzyklopädien werden hingegen nur einmal, fürs ganze Leben, angeschafft. All diese Vorzüge genügen letztlich aber nicht: Am Ende wird die *Encarta* eingestellt, wohl nicht zuletzt, weil kostenlose Angebote wie *Wikipedia* einen sagenhaften Aufstieg vollziehen. Bemerkenswert ist, dass der idealistische Ansatz von *Wikipedia* über den kapitalistischen der *Encarta* triumphiert!

In der virtuellen Weltbibliothek des Internet sind zunehmend auch die auf Papier erschienenen Bücher digital verfügbar. *Google* arbeitet seit geraumer Zeit daran, die Bücher der Welt einzuscannen. Im Gegensatz zu solchen kommerziell motivierten Ansätzen wie dem hinter *Google Books* stehen altruistische Ansätze, der Weltöffentlichkeit für Zwecke der Wissenschaft und Bildung alles verfügbare Wissen zur Verfügung zu stellen. Die *Library of Congress* in Washington digitalisiert unter dem Titel *American Memory* Urkunden, Bücher, Fotos, Karten, Filme und Tondokumente und macht sie zur kostenlosen Nutzung über das Internet zugänglich. Ein darüber hinausgehendes

Projekt mit dem Titel *Digital Public Library of America* setzt es sich zum Ziel, bedeutende amerikanische Büchersammlungen in einer digitalen Bibliothek zusammenzuführen. In Europa läuft ein übernationales Projekt namens *Europeana*, im Zuge dessen das europäische Kulturerbe in Gestalt von Text-, Bild-, Ton- und Filmdateien öffentlich zugänglich werden soll. Bibliotheken, Archive, Museen und audiovisuelle Sammlungen beteiligen sich und liefern Millionen an digitalisierten Objekten. In Deutschland entsteht als Beitrag zu *Europeana* eine *Deutsche Digitale Bibliothek*, und die *Österreichische Nationalbibliothek (ÖNB)* digitalisiert ihren gesamten Bestand historischer Bücher, immerhin rund 600 000 Werke, in Kooperation mit *Google*. In naher Zukunft sollen die digitalisierten Bücher kostenlos abrufbar sein. Interessierte können die Bücher dann durch Anklicken im Volltext lesen, durchsuchen und sogar zur Gänze herunterladen.

Diese riesigen Digitalisierungsprojekte haben freilich auch eine nicht ganz uneigennützige, wirtschaftliche Seite. Erklärte Ziele von *Europeana* sind die Entwicklung der Informationsgesellschaft und die Förderung der Medienindustrie. Die digitale Medienlandschaft bildet einen zukunftsträchtigen Hoffnungsmarkt, von dem man sich Wirtschaftswachstum und Wohlstand erwartet.

Der aktuelle Buchmarkt bleibt vom Internet ebenfalls nicht unbeeinflusst. Ganz im Gegenteil. Die von Jeff Bezos gegründete Internetfirma *Amazon.com* kann sich als Buchgroßhändler etablieren. Sie bietet ihre Bücher in einem Online-Katalog an und versendet bestellte Ware in die ganze Welt, was am überkommenen Buchmarkt verständlicherweise auf wenig Gegenliebe stößt. Damit nicht genug, beteiligt sich *Amazon* an Versuchen, Bücher direkt über das Internet, buchstäblich vom Schreibtisch aus und ohne Verlage oder Druckereien, völlig papierlos zu veröffentlichen und sie ohne Einschaltung des Buchhandels online zu vertreiben. Der amerikanische *Bestseller*-Autor Stephen King beginnt im Sommer 2000, den Roman *The Plant* im Netz zu publizieren. Im Lauf von 20 Monaten sollen acht Kapitel zu je 20 und mehr Seiten erscheinen. Leser können die Kapitel auf ihre PCs herunterladen. Für jedes Kapitel sollen sie an den Autor freiwillig einen Betrag zwischen ein und zwei Dollar 50 überweisen. Das Inkasso übernimmt *Amazon*. Das Experiment schlägt jedoch fehl: Die Leser verlieren das Interesse an dem Fortsetzungsroman, zudem zahlt zuletzt weniger als die Hälfte die geforderte Gebühr. Doch das Geschäftsmodell ist zu verlockend, um es aufzugeben. 2007 nimmt *Amazon* einen neuen Anlauf. Man präsentiert den *E-Book-Reader Kindle*, der nur bei *Amazon* zu haben ist und 399 Dollar kostet. Dabei handelt es sich um ein handliches Lesegerät für digitale Texte, das beinahe nur aus einem flachen Bildschirm besteht. Es wiegt kaum 300 Gramm und kann 1500 aus dem Internet heruntergeladene Bücher speichern. Gleichzeitig baut *Amazon* eine digitale Bibliothek auf, die den Nutzern zum Herunterladen auf ihre Lesegeräte angeboten wird. Mit dem *Kindle 2* folgt eine verbesserte Version des Lesegeräts, die letztlich nur noch 189 Dollar kostet. Zur Ankurbelung des Geräteabsatzes wird wieder eine Geschichte von Stephen King exklusiv an-

Abb. 80 · E-Book: Buch ohne Papier

Es folgen verbesserte *Kindle*-Modelle und mit dem Modell *Kindle Fire* sogar ein Tablet-PC, der neben *E-Books* auch Multimedia-Inhalte wie Musik und Filme wiedergeben und ansonsten als vollwertiger PC genutzt werden kann. Zumindest in den USA erweist sich das *E-Book* als durchschlagender Erfolg. *Amazon* lässt 2010 verlauten, dass man bereits deutlich mehr *E-Books* verkaufe als herkömmliche Bücher. Große amerikanische Buchhandelsketten geraten an den wirtschaftlichen Abgrund. Im Hinblick auf die nächsten Jahre stellt sich eine entscheidende Frage: Ist das Buch aus Papier am Ende und ist die Zukunft des Buches digital?

Die Internet-Bühne

Das Internet verfügt über weitläufige Unterhaltungsareale, auch bezüglich Musik. Ende der 1990er-Jahre geht die von dem kaum 20-jährigen Amerikaner Shawn Fanning erfundene Online-Tauschbörse *Napster* buchstäblich ans Netz. Diese Tauschbörse für Musiktitel umfasst binnen kurzer Zeit Millionen Nutzer weltweit, die Milliarden Musikdateien austauschen, um sie sich auf ihre *MP3-Player* herunterzuladen. Die massenhaften Gratis-*Downloads* provozieren den Widerstand der Musikindustrie, die um ihre Verkaufszahlen fürchtet. *Napster* wird wegen Musikpiraterie geklagt. Der Vorwurf lautet, *Napster* besitze auf viele der auf der Tauschbörse umgeschlagenen Titel keine Rechte und baue ein Geschäft auf Kosten der Musiker auf. Für jeden getauschten Musiktitel will man 100 000 Dollar Schadenersatz, insge-

geboten. Sie trägt den Titel *UR* und thematisiert originellerweise die neue elektronische Buchkultur selbst:

Ein Literaturprofessor namens Wesley Smith legt sich eines der neuartigen *Kindle*-Lesegeräte zu, um vor seiner Freundin nicht altmodisch zu erscheinen. Er muss jedoch bald erkennen, dass sein Gerät anders ist als alle anderen Geräte. Es ist pink, nicht weiß, und verfügt über eine merkwürdige *UR-Funktion*. Smith erkennt, dass ihn sein Gerät in Parallelwelten entführen kann, wo literarische Werke existieren, die in unserer Welt nie geschrieben wurden. Es kann aber noch mehr: Es bietet Zeitungsberichte aus der Zukunft, was letztlich dazu führt, dass Smith in eine Geschichte hineingezogen wird, in der es um nicht weniger als darum geht, das Leben seiner Freundin zu retten …

samt mehrere Milliarden Dollar. Im Jahr 2000 ergeht eine einstweilige Verfügung an *Napster*, den Tausch urheberrechtlich geschützter Titel einzustellen – also die Plattform stillzulegen –, was aber kurze Zeit später durch ein Berufungsgericht aufgehoben wird. *Napster* muss allerdings unberechtigt angebotene Titel herausfiltern. Binnen zwei Wochen fallen 1,3 Millionen Titel aus dem Angebot. Da aber die Nutzer immer neue Wege finden, auch solche verbotenen Titel zu tauschen, bleibt *Napsters* Konflikt mit der Musikindustrie akut. Am Ende muss *Napster* seinen Suchindex abdrehen, um einer Stilllegung zuvorzukommen. Damit ist das ursprüngliche Unternehmenskonzept am Ende. Es ist ein Sieg der Musikindustrie über die jugendlichen Musikkonsumenten, der darauf basiert, dass *Napster* die grundsätzliche Frage nach der ökonomischen Logik nicht beantwortet hat: Wie soll der Musikmarkt funktionieren, wenn niemand für Musiktitel zu zahlen bereit ist?

Eine marktgerechte Antwort liefert die Firma *Apple*, die den *iPod* auf den Markt bringt, einen *MP3*-Player, und ab 2003 mit *iTunes* auch eine Downloadplattform bietet. Es handelt sich um eine kostenpflichtige, dafür aber durch und durch legale Plattform. Steve Jobs von *Apple* verhandelt mit den Musikverlegern einen Fixpreis für Downloads von 99 Cent pro Song und 9,90 Dollar pro Album aus. *iTunes* steigt danach zum Marktführer unter den Downloadplattformen auf, die sich anschicken, den Musikmarkt zu übernehmen. Schließlich geht ein Download überaus rasch und problemlos vor sich, zu jeder Zeit, an jedem Ort, und vor allem sind die gesammelten Musiktitel am winzigen *MP3-Player* immer mit dabei.

Was kann die sperrige CD dem entgegenhalten? In nicht allzu ferner Zukunft wird man Musiktitel nur noch digital transferieren und das Zeitalter der CD wird – wie schon zuvor das der Schallplatte – auslaufen. Untrügliche Vorzeichen dafür sind Filialschließungen in großem Ausmaß bei amerikanischen Musik-Einzelhandelsketten.

Das Internet ist aber nicht nur grenzenloses Musikarchiv, es bietet sich seiner unbegrenzten Reichweite wegen selbst als Bühne angehender Stars an. Die New Yorker Sängerin Lana Del Rey schafft den internationalen Durchbruch, nachdem sie ihr Lied *Video Games* auf *YouTube* veröffentlicht, wo es angeblich in nur einem Monat mehr als eine Million Mal aufgerufen wird. Darin spiegelt sich ein zentraler Mythos der modernen Mediengesellschaft, der besagt, dass jedes Mitglied vom *No-Name* zum *Superstar* aufsteigen kann. Man braucht nur entdeckt zu werden. Dieser Mythos wird auch in Fernsehformaten bedient. 2001 strahlt der britische Fernsehsender *ITV* erstmals die Castingshow *Pop Idol* aus, die das Ziel hat, einen künftigen *Popstar* zu finden. In dieser Fernsehshow treten junge Gesangstalente mehrere Wochen lang gegeneinander an. Die Zuschauer entscheiden durch Anrufen gebührenpflichtiger Telefon-*Hotlines* mit, welche Kandidatin oder welcher Kandidat den schlechtesten Auftritt absolviert hat und aus der Show geworfen wird. Am Ende bleibt nach mehreren Shows ein Sieger oder eine Siegerin übrig. Durch die hohen Zuschauerzahlen wirken die im Fernsehen übertragenen Showstaffeln als kräftiges Karrieresprungbrett. Die Nachfolgeshow von *Pop Idol* trägt den Titel *X Factor*. Sie

Abb. 81 · Über YouTube zum Superstar: Lana Del Rey

beschert 2006 einer jungen Sängerin namens Leona Lewis den Sieg und gleich danach eine steile internationale Karriere.

Das Internet prägt auch einem Tanzspektakel der Ära seinen Stempel auf. Es ermöglicht, dass sich die *Love Parade* aus einer lokalen Kleinveranstaltung zu einem internationalen Großereignis mit Hunderttausenden Teilnehmern entwickelt. Ursprünglich findet sie jedes Jahr in Berlin statt. 2007 und 2008 wandert sie durch Essen bzw. Dortmund. Die Parade aus Lastwagen mit fantasievollen Aufbauten, tanzenden Kostümierten und *DJs* wälzt sich in exzentrischer Erscheinung zwischen Erotik und Tanz und unter lauter Technomusik durch die von Jugendlichen gesäumten Straßen. Die Zuschauer, die in schriller Aufmachung auf den Straßen tanzen, sind nicht nur Publikum, sondern auch Darsteller im mehrtägigen Event. Die Organisation erfolgt via Internet, in gewisser Weise findet die Veranstaltung aber auch im Internet statt. Zahlreiche *Webcams* gewähren Nutzern in aller Welt Überblick über die vielen Schauplätze. Das Netz dient als multimediales Bilderalbum und gleichzeitig natürlich auch als Werbefläche für Firmen, die ihre Produkte an jugendliche Käufer bringen wollen.

Es ist wohl kein Zufall, dass das Internet auch beim schrecklichen Ende der *Love Parade* 2010 in Duisburg eine nicht unwichtige Rolle spielt. Im Zugangsbereich zum Festgelände kommt es zu einer Massenpanik und zu einem Gedränge, bei dem 21 Menschen ums Leben kommen. Hunderte werden verletzt. Private Fotos und Videoaufnahmen vom Unglück sowie Augenzeugenberichte gehen umgehend um den Globus. Die von

Besuchern mit ihren Smartphones erstellten Aufnahmen werden letztlich auch von den Justizbehörden für ihre Ermittlungen herangezogen, als es darum geht, die Ereignisse zu rekonstruieren und Ursachen und Verantwortliche für das Unglück zu finden.

Ein weiterer wichtiger Schauplatz der modernen Unterhaltungsindustrie ist das Feld der Computerspiele. Verschiedene Anbieter bringen Spielkonsolen auf den Markt, *Microsoft* bringt die *Xbox*. Eines der ersten Spiele, das sie bietet, ist *Halo*, ein sogenanntes *Ego-Shooter*-Spiel, bei dem der Spieler durch eine Figur, die seinen Blickwinkel einnimmt, alle möglichen Gegner bekämpft. Von der Firma *Bungie* entwickelt, wird das Spiel von *Microsoft* samt der Herstellerfirma gekauft. Die dem *Ego-Shooter-Spiel* zugrundeliegende Perspektive wird zum Inbegriff des Computerspielens, weil sie dem Spieler suggeriert, dass er die virtuelle Spielwelt betreten und durchwandern, ja phasenweise in ihr aufgehen kann.

Durch Anbindung ans Internet entsteht ein noch komplexerer Typ von Computerspielen. Es eröffnet sich ein grenzenloses Spielfeld, auf dem sich zahllose unbekannte Mitspieler aus aller Welt bewegen. Als Spieler übernimmt man seine Rolle und tritt gegen andere Spieler an, die irgendwo auf der Welt an ihren Computern sitzen und ebenfalls Spielfiguren verkörpern. Die Figuren des Spiels, die sogenannten *Avatare*, interagieren miteinander bzw. gegeneinander, denn zumeist geht es auch in solchen Spielen um Kriege und Kämpfe, die sich in einer aufwendig modellierten 3D-Welt abspielen. Der Computerspiel-Entwickler *Sony Online Entertainment* bringt mit *Ever*

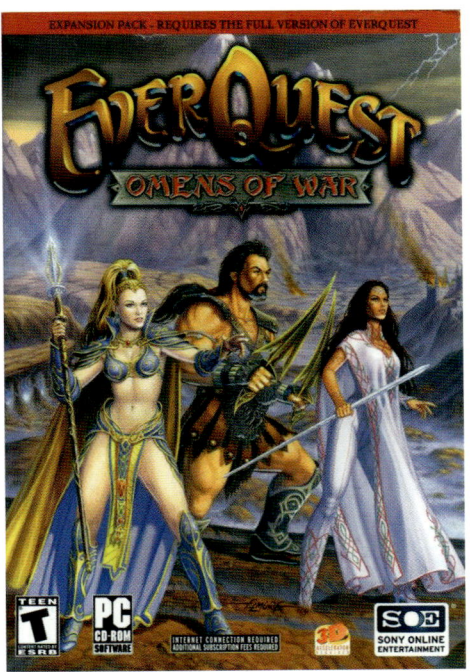

Abb. 82 · Spielwelt der Waldelfen, Gnome und Oger

geraten jedoch zunehmend in die Kritik. Nicht nur, weil sie kostenpflichtig sind und den Spielern während des Spiels Spielelemente, etwa spezielle und bessere Waffen, zum Kauf angeboten werden, wodurch ihnen stetig Geld aus der Tasche gezogen wird. Spielsucht wird zudem mittlerweile als ernste psychische Erkrankung anerkannt, im Zuge derer Süchtige allmählich in die fiktive Welt abdriften und den Bezug zur Realität verlieren. Befürchtet wird zudem, dass aggressive Computerspiele bei manchen Spielern Gewaltneigungen verstärken. Bei den vor allem in den USA immer wieder vorkommenden blutigen *School Shootings* taucht regelmäßig die Frage auf, ob der Amoklauf darauf zurückgeführt werden muss, dass der Attentäter gewalttätige Computerspiele spielte.

Die Ästhetik der animierten Computerspiele ist eng verwandt mit jener von Filmen, zumal von Fantasy-Filmen wie Peter Jacksons *Herr der Ringe*. Dieses opulente Filmepos versammelt zahlreiche Fabelwesen wie *Elben*, *Hobbits*, *Zauberer* und *Hexen* und begeistert nicht zuletzt durch die im Computer geschaffene fantastische Welt, in der es spielt. Dasselbe gilt für James Camerons Film *Avatar* aus dem Jahr 2009.

Die Handlung spielt auf dem fernen Mond Pandora, auf dem das humanoide Volk der Na'vi in vollkommener Harmonie mit seiner Natur lebt. Als die Menschen auf Pandora landen, um unter Gewaltanwendung wichtige Rohstoffe abzubauen, wechselt ein im Rollstuhl sitzender ehemaliger Soldat die Seiten. Er schlüpft in einen Na'vi-Körper und kämpft mit dem bedrohten Volk gegen die menschlichen Eindringlinge.

Quest ein Spiel heraus, bei dem es darum geht, auf einem fiktiven Planeten diverse Aufgaben zu erledigen. Man schlüpft in die Rolle einer von vielen *Rassen* wie *Waldelfe*, *Gnom* oder *Oger* und gleichzeitig in die einer Klasse wie *Druide*, *Krieger* oder *Waldläufer*. Man durchstreift die fremde Welt, eignet sich neue Fähigkeiten an und schließt Allianzen mit anderen Spielern, um Dritte zu bekämpfen. Erfolgreiche Spieler steigen in höhere Spielebenen auf. Zum erfolgreichsten Spiel dieser Gattung wird *World of Warcraft*, das 2005 auf den Markt kommt. Binnen eines halben Jahres spielen es Millionen Spieler weltweit.

Solche Kriegs- und Kampfspiele, bei denen unentwegt Gegner zu eliminieren sind,

Abb. 83 · Avatar: Künstliche Körper

Avatar nutzt die Vorzüge des digitalen Films, der völlig abgehobene Fantasiewelten und Fantasiewesen entstehen lassen und diesen in berührender Weise Leben einhauchen kann. Darüber hinaus erlaubt er das 3D-Genre wiederzubeleben und effektvoll auszureizen. Wohl nicht zufällig verbringen die Na'vi viel Zeit in hohen Urwaldbäumen, die auf frei im Raum schwebenden Inseln wachsen, oftmals elegant durch die Luft springend oder auf den Rücken von fliegenden Drachen reitend. Der Kinobesucher kann intensiv wie kaum je zuvor in die dreidimensionale Filmwelt eintauchen. Ein weiterer Vorzug des digital produzierten Films liegt darin, dass seine Modelle und Texturen zur Herstellung aufwendiger Computerspiellandschaften herangezogen werden

können. Bei Großfilmprojekten werden deshalb die zugehörigen Computerspiele gleich mitproduziert. Das offizielle Spiel zu *Avatar* trägt den Titel *James Cameron's Avatar. The Game.*

Hinsichtlich des Filmverleihs macht die digitale Produktionsweise das aufwendige Herstellen von Filmkopien und deren Transport durch die Welt obsolet. Auch lassen sich von einem auf digitaler Basis erstellten Film sehr leicht DVDs zur Vermarktung am Heimmarkt produzieren, wenngleich die Zukunft solcher Datenträger grundsätzlich ungewiss ist. Denn wie die CD sieht sich auch die DVD immer mehr Internetportalen gegenüber, die digitale Ware anbieten. Wie am Musiksektor immer mehr Musiktitel verfügbar sind, so steht am Filmsektor ein wachsendes Reservoir an Filmen zum vergleichsweise günstigen Download bereit. Der silbernen Scheiben wird es über kurz oder lang auch hier nicht mehr bedürfen, im Übrigen auch nicht am Sektor der Computerspiele. In Zukunft kommt wohl die gesamte Medienunterhaltung aus den Weiten des Internet.

Online-News

Auch den klassischen Massenmedien eröffnet sich im Internet eine neue Plattform. Fernseh- und Radiostationen richten Online-Redaktionen ein und bieten parallel zu ihrem herkömmlichen Programm Webseiten mit aktuellsten Nachrichten. Damit können sie ihr Publikum auch zwischen den fixen Sendezeiten erreichen. Auch Tageszeitungen bringen neben der gedruckten eine elektronische Ausgabe heraus. In der Online-Zeitungsausgabe können aktuelle Nachrichten sofort publiziert und sekündlich aktualisiert werden und man kann den Lesern neben Text- und Bild- auch Film- und Tonbeiträge bieten. Damit erreicht die aktuelle Berichterstattung ein junges, netzaffines Publikum. Allerdings droht den klassischen Medien in dieser Entwicklung eine existenzielle Gefahr. Aus den Online-Ausgaben könnte sich über kurz oder lang ein völlig eigenständiges Massenmedium herausbilden, das multimediale Berichterstattung bringt, unvergleichlich billig in der Herstellung, immer aktuell und via Laptop, Tablet oder Smartphone überdies jederzeit und überall empfangbar ist; ein digitaler Golem, der seine Schöpfer letztlich vom Medienmarkt verdrängt. Die geringen Herstellungskosten bilden einen bedeutenden Wettbewerbsvorteil gegenüber dem behäbigen Fernsehen alten Typs wie auch gegenüber den aufwendig hergestellten Zeitungen, die der hohen Papier-, Druck- und Vertriebskosten wegen an den wirtschaftlichen Abgrund geraten, zumal auch ihre Werbeeinnahmen wegbrechen. So manche Printausgabe steht bereits vor ihrer Einstellung.

Das Internet beeinflusst überdies den Inhalt der Nachrichten. Anders als die stark reglementierten klassischen Massenmedien bietet es als offene Plattform vielen bislang ungehörten Stimmen die Möglichkeit, gehört zu werden. Zwar profitieren von der neuen Medienfreiheit auch radikale Gruppierungen – ob Neo-Nazis oder islamistische Fundamentalisten –, die sich mit ihrer Hasspropaganda auf diversen Webseiten an ein internationales Publikum richten kön-

nen. Doch ist dies der Preis der Freiheit, den die Demokratie zu zahlen hat. Als einer ihrer Grundpfeiler darf die Medienfreiheit nicht infrage gestellt werden.

Im Gegensatz dazu arbeiten in autoritär regierten Ländern wie der Volksrepublik China staatliche Zensurapparate daran, den Internetzugang ihrer Bürger einzuschränken und zu kontrollieren, um den Informationsfluss zur und damit den Einfluss der freien westlichen Welt zu unterbinden.

Um solche Bestrebungen aufzuzeigen und anzuprangern, setzt sich die Organisation *Reporter ohne Grenzen* weltweit im Zeichen der Pressefreiheit für politische Journalisten und *Cyber*-Dissidenten ein, die unter staatlicher Zensur und Verfolgung leiden. Im März 2008 ruft sie den ersten *Internationalen Tag der freien Meinungsäußerung* im Internet aus. An diesem Tag können Surfer virtuell an verschiedenen berüchtigten Orten gegen Zensur demonstrieren: am Tiananmen-Platz in Peking, am Platz der kubanischen Revolution in Havanna, in den Straßen der burmesischen Stadt Rangun … Die Aktion richtet sich gegen die wachsenden Tendenzen, Blogger zu verfolgen und unliebsame Webseiten zu schließen, zumal solche Verfolgungen manchmal tödlich enden. Für das Jahr 2012 verzeichnet *Reporter ohne Grenzen* einen traurigen Rekord von weltweit 47 getöteten Bloggern neben 88 getöteten Journalisten. *Reporter ohne Grenzen* betiteln die schlimmsten Unterdrückerstaaten als »Internet-Enemies«, die weniger schlimmen stellen sie »Under surveillance«. Unter den Gebrandmarkten befinden sich islamische Staaten, von denen jedoch manch einer im Rahmen des *Arabischen Frühlings* die Gegenbewegungen zu spüren

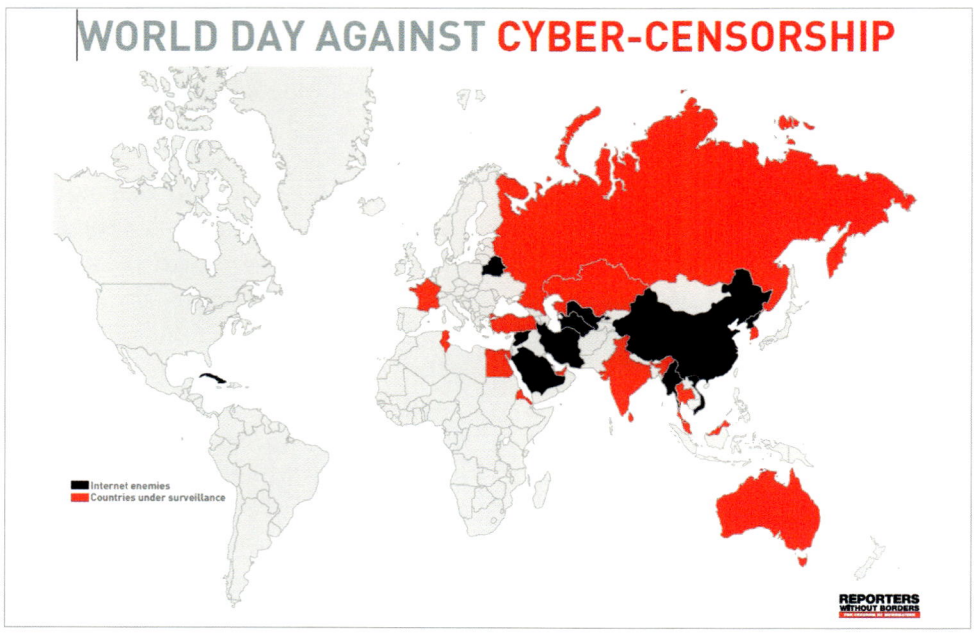

Abb. 84: Internetzensur

bekommt. Als in Ägypten der autoritär regierende Präsident Hosni Mubarak gestürzt wird, geschieht dies nicht zuletzt durch Angehörige einer jungen, westlich ausgerichteten Generation, die sich der schwer kontrollierbaren *Neuen Medien* bedienen, sich durch diese organisieren und über diese mit der westlichen Welt kommunizieren. Die Bezeichnung »Facebook-Revolution« zirkuliert.

In diesem Zusammenhang erhält der Begriff des *Citizen journalism* Bedeutung. Gemeint sind damit Bürger, die an Orten, wo keine internationalen Medien vertreten sind, mit ihren Smartphones Fotos oder Videos von aktuellen Ereignissen aufnehmen und diese in die Welt senden. Egal ob Aufnahmen von Demonstrationen im Iran oder

von Bombardierungen von Wohnhäusern durch syrische Kampfflugzeuge – die Bilder liefern einen unmittelbaren Eindruck und illustrieren Vorkommnisse, die ansonsten ungezeigt bleiben würden. Jeder Bürger wird auf diese Weise zum Berichterstatter. Die Mediengesellschaft schickt sich an, allmächtig zu werden. Nahezu nichts von dem, was auf der Welt geschieht, scheint der Öffentlichkeit verborgen zu bleiben. Überall sind Smartphones bereit, aktuelle Ereignisse aufzunehmen.

Doch werfen derartig zustandegekommene Bilder, etwa von Massakern eines Regimes an seiner Bevölkerung, auch Fragen auf: Wer bürgt für den Wahrheitsgehalt der Aufnahmen? Zeigen sie tatsächlich das, was ihnen von ihren Herstellern im Begleittext zugeschrieben wird? Oder sind sie vielleicht selbst Propagandaprodukte, angefertigt, um das in der westlichen Welt bestehende Informationsvakuum für sich zu nutzen? Nicht immer zeigen Bilder, was sie zu zeigen scheinen. Hier liegt die Allmacht der modernen Mediengesellschaft sehr nahe an der Ohnmacht.

Es ist eine alte Weisheit, dass das erste Opfer des Krieges die Wahrheit ist, und diese Weisheit ist heute umso gültiger, als wir im sicheren Westen von den Kriegen, Konflikten und Katastrophen dieser Welt fast immer durch Medien getrennt sind. Medien sind aber nicht einfach nur Fenster, die den Blick auf die Geschehnisse freigeben. Medien lenken unsere Blicke und entscheiden darüber, was wir zu sehen bekommen und was nicht. Medien erzeugen maßgeblich das Bild, das wir uns von der Welt machen, mit. Sie erschaffen das, was wir gemeinhin für die Wahrheit halten. Als Präsident Bush 2003 den Irak angreifen lässt, tut er dies unter Verweis auf irakische Massenvernichtungswaffen, die es zu zerstören gelte. Um die Öffentlichkeit von der Notwendigkeit dieses Krieges zu überzeugen, erscheinen unzählige Berichte in zahlreichen Medien samt scheinbaren Beweisen, die diese Behauptung stützen. Jahre später stellt sich heraus, dass es die Massenvernichtungswaffen schlicht nicht gibt, und es bleibt der bittere Nachgeschmack, dass sie lediglich als Vorwand für den Militäreinsatz gedient haben. Wie kann dies geschehen – in einer der meistentwickelten Demokratien der Welt mit der wohl mächtigsten unabhängigen Medienlandschaft?

Tatsächlich werden wir, ohne es zu bemerken, unaufhörlich Opfer der Medien-

realität. Oft sind es mächtige Staaten, die Medien kontrollieren und der Öffentlichkeit die Wahrheit diktieren.

Angesichts dessen initiiert der Australier Julian Assange 2006 die Plattform *Wiki-Leaks*, auf der Insider, sogenannte *Whistleblower*, geheime Dokumente veröffentlichen können, um derartige Missstände aufzudecken. Manchmal sind solche illegal agierenden Informanten die einzige Möglichkeit, um gegen den Widerstand von Geheimdiensten und Regierungen die Wahrheit ans Licht zu bringen. *WikiLeaks* hat dabei nicht nur berühmt-berüchtigte »Schurkenstaaten« im Visier, sondern auch große Demokratien wie die USA. Im April 2010 stellt *WikiLeaks* die zentrale Propagandaphrase vom sauberen und gerechten Krieg, den die USA im Irak gegen islamistische Terroristen führen würden, bloß. Unter dem Titel *Collateral Murder* wird ein Video veröffentlicht, das zeigt, wie irakische Zivilisten, darunter zwei *Reuters*-Journalisten, aus einem amerikanischen Kampfhubschrauber heraus beschossen und getötet werden. Kurz darauf wird *WikiLeaks* von mehreren Seiten be-

Abb. 85 · Collateral Murder: Die ungeschminkte Wahrheit des Krieges

207

drängt. Der amerikanische Provider sperrt der Plattform seine Server, wodurch sie für die Nutzer und Informanten für die nächste Zeit nicht mehr unter der Domain *wikileaks.org* erreichbar ist. Mehrere Finanzunternehmen stellen ihre Dienstleistung für *WikiLeaks* ein, was die Verwaltung der Spendengelder blockiert. Offiziell begründen die Unternehmen ihren Rückzug damit, dass *WikiLeaks* allgemeine Geschäftsbedingungen verletzt habe. Die Frage, ob dahinter US-Behörden stehen, bleibt unbeantwortet. Man kann sich jedenfalls des Eindrucks nicht erwehren, dass ein unliebsamer Zeuge zum Schweigen gebracht werden soll. Die *CIA (Central Intelligence Agency)* hat sich schon davor mit der Gefährlichkeit von *WikiLeaks* beschäftigt sowie mit der Frage, wie man die Plattform zerstören und ihre Whistleblower zum Schweigen bringen könnte. *WikiLeaks* selbst hat das betreffende *CIA*-Dokument veröffentlicht.

Anhang

Ausgewählte Literatur

Thomas Aigner (Hg.): Archive im Web – Erfahrungen, Herausforderungen, Visionen, St. Pölten 2011.

Norbert Bachleitner / Franz M. Eybl / Ernst Fischer: Geschichte des Buchhandels in Österreich, Wiesbaden 2000.

Mira Beham: Kriegstrommeln. Medien, Krieg und Politik, München 1996.

Wolfgang Behringer: Hexen. Glaube – Verfolgung – Vermarktung, München 1998.

Klaus Beyrer / Martin Dallmeier (Hg.): Als die Post noch Zeitung machte. Eine Pressegeschichte, Frankfurt am Main 1998.

Klaus Beyrer / Hans-Christian Täubrich (Hg): Der Brief. Eine Kulturgeschichte der schriftlichen Kommunikation, Heidelberg 1996.

Klaus Beyrer / Birgit-Susann Mathis (Hg.): So weit das Auge reicht. Die Geschichte der optischen Telegrafie, Karlsruhe 1995.

Joan Kristin Bleicher: Internet, Konstanz 2012.

Manfred Bobrowsky / Wolfgang R. Langenbucher (Hg.): Wege zur Kommunikationsgeschichte; München 1987.

Francesco Bono / Paolo Caneppele / Günter Krenn (Hg.): Elektrische Schatten. Beiträge zur österreichischen Stummfilmgeschichte, Wien 1999.

Volkmar Braunbehrens: Mozart in Wien, München 1989.

Bertrand Michael Buchmann: Hof – Regierung – Stadtverwaltung. Wien als Sitz der österreichischen Zentralverwaltung von den Anfängen bis zum Untergang der Monarchie, Wien 2002.

Bertrand Michael Buchmann: Der Prater. Die Geschichte des unteren Werd. Wiener Geschichtsbücher Band 23, Wien – Hamburg 1979.

Peter Burke: Die europäische Renaissance. Zentren und Peripherien, München 2005.

Peter Burke: Papier und Marktgeschrei. Die Geburt der Wissensgesellschaft, Berlin 2002.

Hermine Cloeter: Johann Thomas Trattner. Ein Großunternehmer im Theresianischen Wien, Graz – Köln 1952.

Peter Csendes / Ferdinand Opll (Hg.): Wien. Geschichte einer Stadt. Von 1790 bis zur Gegenwart, 3 Bde., Wien 2001 – 2006.

Bernhard Denscher: Österreichische Plakatkunst 1898 – 1938, Wien 1992.

Christian Dewald / Werner Michael Schwarz (Hg.): Prater, Kino, Welt. Der Wiener Prater und die Geschichte des Kinos, Wien 2005.

Hans Dichand: Kronen Zeitung. Die Geschichte eines Erfolges, Wien 1977.

Christof Dipper / Ute Schneider (Hg.): Kartenwelten. Der Raum und seine Repräsentation in der Neuzeit, Darmstadt 2006.

Charles van Doren: Geschichte des Wissens, München 2000.

211

Edith Dörfler / Wolfgang Pensold: Die Macht der Nachricht. Die Geschichte der Nachrichtenagenturen in Österreich, Wien 2001.

Wolfgang Duchkowitsch / Hannes Haas / Klaus Lojka (Hg.): Kreativität aus der Krise. Konzepte zur gesellschaftlichen Kommunikation in der Ersten Republik, Wien 1991.

Richard van Dülmen: Theater des Schreckens. Gerichtspraxis und Strafrituale in der frühen Neuzeit, München 1995.

Richard van Dülmen (Hg.): Hexenwelten. Magie und Imagination vom 16. – 20. Jahrhundert, Frankfurt am Main 1993.

Anton Durstmüller: 500 Jahre Druck in Österreich, 3 Bde., Wien 1982 – 1988.

Jozo Dzambo (Hg.): Musen an die Front! Schriftsteller und Künstler im Dienst der k. u. k. Kriegspropaganda 1914 – 1918, 2 Bde., München 2003.

Hubert Christian Ehalt: Ausdrucksformen absolutistischer Herrschaft. Der Wiener Hof im 17. und 18. Jahrhundert, München 1980.

Elizabeth L. Eisenstein: Die Druckerpresse. Kulturrevolutionen im frühen modernen Europa, Wien 1997.

Viktor Ergert: 50 Jahre Rundfunk in Österreich, 4 Bde. (Bd. 4 gemeinsam mit Hellmut Andics), Wien – Salzburg 1974 – 1985.

Marianne Fischer: Erotische Literatur vor Gericht. Der Schmutzliteraturkampf im Wien des beginnenden 20. Jahrhunderts, Wien 2003.

Thomas Fischermann / Götz Hamann: Zeitbombe Internet. Warum unsere vernetzte Welt immer störanfälliger und gefährlicher wird. Gütersloh 2011.

Patrice Flichy: Tele. Geschichte der modernen Kommunikation, Frankfurt am Main 1994.

Hans Frank: Vom Zauber alter Licht-Bilder. Frühe Photographien in Österreich 1840 – 1860, Wien 1981.

Walther Fritz: Kino in Österreich. 1929 – 1945. Der Tonfilm, Wien 1991.

Walther Fritz: Kino in Österreich. 1896 – 1930. Der Stummfilm, Wien 1981.

Karl Fröschl / Siegfried Mattl / Hannes Werthner: Symbolverarbeitende Maschinen, Steyr 1993.

Michael Giesecke: Der Buchdruck in der frühen Neuzeit. Eine historische Fallstudie über die Durchsetzung neuer Informations- und Kommunikationstechnologien, Frankfurt 1991.

Hermann Glaser / Thomas Werner: Die Post in ihrer Zeit. Eine Kulturgeschichte menschlicher Kommunikation; Heidelberg 1990.

Roland Gööck: Die großen Erfindungen. Nachrichtentechnik, Elektronik; Künzelsau 1988.

Karl-Heinz Göttert: Geschichte der Stimme. München 1998.

Franz Hadamowsky: Das Theater in den Schulen der Societas Jesu in Wien (1555 – 1761). Daten, Dramen, Darsteller. Eine Auswahl aus Quellen der österreichischen Nationalbibliothek, Wien – Köln – Weimar 1991.

Franz Hadamowsky: Wien. Theatergeschichte. Von den Anfängen bis zum Ende des Ersten Weltkriegs, Geschichte der Stadt Wien, Bd. 3, hg. von Felix Czeike, Wien – München 1988.

Franz Hadamowsky: Mittelalterliche geistliche Spiele in Wien. 1499 – 1781, Wien 1981.

Murray G. Hall: Österreichische Verlagsgeschichte 1918 – 1938. 2 Bde., Wien – Köln – Graz 1985.

Jacques Hannak (Hg.): Der Weg ins Heute. Zwanzig Jahre Zweite Republik 1945 – 1965, Wien 1965.

Fritz Hausjell: Journalisten für das Reich. Der »Reichsverband der deutschen Presse« in Österreich 1938 – 1945, Wien 1993.

Andreas Helmedach: Das Verkehrssystem als Modernisierungsfaktor. Straßen, Post, Fuhrwesen und Reisen nach Triest und Fiume vom Beginn des 18. Jahrhunderts bis zum Eisenbahnzeitalter, München 2002.

Mirko Herzog / Wolfgang Pensold: Die Anfänge des modernen Kommunikations- und Medienwesens. In: Die Habsburgermonarchie 1848 – 1918. Soziale Strukturen: Lebens- und Arbeitswelten in der Industriellen Revolution, hg. von Helmut Rumpler / Peter Urbanitsch, Band IX, Teilband 1/1, Wien 2010.

Urs Herzog: Geistliche Wohlredenheit. Die katholische Barockpredigt. München 1991.

Raul Hilberg: Die Vernichtung der europäischen Juden, 3 Bde., Frankfurt am Main 1999.

Otto Hochreiter / Timm Starl: Geschichte der Fotografie in Österreich, 2 Bde., Bad Ischl 1983.

Jochen Hörisch: Eine Geschichte der Medien. Von der Oblate zum Internet, Frankfurt am Main 2004.

Detlef Hoffmann / Almut Junker: Laterna magica: Lichtbilder aus Menschenwelt und Götterwelt, Berlin, 1982.

Anton Holzer: Die andere Front. Fotografie und Propaganda im Ersten Weltkrieg, Darmstadt 2007.

Otto J. Horak: Andreas Figl. Altmeister der österreichischen Enträtselungskunst und kryptographischen Wissenschaft. Leben und Werk 1873 – 1967, Linz 2005.

Franz Ivan / Helmut W. Lang / Heinz Pürer (Hg.): 200 Jahre Tageszeitung in Österreich, Wien 1983.

József Jankovics / S. Katalin Németh (Hg.): Freiheitsstufen der Literaturverbreitung. Zensurfragen, verbotene und verfolgte Bücher, Wiesbaden 1998.

Marianne Jobst-Rieder / Alfred Pfabigan / Manfred Wagner: Das letzte Vivat. Plakate und Parolen aus der Sammlung der k. k. Hofbibliothek, hg. von der Österreichischen Nationalbibliothek, Wien 1995.

Christine Kainz: Österreichs Post. Vom Botenposten zum Postboten, Wien 1995.

Julius Kainz / Andreas Unterberger (Hg.): Ein Stück Österreich. 150 Jahre Die Presse; Wien 1998.

Ralf Kaumanns (Hg.): Auslaufmodell Fernsehen? Perspektiven des TV in der digitalen Medienwelt, Wiesbaden 2008.

Verena Keil-Budischowsky: Die Theater Wiens. Wiener Geschichtsbücher Band 30/31/32, Wien – Hamburg 1983.

Srđan Knežević: Lebende Photographien kommen … Die Anfänge der Kinematographie auf dem Gebiet des Kaisertums Österreich (1896 – 1897), Wien 1997.

Hans Knudsen: Deutsche Theatergeschichte, Stuttgart 1970.

Georg Kohler: Die schöne Kunst der Verschwendung. Fest und Feuerwerk in der europäischen Geschichte. München – Zürich 1988.

Walter Koschatzky: Die Kunst der Graphik. Technik, Geschichte, Meisterwerke. Salzburg, 1972.

Thomas Kreuzberger: Internet. Geschichte und Begriffe eines neuen Mediums, Wien – Köln – Weimar 1997.

Kai Lehmann (Hg.): Die Google-Gesellschaft. Vom digitalen Wandel des Wissens, Essen 2007.

Oliver Leistert, Theo Röhle (Hg.): Generation Facebook. Über das Leben im Social Net, Bielefeld 2011.

Christa Maar / Hans Ulrich Obrist / Ernst Pöppel (Hg.): Weltwissen. Wissenswelt. Das globale Netz von Text und Bild, Köln 2000.

Alberto Martino: Die deutsche Leihbibliothek, Wiesbaden 1990.

Julius Marx: Die österreichische Zensur im Vormärz; Wien 1959.

Sylvia Mattl-Wurm: Wien vom Barock bis zur Aufklärung, Geschichte Wiens, Bd. 4, Wien 1999.

Klausjürgen Miersch: Die Arbeiterpresse der Jahre 1869 bis 1889 als Kampfmittel der österreichischen Sozialdemokratie, Wien 1969.

Karin Moser (Hg.): Besetzte Bilder. Film, Kultur und Propaganda in Österreich 1945 – 1955, Wien 2005.

Beaumont Newhall: Geschichte der Photographie, München 1998.

Michael North (Hg.): Kommunikationsrevolutionen. Die neuen Medien des 16. und 19. Jahrhunderts, Köln 1995.

Rolf Oberliesen: Information, Daten, Signale. Geschichte technischer Informationsverarbeitung, Reinbek bei Hamburg 1982.

Günter Ogger: Die Fugger, München – Zürich 1978.

Österreichische Verkehrswerbung Ges.m.b.H. (Hg.): 100 Jahre Telephonie in Österreich, im Auftrag der Generaldirektion für die Post- und Telegraphenverwaltung, Wien 1981.

Österreichisches Statistisches Zentralamt (Hg.): Von der Direction der administrativen Statistik zum Österreichischen Statistischen Zentralamt 1840 – 1990, Wien 1990.

Peter Pelinka / Manfred Scheuch: 100 Jahre AZ. Die Geschichte der Arbeiter-Zeitung, Wien 1989.

Jutta Pemsel: Die Wiener Weltausstellung von 1873. Das gründerzeitliche Wien am Wendepunkt, Wien – Köln 1989.

Wolfgang Pensold: »Die Welt aus erster Hand …« Als das Fernsehen nach Ottakring kam, Wien 1999.

Hartmut Petzold: Moderne Rechenkünstler. Die Industrialisierung der Rechentechnik in Deutschland, München 1992.

Daniela Pscheida: Das Wikipedia-Universum. Wie das Internet unsere Wissenskultur verändert, Bielefeld 2010.

Hermann Rafetseder: Bücherverbrennungen. Die öffentliche Hinrichtung von Schriften im historischen Wandel, Wien 1988.

Oliver Rathkolb / Wolfgang Duchkowitsch / Fritz Hausjell (Hg.): Die veruntreute Wahrheit. Hitlers Propagandisten in Österreichs Medien, Salzburg 1988.

Gustav Reingrabner: Protestanten in Österreich. Geschichte und Dokumentation. Wien – Köln – Graz 1981.

Stefan Riesenfellner: Der Sozialreporter. Max Winter im alten Österreich, Wien 1987.

Janko Röttgers: Mix, Burn & R.I.P. Das Ende der Musikindustrie, Hannover 2003.

Artur Rosenauer (Hg.): Geschichte der Bildenden Kunst in Österreich. Spätmittelalter und Renaissance. München – Berlin – London – New York 2003.

Eberhard Sauermann: Literarische Kriegsfürsorge. Österreichische Dichter und Publizisten im Ersten Weltkrieg, Wien – Köln – Weimar 2000.

Sigurd Paul Scheichel / Wolfgang Duchkowitsch (Hg.): Zeitungen im Wiener Fin de Siècle, München 1997.

Alfred Schischek: Geschichtliches über den graphischen Maschinenbau in Österreich um 1900, Mödling 1996.

Ulrich Johannes Schneider (Hg.): Seine Welt wissen. Enzyklopädien in der Frühen Neuzeit, Darmstadt 2006.

Ute Schneider: Die Macht der Karten. Eine Geschichte der Kartographie vom Mittelalter bis heute, Darmstadt 2004.

Werner Michael Schwarz: Kino und Stadt. Wien 1945 – 2000, Wien 2003.

Michael Schwarz: Visuelle Medien im christlichen Kult. Wien – Köln – Weimar 2002.

Werner Michael Schwarz: Kino und Kinos in Wien. Eine Entwicklungsgeschichte bis 1934, Wien 1992.

Christian Stöcker: Nerd Attack! Eine Geschichte der digitalen Welt vom C64 bis zu Twitter und Facebook, Stuttgart 2011.

Ernst Strouhal: Technische Utopien. Zu den Baukosten von Luftschlössern, Wien 1992.

Josef Stummvoll (Hg.): Geschichte der Österreichischen Nationalbibliothek, Teil 1: Die Hofbibliothek (1368 – 1922), Wien 1968.

Anton Tantner: Ordnung der Häuser, Beschreibung der Seelen. Hausnummerierung und Seelenkonskription in der Habsburgermonarchie, Innsbruck 2007.

Technisches Museum Wien (Hg.): Welt ausstellen. Schauplatz Wien 1873, Wien 2004.

Hans-Jürgen Teuteberg / Cornelius Neutsch (Hg.): Vom Flügeltelegraphen zum Internet. Die Geschichte der modernen Telekommunikation, Stuttgart 1998.

Karl Vocelka: Glanz und Untergang der höfischen Welt. Repräsentation, Reform und Reaktion im habsburgischen Vielvölkerstaat. Österreichische Geschichte 1699 – 1815, hg. von Herwig Wolfram, Wien 2001.

Edith Walter: Österreichische Tageszeitungen der Jahrhundertwende. Ideologischer Anspruch und ökonomische Erfordernisse, Wien – Köln – Weimar 1994.

Heike Weber: Das Versprechen mobiler Freiheit. Zur Kultur- und Technikgeschichte von Kofferradio, Walkman und Handy, Essen 2008.

Reinhard Wittmann: Geschichte des deutschen Buchhandels, München 1999.

Reinhard Wittmann: Buchmarkt und Lektüre im 18. und 19. Jahrhundert. Beiträge zum literarischen Leben 1750 – 1880, Tübingen 1982.

Reingard Witzmann: Schöne Aussichten. Die berühmten Wien-Bilder des Verlags Artaria, hg. vom Wien-Museum, Wien 2007.

Reingard Witzmann: Wiener Walzer und Wiener Ballkultur. Von der Tanzekstase zum Walzertraum, in: Bürgersinn und Aufbegehren. Biedermeier und Vormärz in Wien 1815 – 1848, Wien 1987.

Hans-Jürgen Wolf: Geschichte der Druckverfahren. Historische Grundlagen, Portraits, Technologie, Elchingen 1992.

Herbert Zeman (Hg.): Die österreichische Literatur. Ihr Profil von den Anfängen im Mittelalter bis ins 18. Jahrhundert (1050 – 1750), 2 Bde., Graz 1986.

Dieter E. Zimmer: Die Bibliothek der Zukunft. Text und Schrift in Zeiten des Internets, München 2001.

Erich Zöllner (Hg.): Öffentliche Meinung in der Geschichte Österreichs, Wien 1979.

Und natürlich: Wikipedia!

Bildnachweis

Abb. 1: *Weltmacht durch Weltkarten.* Weltkarte, Willem Janszoon Blaeu, 1626. Wikipedia

Abb. 2: *Die reich machende Kunst der Kaufleute.* Jakob Fugger und sein Buchhalter Matthäus Schwarz, 1517. Wikipedia

Abb. 3: *Festung Wien.* Stadtplan, Die Kays. Residentz- u. Haubt-Stadt Wien, um 1730. Technisches Museum Wien

Abb. 4: *Verbrennen bei lebendigem Leib! Täuferverfolgung in Salzburg.* Jan Luyken, Verbrennung Salzburger Täufer, 1528, in: Märtyrerspiegel, vor 1685. Wikipedia

Abb. 5: *Warhafftige Zeitung. Von den Gottlosen Hexen.* Hexenflugschrift, Warhafftige Zeitung von den Gottlosen Hexen …, 1571. Wikipedia

Abb. 6: *Dürer: Exakte Perspektive und korrekte Proportion.* Albrecht Dürer, Der Zeichner des liegenden Weibes, in: Vnderweysung der messung mit dem zirckel vnd richtscheyt, 1525. Wikipedia

Abb. 7: *Der Sonnenkönig Ludwig XIV.* Hyacinthe Rigaud, Ludwig XIV. im Krönungsornat, 1701. Wikipedia

Abb. 8: *Das Goldene Zeitalter der Niederlande.* Willem van de Velde der Jüngere, Der Kanonenschuss, 1707. Wikipedia

Abb. 9: *Pferdeballett zur Kaiserhochzeit in Wien.* Rossballett zur Hochzeit des Kaisers, 1667. ÖNB / Wien, Bild 607.135-B

Abb. 10: *Schnelles Reisen über Land.* K.k. Eilpostwagen auf Triesterstraße, 1824. Technisches Museum Wien

Abb. 11: *Mechanisches Rechnen.* Rechenmaschine von Antonius Braun, 1727. Technisches Museum Wien

Abb. 12: *Buchdruck: Bücher in großer Auflage.* Christian Friedrich Geßner, Die so nöthig als nützliche Buchdruckerkunst …, Leipzig, 1740. ÖNB / Wien, Buchdruckerei 1740

Abb. 13: *Anatomiebilder nach der Natur.* William Cheselden, Anatomy of the Bones, 1783. Courtesy US National Library of Medicine

Abb. 14: *Landschaftsillusion im Panorama.* Querschnitt durch die Rotunde am Leicester Square, in: Robert Mitchell, Plans and Views in Perspective of Buildings Erected in England and Scotland, 1801. National Library of Scotland

Abb. 15: *Mozart: Kleine Kammermusik.* Schütz: Mozart mit Freunden am Klavier, 1791. akg-images / picturedesk.com

Abb. 16: *Beflügelte Botschaften à la Chappe.* Soldatenlager bei Telegrafenstation 1794, in: Alexis Belloc, La télégraphie historique, Paris, 1888. Technisches Museum Wien

Abb. 17: *Schnellpresse: Drucken im Maschinentakt.* Schnellpresse, Helbig & Müller, 1836. Technisches Museum Wien

Abb. 18: *Linientreue Wiener Presse.* Karikatur Die gute Presse, 1847. ÖNB / Wien

Abb. 19: *Prominentenporträt Nestroy.* Johann Nestroy, Lithografie von Josef Kriehuber, 1839. Wikipedia

Abb. 20: *Bilder aus Licht mit dem Daguerreotype.* Fotokamera Le Daguerreotype, 1840. Technisches Museum Wien

Abb. 21: *Dampfwagenkarussell im Prater.* Der Calafati im Wiener Prater, 1854. ÖNB / Wien, Bild 252.231-B

Abb. 22: *Extrapost-Postkutschennetz.* Franz Raffelsperger, Reise- und Influenzkarte der vorzüglichsten Eil-Post-u.-Brancardwagen-Course …, J. Bermann, Wien, 1826. Technisches Museum Wien

Abb. 23: *Deutsch-Österreichisches Telegrafennetz.* Telegrafenverbindungen des Deutsch-Österreichischen Telegraphen-Vereins, 1859. Technisches Museum Wien

Abb. 24: *Underwood mit Sicht auf das Getippte.* Schreibmaschine Underwood No. 5, um 1905. Technisches Museum Wien

Abb. 25: *Gelochte Merkmale eines Menschen.*
Lochkarte der Volkszählung von 1900.
Technisches Museum Wien

Abb. 26: *Neuigkeiten aus aller Welt im Café Central.* Café Central in Wien, um 1915.
Bezirksmuseum Josefstadt

Abb. 27: *Billige Abenteuer aus dem Wilden Westen.* Karl May, Winnetou, 1930. akg-images / picturedesk.com

Abb. 28: *»You press the button …«.* Kodak-Anzeige, New York, 1893. 91020 / United Archives / picturedesk.com

Abb. 29: *Cinématographe: Stumme Filme drehen.* Cinématographe Lumière, 1895. Technisches Museum Wien

Abb. 30: *»His Master's Voice«.* Grammophon Berliner mit Nipper, um 1900. Technisches Museum Wien

Abb. 31: *»Venedig in Wien«.* Österreichische Adria-Ausstellung im Wiener Prater, 1913. Technisches Museum Wien

Abb. 32: *Telefonvermittlung durch das Fräulein vom Amt.* Telefonvermittlungszentrale, Wien, um 1910. Technisches Museum Wien

Abb. 33: *Heroisierende Kriegszeichnung.* Das Interessante Blatt, Ausgabe vom 19. November 1914. Technisches Museum Wien

Abb. 34: *… die Armee ins rechte Licht rücken!* Filmkamera mit Handkurbel, um 1915. Technisches Museum Wien

Abb. 35: *Theatersoldaten.* Theaterplakat Der Hias, ein feldgraues Spiel, 1917. ÖNB / Wien, Bild 4442097

Abb. 36: *Pflugscharen zu Schwertern …* Plakat zur Kriegsmetallsammlung, 1915. Technisches Museum Wien

Abb. 37: *Maschinengewehr 08.* Deutsche Soldaten an schwerem Maschinengewehr MG 08 bei Flugzeugabwehr in geschützter Stellung, Mai 1916. Deutsches Bundesarchiv, Bild 104-00472A

Abb. 38: *Post für die Front.* Postverladung am Bahnhof, um 1916. Technisches Museum Wien

Abb. 39: *Funk: Befehle aus dem Äther.* Bordfunkstation, Siemens & Halske, System Telefunken, 1913. Technisches Museum Wien

Abb. 40: *Chiffrierte Botschaften.* Andreas Figl mit Penkala-Dechiffriergerät, um 1915. Nachlass Figl / Österreichisches Staatsarchiv

Abb. 41: *Volkszählung 1934: 6,7 Millionen Österreicher!* Bericht zur Volkszählung, Österreichische Woche, 2. Jg. Nr. 12, 1934. ÖNB / Wien, Bild 635.528-C.Per.

Abb. 42: *Im Autobus über Panoramastraßen.* Autobusse, um 1925. Technisches Museum Wien

Abb. 43: *Olympiade der Arbeiter.* Die Postkarte gehört zu einer Serie, die 1993 anlässlich 100 Jahre Arbeiter-Turnerbund Deutschlands von der Deutschen Olympischen Gesellschaft als Nachdruck historischer Motive herausgegeben wurde. Sie zeigt das Plakatmotiv der 2. Internationalen Arbeiterolympiade 1931; das Originalplakat befindet sich in der Wiener Stadt- und Landesbibliothek. Stadtgeschichtliches Museum Leipzig

Abb. 44: *Bekenntnis über eine Generation, die vom Krieg zerstört wurde.* Erich Maria Remarque, Im Westen Nichts Neues, 1929. Sammlung Rauch / Interfoto / picturedesk.com

Abb. 45: *Dollfuß: Rundfunk als Regierungssprachrohr.* Rundfunkrede von Engelbert Dollfuß, 1934. ÖNB/Wien, Bild VGA E3/379

Abb. 46: *Via Radio in die Welt: Salzburger Festspiele.* Radioempfänger Ingelen Geographic, 1936. Technisches Museum Wien

Abb. 47: *Filmprojektor mit Plattenteller.* Tonfilmprojektor Western Electric, um 1930. Technisches Museum Wien

Abb. 48: *Josephine Baker: Auftrittsverbot in Wien, Budapest, Prag und München.* Revuestar Josephine Baker, 1920. Everett Collection / picturedesk.com

Abb. 49: *Volksempfänger: »Ganz Deutschland hört den Führer«.* Volksempfänger VE 301, 1937. Technisches Museum Wien

Abb. 50: *Bücherverbrennung: »Wider den undeutschen Geist«.* Bücherverbrennung in Berlin, 1933. Deutsches Bundesarchiv, Bild 102-14597/CC-BY-SA/Wikipedia

Abb. 51: *Hass-Kino für den Holocaust.* Illustrierter Filmkurier zu Jud Süß, 1940. Technisches Museum Wien

Abb. 52: *Reichsparteitag: Das deutsche Volk beim Führer-Appell.* Reichsparteitag in Nürnberg, 1934. Georg Pahl, Deutsches Bundesarchiv, Bild 102-04062A

Abb. 53: *Brettspiel um Leben und Tod.* British Fighter Command. 1943. Imperial War Museum, London, Bild CH 11887

Abb. 54: *Krieg am Kartentisch.* Lagebesprechung im Hauptquartier der Heeresgruppe Ost, Poltawa, 1942. Deutsches Bundesarchiv, Bild 183-B24543

Abb. 55: *Brief von daheim.* Sowjetunion, bei Terek. – Soldat beim Lesen von Feldpost. Schütze, Deutsches Bundesarchiv, Bild 183-J18468

Abb. 56: *Gleise in den Tod.* Polen, Konzentrationslager Auschwitz. – Eingang nach der Befreiung, im Vordergrund von den Wachmannschaften zurückgelassene Ausrüstungsgegenstände, 1945. Stanislaw Mucha, Deutsches Bundesarchiv, Bild-00413

Abb. 57: *»Hollerith erfaßt«.* Symcho Dymant, Häftlingskarte vom KZ Buchenwald, 1944. United States Holocaust Memorial Museum

Abb. 58: *Direktwahl per Wählscheibe.* Tischtelefon Schrack mit Wählscheibe, 1974. Technisches Museum Wien

Abb. 59: *Autoreise.* Opel Kapitän P2, um 1960. © Opel Classic Archiv der Adam Opel AG

Abb. 60: *Fenster zur Welt.* Fernsehempfänger Philips TX1410U, 1952. Technisches Museum Wien

Abb. 61: *Nationale Sportarena Fernsehen.* Ankündigung für Fernsehübertragung der Winterolympiade, 1956. Technisches Museum Wien

Abb. 62: *Der junge Wilde, James Dean.* James Dean in Giganten, 1956. Friedrich/Interfoto/picturedesk.com

Abb. 63: *Heinrich Böll: Literarische Gesellschaftskritik.* Heinrich Böll im Arbeitszimmer, 1970. Horst Ossinger/dpa/picturedesk.com

Abb. 64: *Lieder für Frieden und Freiheit, Joan Baez und Bob Dylan.* Joan Baez und Bob Dylan beim Marsch auf Washington, 1963. Wikipedia

Abb. 65: *»Semiautomatic Ground Environment Air Defense System«.* SAGE Kontrollraum, Hancock Field, New York, um 1950. Wikipedia

Abb. 66: *NORAD: Atomraketen im Anflug?* North American Aerospace Defense Command (NORAD), 1983. Wikipedia

Abb. 67: *Sehende Waffen.* US-Langstrecken-Marschflugkörper mit Stealth-Technik, ab 1985. Wikipedia

Abb. 68: *Altair, Computer zum Selberbauen.* Heimcomputer Altair 8800, MITS, 1975. Technisches Museum Wien

Abb. 69: *Personal Computer von IBM.* Personal Computer IBM 5150, 1981. Wolfgang Maria Weber/Interfoto/picturedesk.com

Abb. 70: *Geldausgabe rund um die Uhr.* Bargeldautomat der Deutschen Bank, 1982. Abisag Tüllmann, © Deutsche Bank AG, Historisches Institut.

Abb. 71: *Film aus dem Computer.* Plakat von Tron, Walt Disney Productions, 1982. Technisches Museum Wien

Abb. 72: *Heimkino Videorekorder.* Werbung für Videosysteme von Panasonic, um 1980. Technisches Museum Wien

Abb. 73: *King of Pop, Michael Jackson.* Popstar Michael Jackson, 1988. Teutopress/SZ-Photo/picturedesk.com

Abb. 74: *»Wir werden erst abschalten, wenn die Welt untergeht.«* CNN-Gründer Ted Turner. Cynthia Johnson / Getty Images

Abb. 75: *Immer und überall erreichbar.* Mobiltelefon Siemens S4, 1996. Technisches Museum Wien

Abb. 76: *Immer und überall Zugang zum Internet.* Notebook IBM Thinkpad, 2004. André Korwath aka / Wikipedia

Abb. 77: *Google Street View: Die ganze Welt fotografieren.* Aufnahmewagen von Google Maps in New Orleans, 2011. Alex Castro / Wikipedia

Abb. 78: *GPS: Jeden Punkt der Erde exakt bestimmen.* GPS-Satellit, 2005. Science Photo Library / picturedesk.com

Abb. 79: *Weltmarke Apple.* Das iPad mini. XINHUA / Action Press / picturedesk.com

Abb. 80: *E-Book: Buch ohne Papier.* Kindle Paperwhite von Amazon, 2012. AMAZON / EPA / picturedesk.com

Abb. 81: *Über YouTube zum Superstar: Lana Del Rey.* Global Reveal of New F-Type Jaguar Two-Seater at La Musee Rodin, Paris, France – 26 Sep 2012. JABPromotions / Rex Features / picturedesk.com

Abb. 82: *Spielwelt der Waldelfen, Gnome und Oger.* Expansion-Pack zu Computerspiel EverQuest, 2011. Sony Online Entertainment

Abb. 83: *Avatar: Künstliche Körper.* Kinoplakat zu Avatar-Aufbruch nach Pandora, 2009. NG Collection / Interfoto / picturedesk.com

Abb. 84: *Internetzensur.* Reporters without Borders. http://march12.rsf.org/en/, Zugriff 26.06.2013

Abb. 85: *Collateral Murder: Die ungeschminkte Wahrheit des Krieges.* US-Luftangriff im Irak am 12. Juli 2007, veröffentlicht auf WikiLeaks.org, 2010

Die unermessliche Tragweite des World Wide Web

Jakob Steinschaden
Digitaler Frühling
Wer das Netz hat,
hat die Macht?

192 Seiten
Klappenbroschur
ISBN 978-3-8000-7542-3

Von den Social-Media-Revolutionen in Nordafrika bis zur neuen Transparenz in der Politik – das Internet hat seine Kraft zu gesellschaftlichen Veränderungen bewiesen. Mit allen Konsequenzen, denn wer – offen oder verdeckt – das Netz für sich und seine Sache nutzen kann, der hat die Macht.
Der Medien-Experte Jakob Steinschaden wirft einen kritischen Blick hinter die Kulissen des Web, erläutert die Strategien von Konzernen wie Apple, Facebook und Google und berichtet von den Aktionen der großen Online-Bewegungen wie WikiLeaks, Anonymous und Occupy.

Jakob Steinschaden, geboren 1982 in Wien, ist einer der führenden Experten auf dem Gebiet der Neuen Medien. Er ist mit seinen Reportagen aus dem In- und Ausland und seinen fundierten Analysen bekannt geworden.

www.ueberreuter.at
www.facebook.com/ueberreuter

Die Allgegenwart von Facebook

Jakob Steinschaden
Phänomen Facebook
Wie eine Website unser Leben
auf den Kopf stellt

208 Seiten
Klappenbroschur
ISBN 978-3-8000-7548-5

Das Online-Netzwerk von Mark Zuckerberg hat sich zu einem ‚Internet im Internet' entwickelt. E-Mail, Chats, Fotos, Videos, Handy: Facebook erlaubt jede Form der Online-Kommunikation, wird zum Werkzeug von Politik und Wirtschaft. Auf der Strecke bleiben nicht nur Facebook-Alternativen wie MySpace oder StudiVZ, sondern auch die Privatsphäre jedes Mitglieds. Wie sehr hat Facebook unsere Gesellschaft vereinnahmt? Was planen die Betreiber mit den persönlichen Daten der Mitglieder? Wie verhindert man, sich dem sozialen Druck und dem schwachen Datenschutz völlig auszuliefern? Diese Fragen beantwortet der Medienspezialist Jakob Steinschaden mittels tiefgehender Analysen, anschaulicher Reportagen und Exklusiv-Interviews mit Facebook-Insidern und Fachleuten.

Jakob Steinschaden, geboren 1982 in Wien, ist einer der führenden Experten auf dem Gebiet der Neuen Medien. Er ist mit seinen Reportagen aus dem In- und Ausland und seinen fundierten Analysen bekannt geworden.

www.ueberreuter.at
www.facebook.com/ueberreuter